Stefanie Heyduck / Birgit Völkel

Hakuna Matata

Stefanie Heyduck / Birgit Völkel

Hakuna Matata

Zwei Frauen und ihr blauer Landy auf
einem Roadtrip durch Afrika

NATURZEIT
Reiseverlag

Mehr über unsere Autoren und Bücher unter:
www.naturzeit-verlag.de

1. Auflage Februar 2020
ISBN 978-3-944378-24-4

Naturzeit Reiseverlag e. K.
82288 Kottgeisering
www.naturzeit-verlag.de
info@naturzeit-verlag.de

Satz und Gestaltung: Stefanie Holtkamp
Lektorat: Lena Marie Hahn, Stefanie Holtkamp
Fotos: Stefanie Heyduck, Birgit Völkel

Vertrieb: Geo Center, 70794 Filderstadt

Druck: www.feindruckerei.de
Printed in Germany

Inhalt

1. Das Buschfeuer 6

2. Eine Schnapsidee wird geboren 14

3. Elise auf großer Fahrt 17

4. Leben hinter Stacheldraht 28

5. Camperkrise in Camdeboo 40

6. Die Wildnis ruft 49

7. Schlechte Stimmung in Südwest 60

8. Rummikub in Kamanjab 69

9. Herr Chigume ist ein Biertrinker............................ 82

10. Irgendwas ist immer.. 96

11. Zebras kann man nicht zähmen 104

12. Bushcredibility.. 115

13. Endlich im richtigen Afrika 130

14. Imvubu – das glücklichste Nilpferd 144

15. Malawi mittendrin 156

16. Polepole, Mzungu 170

17. Schlüsselmoment in der Serengeti 183

18. The Walking Dead 200

19. Regen, Reisekoller, Rindsrouladen 210

20. Nilpferd-Yoga.. 222

21. Afrika unter der Haut 229

22. Bahnhof und Abfahrt 242

23. Hakuna Matata.. 247

1

Das Buschfeuer

Stefanie

»Wenn du in Afrika aufhörst, dich zu fürchten, stirbst du!«, kommt Walter Birgit trocken zu Hilfe. Wir sitzen mit drei Amerikanern und ihrem südafrikanischen Guide um ein Lagerfeuer und spinnen Abenteurergarn. Die Texaner überschütten uns mit Lob und Begeisterung: »Wie mutig ihr seid: zwei Frauen allein durch Südafrika? Respekt.« Kleinlaut gibt Birgit zu bedenken, dass sie sich eigentlich die meiste Zeit fürchte.

Unsere Geschichte beginnt 2011. In einem Mietwagen mit Campingausrüstung und Dachzelt fahren Birgit und ich drei Wochen lang durch Südafrika und Namibia. Im Kgalagadi-Transfrontier-Nationalpark, mitten in der Kalahariwüste, wollen wir auf eigene Faust auf Safari gehen. Zwei Nächte verbringen wir in einem kleinen Buschcamp. Vier kleine Holzhütten auf Stelzen gebaut, idyllisch an einer Salzpfanne gelegen, die dem Lager seinen Namen gibt: Bitterpan. Zäune gibt es hier nicht. Willem, der Ranger, ist für unsere Sicherheit zuständig. Ihm fehlt an einer Hand ein Finger. Stolz zeigt er uns auf seinem verkratzten Handy das Video eines Leoparden, der gestern morgen um seine

Hütte schlich. Danach den Film einer giftigen Kapkobra, die er unter seiner Bettdecke fand.

Ich fürchte mich nicht in Afrika. Im Gegenteil, ich fühle mich angekommen, zu Hause. Schon während der Schule habe ich mich für Geschichte und Literatur der Länder Afrikas interessiert. Nach dem Abitur wollte ich unbedingt Meeresbiologie in Kapstadt studieren. Ich war damals nicht mutig genug, meine Träume zu leben, und es kam anders. Die unbändige Sehnsucht nach Afrika aber blieb und zog immer stärker. Insgeheim wusste ich, ich will mehr Zeit auf dem Kontinent meiner Träume verbringen, als das Urlaubskonto es zulässt. Kein Tourist mit Rückflugticket sein, von Sehenswürdigkeit zu Sehenswürdigkeit hetzen, immer mit dem Gefühl, etwas verpasst zu haben. Nämlich das wahre Leben. Ich möchte mit ganz viel Zeit im Gepäck eintauchen in die Realität der Menschen, die verschiedenen Kulturen kennenlernen, mich austauschen und lernen. Lernen, was es heißt, hier zu leben, was Alltag für eine afrikanische Frau bedeutet. Wie es sich lebt auf einem Kontinent, der in den westlichen Medien immer nur als dunkler Kontinent mit Todesgarantie geschildert wird. Aber doch so viel mehr zu bieten hat. Aufopfernde Gastfreundschaft, Hilfsbereitschaft und einen unbändigen, kreativen Lebenswillen. Eine vergangene Hochkultur, die von uns Europäern gern verleugnet wird. Und dieses tiefe, intuitive Naturverständnis. Zunächst kam mir das rückständig vor. Doch je mehr ich über das Leben im und mit dem Busch lerne, um so richtiger erscheint es mir im Vergleich zu unserem betonierten Dasein.

Mein Blick schweift über den Horizont. Die weite, unberührte Natur der Kalahari legt sich wie eine warme Decke um meine Schultern. Hier am Lagerfeuer, kurz vor Sonnenuntergang, breitet sich eine tiefe innere Ruhe in mir aus. Kein außergewöhnlicher Sonnenuntergang, erklärt Walter. Ein Buschfeuer leuchtet rot am Horizont. Birgit und ich blicken uns irritiert an: Buschfeuer? Und wir trinken in aller Seelenruhe unseren Sundowner? Walter wirft wie zur Beruhigung einen Sack Holz auf das Lagerfeuer. Willem stehe schon im Funkkontakt mit anderen Rangern. Kein Grund zur Sorge, das Buschfeuer sei noch in weiter Ferne und könne das Camp heute Nacht nicht erreichen. Morgen sei er sich da nicht so sicher. »Sollten die Flammen näherkommen«, rät er uns, »fahrt euren Geländewagen in die Mitte der kleinen Salzpfanne und lasst das Feuer vorbeibrennen. Der Wind treibt die Flammen so schnell über das trockene Gras der Savanne, dass eine Flucht selbst im Auto unmöglich ist.«

So gefährlich Buschfeuer für uns Menschen erscheinen, so wichtig sind sie für die Kalahari. Nach der Trockenzeit sind viele Pflanzen abhängig von den Auswirkungen des Feuers, um wieder neu erblühen zu können. In Nationalparks greift daher keiner ein, hier darf die Natur ihren eigenen Gesetzen folgen.

Birgit schläft unruhig in jener Nacht. Mich beruhigt Walters Schnarchen in der Hütte nebenan. Ich beschließe, seinem Urteil zu vertrauen. Was bleibt mir auch. Solange er nicht die Flucht ergreift, besteht wohl keine Gefahr. Das Tageslicht, das dem Feuer am Horizont etwas von seiner Bedrohlichkeit nimmt, und eine ausreichende Menge frisch gebrühten Kaffees besänftigten unsere Sorgen und wir freuen uns auf die Pirschfahrt durch den Park. Für den Bruchteil einer Sekunde überlege ich, ob wir nicht unser Gepäck ins Auto packen sollten – verwerfe den Gedanken aber.

Birgit übernimmt das Steuer, damit ich Safari-Guide spielen kann. Ich bin ganz in meinem Element. Spuren lesen und Fährten verfolgen auf der Suche nach Geparden, Hyänen und Giraffen.

Safari-Idylle vor dem Sturm: Auf Spurensuche im Kgalagadi Nationalpark.

Eines unserer selbst gedichteten Safarilieder gibt unserer Stimmung weiteren Aufschwung: »Eine Pirschfahrt, die ist lustig, eine Pirschfahrt, die ist schön, ja da kann man Gnu und Oryx von der Düne spucken sehen…« Kalahari-Löwen räkeln sich träge unterm Baum, Spießböcke überqueren gemächlich die roten Sanddünen. Eine riesige Tüpfelhyäne döst am Straßenrand.

Nachmittags braut sich ein Unwetter zusammen. Eine meterhohe Windhose wirbelt Sand über das trockene Flussbett des Nossob. In wenigen Minuten verdunkeln schwere Gewitterwolken den Himmel und dicke Regentropfen trommeln auf die Windschutzscheibe. Birgit drängelt und will zurück nach Bitterpan. Vor Sonnenuntergang hat man unbedingt im Camp zu sein. Eine Parkregel. Und davon gibt es hier viele: Motor aus am Wasserloch, Fenster geschlossen halten, keinen Arm rausstrecken, Tiere nicht füttern und Müll wieder mitnehmen. An einem sicheren Picknickplatz machen wir einen schnellen Fahrerwechsel. Ich quäle unseren klapperigen Mietwagen durch den tiefen Sand der Piste und rase mit 25 km/h heimwärts. Blitz und Donner umtosen uns. In der Ferne entdeckt Birgit vier Rauchsäulen aufsteigen und scherzt: »Guck mal, Bitterpan hat doch vier Hütten. Vier Rauchsäulen, vier Hütten. Schätze, unser Camp brennt.«

Allmählich wird es auch mir mulmig. Weit kann es nicht mehr sein. Ich lenke den Wagen über eine Sanddüne. Wir starren mit aufgerissenen Augen auf eine meterhohe Flammenwand. Vor Schreck würge ich den Motor ab. Das Herz schlägt mir bis zum Hals. Walters Worte klingen in meinen Ohren: »Wenn ihr Flammen seht, dreht ihr sofort um und fahrt, als wäre der Teufel hinter euch her.« Wir schreien uns aufgeregt Auswege zu. Kommen wir doch noch am Feuer vorbei? Das Camp muss eigentlich hinter der nächsten Kurve sein. Aber Walter hat gesagt, umdrehen und weg. Dafür stehen wir gerade günstig an einer kleinen Kreuzung. Sonst ist Wenden auf der engen Sandpiste, die von hohem Gras gesäumt ist, unmöglich.

Meine Knie zittern, als ich die Kupplung durchtrete und den Rückwärtsgang einlege. Ich schließe die Augen und atme tief durch. Bitte spring an. Ich drehe vorsichtig den Schlüssel und der Motor schnurrt. Jetzt nur nicht im Sand festfahren. Vorsichtig

Die scharfen, spitzen Hörner eines Spießbocks werden bis zu eineinhalb Meter lang.

wende ich den Truck Zentimeter für Zentimeter über die ausgefahrene Spur. Birgit kurbelt das Fenster runter, um die Flammen im Blick zu behalten. Es riecht verbrannt. Angst durchflutet meinen Körper, ich kann nicht mehr klar denken. Birgit spricht uns Mut zu, sie hat in ihren Nachtdienstmodus geschaltet. Das Unwetter tobt weiter. Ich jage das Auto nun mit 30 km/h über die Sandbuckel. Neben uns schlagen Blitze im Gras ein und entzünden weitere Brände. Asche weht auf die Windschutzscheibe. Birgit versucht herauszufinden, wo das nächste Camp liegt. Endlich erreichen wir die große Schotterpiste, können immerhin auf 50 km/h beschleunigen. Wir bringen Abstand zwischen uns und das Feuer, kommen gut voran und schaffen es nach einer weiteren halben Stunde zum Uricaruus Camp. Wir fallen dem Ranger vor Erleichterung fast in die Arme. Wir sind in Sicherheit.

Doch der zuständige Ranger sieht uns mit großen Augen an. »Hier könnt ihr nicht bleiben. Das Camp ist nicht umzäunt und alle Hütten besetzt.« Einfach so hier stehen und im Dachzelt schlafen? Viel zu gefährlich. Die Geschichte mit dem Buschfeuer scheint er uns nicht recht zu glauben. Es wird wild hin und her gefunkt. Wir sollen zurück ins Hauptcamp Twee Rivieren im Süden des Parks, sonst wäre nichts frei. Kommt gar nicht infrage. Wenn wir schon wieder raus in den Busch müssen, kurz vor Sonnenuntergang, wollen wir nach Mata Mata im Norden. Das sind 20 Kilometer weniger und eine halbe Stunde schneller. Wieder vergeht kostbare Tageslicht-Zeit, bis wir das »Okay« bekommen.

Wir rechnen beide mit einem Konvoi zum nächsten Camp oder mindestens einem Guide zur Begleitung, schließlich dämmert es schon und nachts gehen die Raubtiere auf Jagd. Die vielen Regeln, die man uns noch am Parkeingang mehrfach unterschreiben ließ, scheinen nun keinen zu interessieren. Man schickt uns allein los. Raus in den Busch. Vor Aufregung und Zorn haben wir vergessen, nach dem Weg zu fragen. Ich bin mir ziemlich sicher, dass das Camp rechts liegen muss. Aber eben nur ziemlich. Wir verlieren kurz die Fassung. Reißen uns zusammen. Ich biege rechts ab und trete das Gaspedal durch. Zwei Minuten später ist es stockdunkel. Ich brettere die Piste entlang. Deutlich schneller, als es im Park erlaubt ist. Egal, Hauptsache ankommen. Endlich ankommen. In der Ferne wütet das mittlerweile riesige Buschfeuer, das Gewitter tobt weiter, zumindest der Regen hat nachgelassen. Am Straßenrand funkeln die Augenpaare der nachtaktiven Raubkatzen im Scheinwerfer-

licht unseres Toyotas. Birgit plaudert Banalitäten, um uns ab-
zulenken. Stumpf zählen wir Kilometer runter. Immerhin stimmt
die Richtung. Sagen die Wegmarkierungen.

Nach endlosen eineinhalb Stunden stehen wir endlich vor den
Toren Mata Matas. Kein Mensch weit und breit. Lichthupe. Hupe.
Lichthupe. Hupe. Hupe. Wir sind mit unseren Nerven am Ende.
»Wenn nicht gleich jemand kommt, fahre ich den verdammten
Zaun um.« Endlich taucht ein Ranger auf, öffnet das Tor. Und
schließt es wieder hinter sich. Ich traue meinen Augen und
Ohren nicht: Ob wir die Gäste wären, die vor einem angeblichen
Buschfeuer geflohen sind, will er wissen. Pässe werden kontrolliert, Nummernschilder, Herkunft, Namen notiert. Man fragt
sich, wie oft hier wohl nachts ungebetene Gäste auftauchen. So
mitten im Busch. Nach dem Verhör lässt er uns endlich ein. Wir
rollen auf eine riesige Campingstellfläche. Locker Platz für unser
kleines Auto. Heute machen wir uns keine Mühe, den perfekten
Stellplatz zu suchen. Wagen abstellen, Heckklappe runter. Bier
auf. Wir leben noch.

Schweigend sitzen Birgit und ich nebeneinander. Um uns herum gemütliches Geklapper und Geschnippel der anderen Gäste.
Grillfeuer prasseln, es riecht nach Abendessen. Dass hinter der
nächsten Düne ein riesiges Feuer wütet und wir gerade dem
Tode entronnen sind, stört das Camper-Idyll nicht. Die Welt
zeigt sich unbeeindruckt und dreht sich weiter.

Und nun? Proviant, Klamotten und Waschzeug liegen in Bitterpan. Ich erinnere mich, dass unsere Lagerfeuerfreunde hier

sein müssten, und schlage vor, Walter und die Texaner zu suchen. Vor einem der Luxus-Chalets erkenne ich seinen Wagen wieder, wir klopfen an die Tür. »Was macht ihr denn hier? Was ist passiert?« Die Strapazen der vergangenen Stunden scheinen uns ins Gesicht geschrieben. Während Walter uns zwei Steaks auf den Grill legt, berichten wir. Die Texaner sind entsetzt und Walter fällt sein Urteil: »Mädels, ihr habt das einzig Richtige getan. Ich bin stolz auf euch.«

Am nächsten Morgen kaufen wir Zahnbürsten und Kaffee in dem kleinen Kramerladen, der zum Lager gehört. An der Rezeption fragen wir nach Neuigkeiten aus Bitterpan. Die Park-Ranger sind auf einmal verdächtig zuvorkommend. Man hätte arrangiert, dass andere Gäste unser Gepäck vorbeibringen. Wir seien herzlich willkommen, hier zu bleiben. Woher auf einmal dieses Entgegenkommen, erklärt sich später. Das niederländische Ehepaar, das unser Gepäck aus Bitterpan mitbringt, berichtet, dass nachts die Feuerwehr ausrücken musste, um die Flammen vom Camp fernzuhalten.

Birgit will sofort nach Hause fliegen, aber ich überrede sie zum Bleiben. Die Lust auf den Park ist uns jedoch gehörig vergangen. Früher als geplant brechen wir Richtung Namibia auf. In Keetmanshoop gönnen wir uns ein Hotel. Liegen zwei Tage lang faul auf dem Bett und glotzen Rugby im Fernsehen. Zurück zur Normalität. Abends essen wir Hühnchen-Burger im Restaurant. Im Hintergrund läuft Johnny Cashs Lied *Ring of fire*.

2   *Eine Schnapsidee wird geboren*

Birgit

Wir wissen nicht mehr genau, wann und wer es zuerst aussprach. Aber in diesem Urlaub entstand die Idee, ein Jahr durch Afrika zu reisen. Stefanie zieht es von ihrem Naturell her nach Afrika. Sie liebt das Wilde und Ursprüngliche. Das Chaos und die Extreme. Leben und Tod liegen hier viel dichter beieinander. So scheint es. Und gerade durch die Präsenz des Todes wird das Leben intensiver.

Meines ist geprägt von Ängsten. Das ist mein Naturell. Trotzdem zieht es mich nach Afrika. Bei Otmar Jenner, einem Kriegsreporter, habe ich eine passende Antwort gefunden. Auf die Frage, ob er sich nicht fürchte, wenn er in Krisengebiete reist, schrieb er: »Ich habe soviel Angst, dass ich mich ständig in beängstigende Situationen begeben muss, um der Angst endlich Herr zu werden.«

Deshalb ist es für mich kein Widerspruch, nach einem nur knapp überlebten Buschfeuer den Urlaub abbrechen zu wollen, und im nächsten Augenblick eine einjährige Auszeit in Afrika zu planen. Angst ist meine Triebfeder im Leben. Mein Wegweiser. Da, wo ich Angst spüre, gehe ich hin. So bin ich, genau genommen, auch Ärztin geworden. Früher konnte ich Menschen nicht leiden sehen. Ich ängstigte mich vor Menschen mit fürchterlichen Schicksalen, mit starken Schmerzen oder schweren Erkrankungen. Ich hatte Angst davor, Menschen sterben zu sehen. Jetzt nicht mehr. Angst ist dazu da, überwunden zu werden, finde ich. Nur so kann man über sich hinauswachsen und entfalten, was in einem steckt. Deshalb lohnt es sich, der Angst nachzugehen.

Meine Angst kam in Wellen. Die Abenteuerlust auch. Mit dem PKW, SUV, Geländewagen, in Luxus-Lodge, Bed & Breakfast und im Dachzelt, durch Namibia, Botswana, Sambia. Schritt für Schritt entwickelten wir einen gemeinsamen Traum. Wir hatten unsere Art zu reisen entdeckt. Lernten campen, offroad fahren, Feuer machen. Wir merkten mit jeder Reise, wie sehr Afrika uns verändert. Jedes überstandene Abenteuer schweißte uns enger zusammen. Prägte uns. Die Stärken der einen glichen die Schwächen der anderen aus. Daran wuchsen wir beide.

Aus einer fixen Idee wurde ein Plan: Wir waren bereit, den Gürtel enger zu schnallen, einen Geländewagen zu kaufen und selbst auszubauen, unsere Jobs zu kündigen und alles hinter uns zu lassen, um ein Jahr lang Afrika zu entdecken.

Die Zeit vor unserer Abreise war sehr bewegt für mich: Zwar habe ich meine Berufung gefunden, als Ärztin für Psychiatrie und Psychotherapie. Trotzdem hat der Klinikalltag mich zunehmend Kraft gekostet. Einen großen Anteil daran hat meine Desillusionierung von der Medizin. Oder vielmehr der Art, wie sie praktiziert wird. Wir Ärzte finden keine Zeit mehr für Patienten, weil der Verwaltungsaufwand immer größer wird. Deshalb untersuchen wir meist nur einen winzigen Teil, der unserer Fachrichtung entspricht. Es gelingt uns selten, Zusammenhänge zu erkennen und den Überblick zu behalten. Wir entmündigen den Patienten, schrauben hier herum, verbessern da etwas. Wie bei einer Maschine. Und vergessen, dass der Kranke selbst viel dazu beitragen kann und muss, um gesund zu werden. Dadurch habe ich allmählich die Freude an meiner Arbeit verloren und sie zunehmend als Anstrengung empfunden.

Alternative Heilmethoden und Naturheilweisen haben mich schon vor dem Medizinstudium interessiert. Doch dieses ist so aufwändig, dass wenig Zeit bleibt für anderes. Anschließend folgten Promotion und Facharztausbildung. Damit ist man ausgelastet. Dreizehn Jahre war ich mit all dem beschäftigt. Und das ist gut so. Denn es gibt mir eine solide Grundlage. Aber nun ist Zeit für etwas anderes. Ich möchte als Ärztin nicht nur Krankheiten verwalten, sondern Menschen heilen.

Für mich heißt das, meine eigene Stimme zu finden. Mein Wissen der Schulmedizin mit meiner Intuition zu verbinden. Den Patienten ganzheitlich betrachten, Zusammenhänge verstehen und die Möglichkeiten, die jeder selbst mitbringt, nutzen. Ihm seine Verantwortung lassen und ihn voll und ganz mit einbeziehen. Welche der vielen Verfahren ich dazu wähle, formt sich allmählich. Doch noch etwas anderes benötige ich dafür. Vertrauen in mich und meine Fähigkeiten. Und in das Leben selbst.

Das ist es, was ich suche. Und gerade, weil das letzte Jahr nicht mehr rund lief, habe ich den Mut gefunden, mich auf diese Reise zu begeben. Mut der Verzweiflung nennt man das wohl, wenn es einem schlecht genug geht, dass beinahe jede Alternative verlockend klingt. Selbst Afrika. Und Stefanie muss dem Ruf ihres Herzens folgen. Das unterstütze ich. Unbedingt. Ich will sie nicht zurückhalten. Ohne sie sein will ich noch weniger. Also komme ich mit.

An einem kalten Märzabend, nach einem stressigen Arbeitstag, sitzen wir in unserer Münchner Küche. Vor uns ausgebreitet Zettel mit Dutzenden von Dingen, die wir noch vorbereiten und organisieren müssen: Nachmieter suchen, Versicherungen kündigen, Auto-Verschiffung planen. Wir wissen nicht, wo wir zuerst anpacken sollen. Darum tun wir das einzig Richtige: Wir buchen einen Flug von München nach Kapstadt. Abflug 8. Dezember. One-Way.

Stefanie

Entgeistert starre ich auf den Bildschirm meines Rechners. Hunderte bunte kleine Schiffe blinken auf dem Atlantik, nur die MSC Altamira ist seit Tagen vom Radar verschwunden. Ein Containerschiff, das unseren Land Rover, den wir die blaue Elise getauft haben, von Hamburg nach Kapstadt bringen soll. »Immer noch kein Signal,« brülle ich zu Birgit in die Küche hinüber. Wir waren vorgewarnt. Sobald das Schiff an den Kanaren vorbei ist und Kurs auf Westafrika nimmt, wird es wackelig mit dem Satellitenempfang. »Sie soll doch schon in einer Woche in Kapstadt sein. Ist das noch normal?« Birgit schaut besorgt um die Ecke in unser Arbeitszimmer.

Vier Jahre nervenaufreibender Vorbereitung und liebevoller Handarbeit stecken in einem dunklen Frachtcontainer und schippern irgendwo auf dem Atlantik entlang der westafrikanischen Küste. Hoffentlich. Dieses Auto, das ein Jahr unser Heim sein wird, ist für uns unersetzlich. Versicherung hin oder her. Wir haben so viel Zeit, Schweiß und Energie investiert, um diesen Geländewagen wohnlich zu machen. Mit unseren eigenen vier Händen. Anfangs waren wir noch recht ungeschickt und trauten uns kaum, ein Loch in ein Holzbrett zu sägen. Später scheuten wir selbst vor Umbauten an der Karosserie nicht mehr zurück.

Im umgebauten Geländewagen mit Dachzelt und Campingausrüstung an Bord, ohne festen Zeitplan, fern von Hotel und Asphalt, wohin auch immer die nächste Piste führt, lernte ich die Freiheit lieben. Dabei hatte ich mit Campen nie viel am Hut. Vielleicht war ich einmal in meinem Leben Zelten, genau weiß ich das nicht mehr. Ich habe auch nie in einer Wohngemeinschaft gelebt. Mit fremdem Menschen ein Bad teilen lag gar nicht in meiner Natur. Heute macht es mir fast nichts mehr aus. Ich liebe es, von den ersten Sonnenstrahlen des Tages, die in unser Klappdach fallen, geweckt zu werden. In Hotelzimmern, die ich in meinem Berufsalltag zur Genüge bewohnen musste, halte ich es nur noch widerwillig aus. Elise ist jetzt mein Zuhause.

Auf dem Landweg von München nach Kapstadt zu fahren, war schon lange mein großer Traum. Über die Türkei, Syrien und Jordanien nach Ägypten. Weiter in den Sudan und nach Äthiopien. In Ostafrika reizen mich besonders Uganda und Ruanda, die tierreichen Nationalparks Kenias und Tansanias. Nach Malawi und Sambia warten schließlich die Länder des südlichen Afrikas: Simbabwe, Botswana, Namibia und Südafrika.

Birgit stand der Anfang meiner geplanten Reiseroute bevor wie eine Wurzelbehandlung. Die politische Entwicklung der vergangenen Jahre verschlimmerte dies noch: In vielen Ländern ist die Lage angespannt bis instabil, immer mehr Krisenherde entzündeten sich, besonders in Nordafrika. »Mir wäre wohler, wir könnten uns erst etwas einschwingen und nicht mit den härtesten Etappen anfangen.« Ihr Vorschlag: Wir verschiffen Elise nach Kapstadt, starten ohne Hast und arbeiten uns Land für Land nach Norden.

Wenn sich eine fixe Idee in mir festsetzt, bin ich nur schwer wieder davon abzubringen. Oft will ich mit dem Kopf durch die Wand. Und alles auf einmal. Dann hilft mir Birgit mit ihrer umsichtigen Art, den roten Faden wiederzufinden. Sie gibt meiner Impulsivität und Lebenskraft immer wieder Form und Richtung. Im Laufe der Zeit gefiel mir ihre Idee immer besser, die Reise gewissermaßen am Ende zu beginnen. Reisen ohne das Gefühl, immer weiter zu müssen. Zu bleiben, wo es uns gefällt. Reisen ohne Ziel.

Meine Vorfreude wuchs. Endlich nach Hause kommen. Birgits Unsicherheit beunruhigte mich dennoch. »Ich verkrafte es nicht, wenn wir nun jahrelang träumen, planen, vorbereiten, und es dann doch nicht machen. Du musst mir jetzt sagen, ob du das wirklich mit mir machst«, forderte ich Birgit heraus, als der Kauf unseres Reisemobils anstand. Heute verstehe ich, wie viel ich ihr abverlangte, sich auf meinen Traum einzulassen. Als Ärztin erlebt sie in ihrem Alltag genug Abenteuer. Ich als Schreibtisch-Lara-Croft eher weniger. Mich zieht es weg vom Computer in die echte Welt, in das wirkliche Leben.

Zuerst aber musste ein geeignetes Reisemobil her. Geländetauglich, mit einer guten Ersatzteilversorgung entlang unserer Reiseroute und viel Bastelspielraum. Unsere Wahl fiel auf einen gebrauchten Land Rover Defender. Wir mussten uns dummerweise just zu der Zeit ein Auto kaufen, in der die Preise für gebrauchte Defender monatlich stiegen. Der Geländewagen sollte bald nicht mehr gebaut werden und Liebhaber waren im Schlussverkaufsrausch. Selbst die Rostlauben waren innerhalb weniger Tage verkauft. Es ging zu wie nach einem Börsencrash.

Aber der grüne Fünftürer mit Schlafausbau war noch da, und ich spürte es in der Magengrube: Das war er. Der letzte Gebrauchtwagen, den ich gekauft hatte, war ein Fiat Tipo, den ich für 150 Euro bei eBay ersteigert habe. Ahnung von Autos hatten wir beide nicht. Von den »Jetzt helfe ich mir selbst«-Büchern im Regal abgesehen. Bewaffnet mit einer Checkliste aus einem Land-Rover-Forum und vielen guten Ratschlägen ging es an den Chiemsee. Optisch top, kein Rost, die Hohlräume in liebevoller Handarbeit konserviert, jedes Kabel feinsäuberlich verlegt und beschriftet, kein Wasser im Fußraum, Motor in Schuss, Getriebe top und der Preis mehr als fair. Es war zu gut, um wahr zu sein. Nach all den schrottreifen Traktoren, die wir angesehen hatten, sollte dies unser Landy werden? Wir mussten nur zuschlagen. Aber wo war der Haken?

»Dafür, dass wir nicht wissen, was wir hier tun, ist es zu viel Geld.« Wir waren uns einig und dann nicht. Wir zögerten, und weg war der schöne grüne Landy. »In einem Jahr werden wir beide an den Chiemsee-Landy zurückdenken und sagen »Der wär's gewesen«, seufzte ich.

Unsere Suche blieb erfolglos. Zähneknirschend rechneten wir den Sparplan neu, schnallten den Gürtel noch enger, schlachteten das letzte Sparschwein und entschlossen uns für einen Neukauf. Und endlich war der Tag gekommen: unser nigelnagelneuer Landy war zum Abholen bereit. Mit wackeligen Knien machten

Das ist Elise. Es war Liebe auf den ersten Blick.

wir uns auf den Weg zum Autohaus. Schon von Weitem sahen wir unseren hübschen blauen Wagen mit dem weißen Dach in der Sonne funkeln.

Ich durfte zuerst ans Steuer. Sonnenbrille auf. Fenster runter, von Hand gekurbelt. Wind im Haar. Das Gefühl von Freiheit. Fröhlich röhrte der Landy den Mittleren Ring entlang, Musik hören unmöglich. Schnell war der Landy mehr als nur ein Fortbewegungsmittel. Elise wurde zum Familienmitglied. Wie sehr man sein Herz an ein Auto verlieren kann! Ich hätte es nicht für möglich gehalten. Und meine Sorgen, ob Birgit wirklich mitkommt, waren allmählich besänftigt. Denn Elise ist wie ein Versprechen. Ein Versprechen, dass wir diese Reise wirklich machen.

Falls unser Auto nicht schon auf dem Meeresgrund liegt. Samt all unserer Klamotten, Ausrüstung, Ersatzteile und Werkzeuge. Immer noch kein Signal unseres Containerschiffs. Wir sitzen in gemütlicher Runde bei meiner besten Freundin Beate. Zum Abschied bereitet sie für uns ihren sagenhaften bayerischen Schweinsbraten mit selbstgemachten Knödeln zu. Ich genieße die liebe Gesellschaft und das leckere Essen. Bis Karin fragt: »Habt ihr eure Gasflasche vor der Verschiffung entleert?« Karin und ihr Mann Ralf haben vor einigen Jahren ebenfalls Afrika auf der Landroute bereist und ihr mobiles Zuhause von Kapstadt zurück verschifft. »Wozu?«, will ich wissen. Christoph, Beates Freund, erklärt, wie eine Gasexplosion im Auto den Container zu einer Splitterbombe macht. Eins führt zum anderen und das fehlende Signal sowie die volle Gasflasche werden zum Dauerscherz des Abends.

Birgit kann darüber gar nicht lachen. Sie ist die nächsten Tage angespannt und sichtlich beunruhigt. »Sollten wir nicht sicherheitshalber unseren Spediteur anrufen?« – »Wir können jetzt sowieso nichts mehr ändern«, lasse ich mir meine Verunsicherung nicht anmerken. Heimlich durchforste ich trotzdem in den nächsten Tagen immer wieder Nachrichtenseiten nach der Schlagzeile »Explosion auf Containerschiff«. Nachts träume ich, wie unsere hübschen ozeanblauen Schränke, die perfekt zu den Vorhängen passen, im Senegal an Land gespült werden.

Jede der 700 Nieten, die unseren Innenausbau zusammenhalten, haben wir selbst versenkt. Nächtelang saßen wir im Wohnzimmer und haben auf Millimeterpapier Skizzen gemalt. Dann kleine Pappmodelle gebaut. Zwischendurch sind wir nachts im Schlafanzug, mit Zollstock und Bleistift bewaffnet, zu Elise auf die Straße gerannt, um alles nochmal nachzumessen. Das Baumaterial war bestellt und als Knut uns die Meldung gab: »Eure Platten sind da«, konnten wir uns vor Aufregung kaum halten. Knut ist professioneller Ausbauer von Reisemobilen und hat für uns das »betreute Bauen« erfunden. Wir wollten schließlich alles selbst machen, hatten aber keine Ahnung wie. Wir durften also seine Werkstatt in Landshut nutzen. In den entscheidenden Momenten legte Knut ein Veto ein und zeigte uns, wie es richtig ging. Nach zwei Wochenenden und ordentlich Muskelkater hatten wir zwei große Truhen gebaut, zwei Kleiderschränke, ein Apothekerschränkchen, auf das ich besonders stolz bin, und eine lange Kiste für Vorräte.

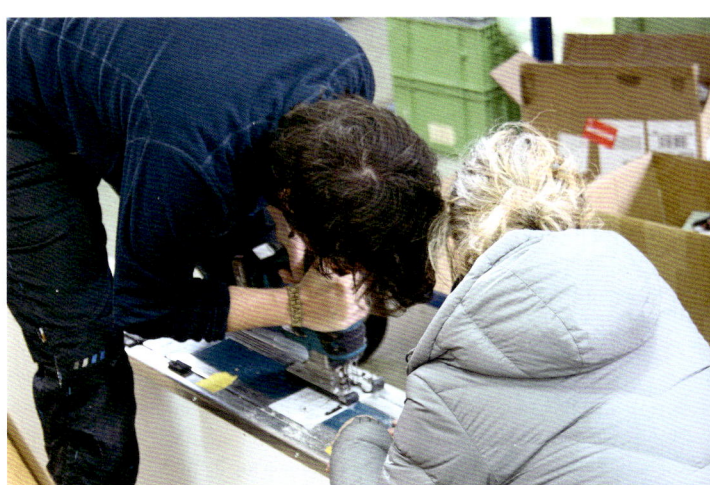

Aus unserem Landy wird ein Camper. Zuerst schlafen wir mit Isomatten auf dieser Plattform.

Längst vergessen war der grüne Chiemsee-Landy, als wir unsere blaue Elise nun genau nach unseren Vorstellungen umbauten. Schritt für Schritt. Spartanisch ging es damals los. Nur mit Küchenkiste, Luftmatratzen und Schlafsäcken auf der Ladefläche führte unsere Jungfernfahrt über die Schweiz in die französischen Alpen, die Provence und an die Côte d'Azur. Jede weitere Ausbaustufe testeten wir im Feld: die ersten festverbauten Schränke in Slowenien. Im kroatischen Dauerregen, als wir wie die Ölsardinen den Nachmittag liegend im Auto ausharren mussten, bestellten wir ein Klappdach. In Albanien versicherten wir uns, ob unser Konzept rüttelfest genug für Offroad-Ausflüge ist. Unsere Fahrkünste abseits geteerter Straßen trainierten wir in einer Sandgrube. Ein Crashkurs nach dem Motto »Schrauben am Landy ohne Angst« half uns, Elises technische und mechanische Seiten besser kennenzulernen. Während der Reise wollen wir sie gut pflegen und im Notfall wieder fahrtüchtig machen können.

Vier lange Jahre haben wir unsere Afrikareise vorbereitet. Dabei haben wir Campen, Handwerken und Offroad-Fahren gelernt. Wir haben großartige Testreisen mit Elise gemacht und auf Landy-Treffen tolle Menschen einer für uns ganz neuen Welt kennengelernt. Das kann doch nicht alles mit Mann und Maus untergegangen sein?

Anfang Dezember, nach zwei endlosen Wochen, taucht die MSC Altamira endlich in der Bucht von Lüderitz im Süden Namibias wieder auf. Mit Spediteur und Hafenagent vereinbaren wir Zeitpunkt und Treffpunkt zur Übergabe. Die wenigen Tage bis zu unserem Abflug vergehen nun rasend schnell. Die letzten Vertrags-

Nach einer verregneten Kroatienreise entscheiden wir uns für mehr Raum und Komfort. Elise bekommt ein Aufstelldach und wir ein bequemes Bett.

kündigungen werden bestätigt, die Wohnung für den Zwischenmieter leergeräumt. Ein letzter Abschied von Freunden und Familie, und ehe ich mich versehe, winke ich meiner Mutter ein letztes Mal wild durch die Schleusen der Sicherheitskontrolle am Flughafen zu und sitze wenig später schon im Flieger.

Pünktlich landen wir in Kapstadt. Am Vormittag des 9. Dezember 2016. Es schüttet aus Eimern, unsere Stimmung ist dennoch heiter. In einem verschlafenen Vorort von Kapstadt beziehen wir für die kommenden zehn Tage ein Appartement mit Blick auf den Tafelberg. Wir packen unsere kleinen Reisetaschen aus, bevorraten uns im Supermarkt um die Ecke, richten uns ein. Noch fühlt sich alles an wie ein gewöhnlicher Urlaub.

Nachmittags bringt uns ein klappriges Taxi nach Muizenberg. Langsam wird mir mulmig. Meine Nerven sind zum Zerreißen gespannt. Was habe ich uns da nur eingebrockt? Wir sind auf dem Weg zu einem Agenten, der den Container mit unserer Elise am Hafen von Kapstadt in Empfang genommen haben soll. Mit der Adresse kann weder unser Navi noch unser Taxifahrer etwas anfangen. Zumindest der Name des Industriegebiets sagt ihm etwas. Ich fantasiere, wie wir auf den Hof fahren und kein blaues Auto auf uns wartet. Oder ein komplett verbeultes. Zweimal fahren wir an der richtigen Einfahrt vorbei. Doch am Ende der Straße wartet unser blauer Landy und alle Sorgen sind wie weggeweht. Die Sonne kommt raus, die Formalitäten sind schnell erledigt. Als hätte ich nie etwas anderes getan, lenke ich Elise im Linksverkehr auf die breite Hauptstraße Richtung Atlantischen Ozean. Unser Abenteuer beginnt.

Südafrika

Facettenreiche Regenbogennation.

ATLANTIC OCEAN

Südafrika wird für uns immer ein ganz besonderes Land bleiben, denn hier hat unsere große Reise begonnen und wir haben fast drei Monate in Südafrika verbracht. Es gibt einfach so viel zu entdecken: Kunst und Kultur in Städten wie Kapstadt und Durban, gutes Essen in den Weinregionen rund um Stellenbosch. Safari im Kgalagadi-Transfrontierpark, im Kruger und zahlreichen kleinen Nationalparks. Wandern in den Drakensbergen, endlose Strände am rauen Atlantik und dem etwas milderen indischen Ozean und unser ganz persönliches Highlight, die Kleine Karoo. Südafrika ist leicht mit einem Mietwagen zu bereisen, nur für den Kgalagadi braucht man Allradantrieb. Die Infrastruktur entspricht der in Europa. Allerdings ist die Kriminalitätsrate deutlich höher und man sollte Überlandfahrten und Spaziergänge nach Einbruch der Dunkelheit vermeiden.

Weitere aktuelle Infos zum Reisen in Südafrika findest du auf unserem Blog www.giraffe13.de.

Südafrika

Gaborone
Pretoria
JOHANNESBURG
Maputo
Swasiland
Kimberley
Bloemfontein
Richards Bay
Lesotho
3
Drakensberge
Durban
Graaf Reinet
East London
Grahamstown
Port Elizabeth
Kruger Nationalpark
Limpopo Nationalpark

Unsere persönlichen Höhepunkte:

③ Drakensberge

In Afrika sind klassische Wandermöglichkeiten eher selten. Wilde Tiere machen das Ganze rasch zum Bushwalk. Anders in Südafrika: Durch das milde Klima kann man vielerorts alleine über grünbewaldete Hügel klettern. Besonders eindrucksvoll sind die gigantischen Drakensberge. Nach der Wanderung sollte man im Chocolate Heaven in Nottingham Road halten.

④ Kapstadt

Für uns eine der schönsten Großstädte der Welt mit ihrer Lage am Atlantik und dem berühmten Tafelberg. Hier gibt es viel zu erleben. Wer nicht weiß, wo er anfangen soll, dem empfehlen wir die erste Ausstellung der Welt mit zeitgenössischer afrikanischer Kunst im Zeitz MOCAA.

⑤ Stellenbosch und Paarl

Das milde Klima der Region östlich von Kapstadt eignet sich hervorragend zum Weinanbau. Hier lassen sich erlesene Tropfen und edle Speisen in pittoresker Landschaft genießen. Wer die Rebsorte Pinotage mag, sollte den von Fairview versuchen.

① Kleine Karoo mit Calitzdorp und Nieu-Bethesda

Der spröde Charme dieser Halbwüste hat zahlreiche Künstler und Kreative angelockt, deren Werke man in entzückenden Cafés und schrulligen Galerien entlang der Route 62 bewundern kann. Besonders begeistert hat uns das Owl House in Nieu-Bethesda, ein Gesamtkunstwerk aus Zement und Glasscherben von Helen Martins.

② Kgalagadi-Transfrontierpark

Dieser riesige Park erstreckt sich über das Gebiet der Kalahariwüste in Südafrika, Namibia und Botswana. Zwischen den roten Sanddünen gibt es zahlreiche markierte Wasserlöcher, die Tierbeobachtungen vor allem in der Trockenzeit leicht machen. Nur Elefanten gibt es nicht. Nossob ist unser Lieblingscamp.

4 *Leben hinter Stacheldraht*

Stefanie

Wir spazieren am Sunset Beach entlang. Am langen Strand, der am Rand von Kapstadt und vor der eindrucksvollen Kulisse des Tafelberges liegt, sind die Menschen in ausgelassener Sommerstimmung. Am Himmel schweben die bunten Schirme der Kitesurfer, die tollkühn über die schäumenden Wellen springen. Hier treffen sich Familien und Singles, Sportler und Sonnenanbeter, Alt und Jung, Schwarz und Weiß. Auf dem Parkplatz wartet unsere blaue Elise. Ich kann mich nicht satt sehen an diesem Anblick. Birgit und ich. In Kapstadt. Mit unserem Auto. Ein Jahr liegt vor uns. Ich atme tief ein. Salzige Luft der Brandung füllt meine Lungen.

Gestern früh erst brachte uns meine Mutter zum Flughafen München. Mit dem skurrilsten Taxi, in dem ich je saß. Süßigkeiten-Bar, Getränke, Handy-Ladestation und einem anrührend aufmerksamen Fahrer. Der Flug mit der Condor dagegen war ungemütlich, grässlich kalt und die Cola kostete ein Vermögen. Auf ein Buch oder einen Film konnte ich mich nicht konzentrieren. Ich starrte die meiste Zeit Löcher in die Luft. Abwechselnd fielen wir in Schockstarre, erst ich, dann Birgit, dann wieder ich. Das Herz spürte den Abschied und das Abenteuer. Der Kopf kam kaum hinterher.

Als ich kurz vor dem tiefgekühlten Presspappe-Frühstück das Rollo hochschob, erkannte ich unter mir die roten Dünen der Namibwüste. Die Ketten lockerten sich. Nach vier Jahren des Wartens und Vorbereitens endlich wieder Afrika. Ich kam nach Hause, wurde ruhig und entspannte. Selbst als mir der Zollbeamte an der Passkontrolle am Flughafen Kapstadt die Einreise verweigerte.

Beim letzten Besuch hätte ich meine Aufenthaltserlaubnis überschritten und wäre nun als unerwünschte Person markiert, erklärte er mir. Vom Ernst der Lage unbeeindruckt, lächelte und plauderte ich vor mich hin. Ich war am Ziel meiner Träume, war unverwundbar. Die Vorgesetzte wurde gerufen. Ich konnte glaubhaft sämtliche Afrikareisen mit Einreise- und Ausreisedaten auswendig hersagen und so warf sie einen weiteren Blick in meine Akte. Für meinen alten Reisepass waren zwei aufeinanderfolgende Ausreisen am Flughafen Johannesburg registriert ohne zwischenzeitliche Einreise. »Das kommt ständig vor, machen sie sich keine Sorgen.« Die Beamtin versicherte mir, der fehlerhafte Eintrag würde gelöscht, ich sollte keine Probleme mehr mit meinem Pass haben. Was sich zum ungünstigsten Zeitpunkt unserer Reise als Irrtum herausstellen sollte.

Vogelgezwitscher weckt mich am nächsten Tag. Nicht das bekannte städtische Taubengurren, keine Amsel. Mindestens zehn verschiedene exotische Gesänge meine ich unterscheiden zu können. Sonnenaufgang in Afrika ist eine Ouvertüre mit vollständiger Orchesterbesetzung. Sonnenstrahlen fallen durch den Vorhang. Ich brauche einen Augenblick, um zu begreifen, dass ich nicht in meinem Bett in der Heimeranstraße liege, sondern in einem Appartement in Pinelands, einem friedlichen Wohnviertel in Kapstadt, mit kleinen hübschen Häusern umringt von hohen Mauern, gekrönt von angsteinflößenden Elektrozaunkonstruktionen, wie ich das von südafrikanischen Großstädten kenne. Statt eines Klingelschilds prangt vor jedem Haus ein großes Schild mit der Aufschrift *armed response*, eine unmissverständliche Warnung des bewaffneten Sicherheitsdienstes. Ein Klingelstreich kann hier lebensbedrohlich enden. Unsere Gastgeberin schärft uns ein, stets zu kontrollieren, dass das Tor verriegelt ist, und nachts nicht durch die Straßen zu laufen.

Es ist Dezember. Hochsommer in Kapstadt. Wir frühstücken auf unserer Dachterrasse. Die afrikanische Sonne auf meiner

Haut fühlt sich anders an. Alles geht mir eine Schicht tiefer. Ich bin mit allen Sinnen frei. Es riecht nach Feuerholz und Instantkaffee, zwei Gerüche, die für mich untrennbar mit Afrika verbunden sind. Vor mir erhebt sich der Tafelberg, sein typisches Tischtuch aus Wolken trägt er heute nicht. Unser erstes Wochenende in Kapstadt verbringen wir mit ausgedehnten Strandspaziergängen und Müßiggang. Wir cruisen mit Elise die malerischen Küstenstraßen der Kaphalbinsel entlang und finden bei Noordhoek einen weißen Sandstrand, den wir trotz Wochenende ganz für uns allein haben.

Kapstadt einmal nicht als gehetzter Tourist erleben. Ohne Zeitplan lassen wir uns einfach treiben und saugen die Atmosphäre der Stadt auf. In Sea Point suchen wir vergeblich nach dem Weihnachtsmarkt. Bei 35 Grad im Schatten eine komische Unternehmung. In Kalk's Bay, einem winzigen Fischerdorf auf dem Weg zum Kap der Guten Hoffnung, entdecken wir hinter dem Fischmarkt am Hafen den Imbiss Kalky's. Hier ist die Hölle los, bei Kapstädtern sind die fangfrischen Backfische längst kein Geheimtipp mehr. Wir essen uns durch die Märkte der Stadt, Picknicken in den blühenden Kirstenbosch-Gärten. Sind zu Kaffee und Kuchen in die Winelands von Constantia geladen. Das Leben in Südafrika kann so süß sein – wenn man Geld hat und die richtige Hautfarbe.

Das ist leider auch heute noch so, fast fünfundzwanzig Jahre nach Ende der Apartheid, wie uns ein Besuch des legendären Robben Island vor Augen führt. Auf der Gefängnisinsel waren prominente Gefangene wie Nelson Mandela, Walter Sisulu und

Bunte Umkleidekabinen am Muizenberg Strand im Süden von Kapstadt.

Robert Sobukwe jahrzehntelang inhaftiert. Durch das Gefängnis führt ein ehemaliger Häftling. 15 Jahre für Spionage, Terrorismus und Insubordination hat er abgesessen. Seine Ausführungen über den Gefängnisalltag beschämen mich. Wie Menschen zu solch Widerlichkeiten fähig sein können. Auf der Insel leben heute immer noch viele Ex-Gefangene, für die eine Rückkehr in die Normalität unmöglich geworden scheint.

Während unser Guide uns in der großen Zelle erklärt, wie sie von Wärtern und deren Kampfhunden gequält wurden, schließt einer seiner Kollegen mit lautem Knall die Tür. Nervös zuckt er zusammen und fährt herum. Als sein Kopf wieder zurück in der Gegenwart ist, überspielt er krampfhaft lächelnd sein Déjà-vu: »Don't do that man!« – Lass das, Mann! Er beendet seinen Rundgang durch das Gefängnis mit einem ernüchternden Fazit. Geändert habe sich nicht viel. Ein Großteil der schwarzen Einwohner Südafrikas lebe immer noch in kleinen Wellblechhütten in den Slums vor der Stadt.

Auf der Rückfahrt tauchen Wale in der Bucht auf und schwimmen in der Bugwelle der Fähre, die uns wieder an die Waterfront von Kapstadt bringt. Am Westkap Südafrikas liegen düstere Vergangenheit und Urlaubsparadies dicht beieinander. Im Urlaub vergisst man schnell, wie viel Geschichte überall noch lebendig ist und übersieht die Spuren der Apartheid, die nach einem Vierteljahrhundert immer noch spürbar sind. Von den Konflikten hinter den Kulissen werden wir noch mehr mitbekommen. Auch das ist Teil unserer Reise.

Nach zehn Tagen Kapstadt nehmen wir ein zweites Mal Abschied. Unsere erste Etappe bringt satte 30 Kilometer auf den Tacho und wir quartieren uns in der Weingegend bei Stellenbosch ein. Aus der Heimat erreichen uns die ersten sarkastischen Kommentare. Mit Bildern von Achsbrüchen und Stoßzähnen in der Fahrertür habe man gerechnet, nicht aber mit »La Dolce Vita« in Afrika.

Kurz vor Weihnachten sind wir nicht weit gekommen. Wir fahren entlang der Walküste zum südlichsten Punkt Afrikas, dem Kap Agulhas. Ein starker Wind treibt uns auf der Suche nach einem Campingplatz einmal durch die Dörfer entlang der Küste. Irgendetwas ist komisch hier in Struis Bay. Es dauert eine Weile, bis es uns auffällt: Hier gibt es keine Zäune. Alle windstillen Plätze sind schon belegt und zugebaut mit Wohnwagenburgen. Der Südafrikaner kann auch im Urlaub nicht ganz aus seiner Haut. Wir landen in einem schrulligen Hostel und fahren am nächsten Morgen zur Südspitze des Kaps. Hier treffen sich etwas weniger eindrucksvoll als erwartet der Atlantische und der Indische Ozean. Und unzählige Touristen zum obligatorischen Foto vor dem entsprechenden Schild. Uns zieht es weiter.

Endlos ist die Fahrt über Schotterpisten durch Farm- und Weideland. Unser Geländewagen darf das erste Mal ein bisschen

Fahrt durch das grüne Tal von Groenfontein.

arbeiten. Acker soweit das Auge reicht. Das Hinterland der Garden Route ist fest in Hand der Landwirte. Nur ein kleiner Fluss unterbricht die Einöde. Malgas ist eine Oase, umgeben von endlosen Weizenfeldern. Die Jugend plantscht im Fluss, den wir mit einer handgezogenen Fähre überqueren. Wenn jetzt noch Laura Ingalls aus *Unsere Kleine Farm* den Weg entlang hopsen würde, wäre das Klischee perfekt.

Auf der anderen Seite des Flusses ändert sich das Landschaftsbild schlagartig. Der Tradouw-Pass ist das Tor zur Kleinen Karoo. Bevor wir die karge Landschaft dieser Halbwüste erreichen, schlängeln wir uns eine Bergstraße entlang, gesäumt von hohen Nadel- und Laubbäumen. Auf der anderen Seite der Bergkette breiten sich sanfte Hügel vor uns aus. Soweit das Auge

Karibikfarben im De Hoop Nature Reserve.

reicht, leuchten sie rotbraun im Sonnenlicht. Die karge Schönheit wird nur von grünen Bändern unterbrochen. Flüsse erkennt man in dieser Halbwüste nicht am strömenden Wasser, sondern am dichten Baumwerk und hohen Schilf, das sich durch die karge Landschaft schlängelt. Überall blüht gelb der Kameldorn.

Die Kleine Karoo ist dünn besiedelt. Die wenigen verschlafenen Nester liegen entlang der Route 62. Wildwestromantik liegt in der Luft. Die Häuser sind hier nicht von hohen Mauern umgeben. Kein Stacheldraht, kein Elektrozaun. Das wirkt zunächst irritierend. Weiße laufen zu Fuß zum Einkaufen oder Stadtbummeln, selbst in den Abendstunden!

Unser Lager schlagen wir auf dem Warmwaterberg auf. Hier sprudelt heißes Quellwasser aus dem Fels. Der perfekte Ort für Weihnachten. Im verträumten Barrydale bevorraten wir uns für die Feiertage. Alle grüßen fröhlich und winken, als wir durch den Ort bummeln. An der Hauptstraße reiht sich ein Retro-Diner neben das andere. Im Supermarkt läuft *Modern Talking*. Wir stärken uns mit einem monströsen Milchshake im *Diesel & Creme*. Manchmal schmeckt Afrika wie eine Kindheitserinnerung an die Achtziger.

Auf dem Rückweg halten wir bei *Ronnies Sex Shop*. Einer Legende auf der *Route 62*. Hinter diesem ominösen Namen verbirgt sich ein relativ seriöser Pub. Früher hieß der Laden einfach Ronnies Shop und der Besitzer verkaufte Obst und Gemüse. Bis einer seiner Freunde nachts das Wort »Sex« an die Wand sprühte und Ronnies Leben für immer veränderte. Heute ist er eine kleine Berühmtheit, über der Bar hängen BHs und Schlüpfer, nebenan gibt es einen kleinen Souvenirladen mit allerlei Klimbim, auf dem der Name »Ronnies Sex Shop« prangt. Wir machen es uns auf der Terrasse gemütlich und bestellen eine Tasse Kaffee. Das erregt Ronnies Aufmerksamkeit. Ronnie ist ein Rockertyp um die sechzig mit angegrautem Pferdeschwanz und nikotinverfärbten Fingernägeln. Er trägt ein pinkfarbenes T-Shirt mit seinem Logo, das sich über seinen Bierbauch spannt. Nur echte Kerle tragen rosa, erklärt er einem spottenden Besucher, der nichts kauft, nur knipst und kichert.

»Es ist schon fünf. Wollt ihr nicht lieber ein Bier?«, fragt Ronnie und öffnet sich selber eins. Meine Erklärung, dass wir noch fahren müssen, quittiert er mit einem trockenen »Deutsche sind langweilig«, und setzt sich zu uns. Alkoholisiert Autofahren sei hier so etwas wie ein Nationalsport, man nenne das *drink and drive*. Ronnie lacht schallend: »Alles eine Frage der Übung. Am besten, du fängst gleich damit an. Du hast viel nachzuholen.« Wo er nun schon mal sitzt und uns offensichtlich wunderlich findet, will er mehr wissen. Woher wir kommen und wohin wir gehen. Unsere Entscheidung zu kündigen und zu reisen gefällt ihm, dabei sollen wir bleiben. Wenn das Geld knapp wird, schlägt er vor, Birgit solle als Oberärztin reich werden und ich mir eine schnittige Polizistin suchen, mit der ich alkoholisiert fahren üben kann. Nach einer weiteren Stunde wenig jugendfreiem Geplauder und einem weiteren Bier für Ronnie ist ziemlich klar, warum diese drei Buchstaben ihren Weg an die Hauswand gefunden haben.

Am nächsten Tag ist Heiligabend. Weihnachten in der Wüste. Wir lassen uns im warmen Wasser der Quellen treiben und bringen uns bei 40 Grad im Schatten in festliche Stimmung. Wir dekorieren eine Palme mit einem Schokoweihnachtsmann. Unseren Campingtisch ziert ein Miniaturweihnachtsbaum, den uns eine Freundin mit auf die Reise gegeben hat. Wir bereiten uns eine hausgemachte Spaghetti Bolognese und öffnen eine gute Flasche Rotwein aus Stellenbosch. Später am Abend machen wir es uns in Elise gemütlich. Ich packe die Ukulele aus und stimme Weihnachtslieder an. Unsere Bescherung ist dieses Jahr eher symbolisch. Was soll man sich auch schenken, wenn der größte Wunsch bereits in Erfüllung gegangen ist? Alles, was man braucht um glücklich zu sein, passt in einen Landy.

Am zweiten Weihnachtsfeiertag packen wir unsere Elise und ziehen ein Dorf weiter nach Calitzdorp. Wir wollen noch mehr von der Kleinen Karoo sehen. Wir beziehen unser Lager in Calitzdorp Station, einem stillgelegten Bahnhof, der mit viel Liebe zu einem Campingplatz umgebaut wurde. Dort, wo früher der Fahrkartenschalter war, ist nun ein Gästezimmer. Der ehemalige Lokschuppen ist eine Bar. Mit zwei Handhebel-Draisinen können sich Groß und Klein über das Gelände hebeln. Eigentlich wollten wir eine Nacht bleiben und bleiben zehn.

Mit ihrer aufrichtigen Gastfreundschaft hat Cheryl, die Besitzerin des Bahnhofs, eine ganz besondere Atmosphäre geschaffen. Aus ihrem ganzen Wesen strahlt Leidenschaft. Man merkt an jedem »Guten Morgen«, an jeder Geste, dass sie die Bestimmung ihres Lebens gefunden hat. Zwischen den Jahren findet

Skulpturengarten im Owl House von Helen Martins in Nieu-Bethesda.

sich eine Handvoll Menschen an diesem kleinen Örtchen mitten in der Wüste zusammen, die unterschiedlicher nicht sein könnten, aber von Cheryl und ihrem Zauber in den Bann gezogen werden.

St. John, der sonderbare Amerikaner, der eigentlich Michael heißt und Südafrikaner ist. Begleitet von seinem Hund Nandi reist er zwei Jahre in seinem weißen Land Rover durch Südafrika. Seit zwei Monaten steht er schon hier in Calitzdorp und ist irgendwie hängengeblieben. Uns würdigt er keines Blickes.

Ein altes Ehepaar, das nicht weit entfernt an der Garden Route lebt, findet hier Unterschlupf, während sie Kindern und Enkeln ihr Haus für die Ferien überlassen haben. Hans und seine Frau, deren Namen wir nie erfahren, treten niemals gemeinsam auf. Entweder kommt er auf ein Pläuschchen an unseren Platz unter den Weinreben oder seine Frau. Sie kann die Hitze in der Wüste nicht vertragen und liegt die meiste Zeit mit kalten Handtüchern bedeckt in der Zelthütte. Hans grillt gern, sie mag lieber Salat. Eines Abends muss Hans deshalb alle vier Hühnerbeine allein vertilgen. Am nächsten Tag liegt er mit Magenverstimmung und Kreislaufproblemen in der Zelthütte. Sie geht joggen.

Cheryl gibt allen ein Zuhause. Und wir stehen mittendrin.

Zu Fuß erkunden wir den Ort. Portwein, Kunst und Kleinstadtidyll. Hier gibt es keine Kriminalität, keine hohen Mauern oder Elektrozäune. Dafür viele kleine Ateliers und Galerien, die Werke lokaler Künstler liebevoll in Szene setzen. Wir kehren in der *Galerie Route 62* auf hausgemachte Limonade und pikante

Muffins ein und kommen mit Penny, der Besitzerin, ins Gespräch. Von ihr erfahren wir, dass Cheryls Silvesterpartys in der ganzen Gegend berühmt-berüchtigt sind. Wir sind erst seit ein paar Tagen hier und fühlen uns jetzt schon als Teil der Gemeinschaft und recherchieren Immobilienpreise. Hier ließe es sich leben.

Seit Jahrhunderten zieht diese malerische Landschaft Künstler an. Kleine Farmhäuser schmiegen sich an die plätschernden Flussläufe. Saftige Wälder wechseln sich mit schroffen Felslandschaften ab. Calitzdorp liegt eingebettet im Groenfontein-Tal am Fuße des Swartberges. Von hier oben überblicken wir nach dreistündiger Fahrt die Kleine Karoo mit all ihren Kontrasten. Mit dem Geländewagen starten wir früh morgens, um einen Ausflug in eines der abgelegenen Gebiete zu machen, »Die Hel« genannt. Die Hölle. Ein verstecktes kleines Tal, in dem sich im 19. Jahrhundert eine Handvoll Farmer angesiedelt hat.

Der Fahrtwind ist kühl und der Fynbos duftet würzig. Die artenreiche Vegetation aus Sträuchern, Gräsern und Farnen bedeckt große Flächen hier im Südwesten Südafrikas. Stundenlang holpern wir über Stock und Stein, vorbei an Aloepflanzen, bizarren Wüstensträuchern, die ihre dornigen Fäuste wütend der unbarmherzigen Sonne entgegenballen. Wir überqueren Berg um Berg, durchfahren Furt um Furt, bis wir endlich zum Elands-Pass kommen, dem Tor zur Hölle. Die gefährlich steile Abfahrt gab dem Tal seinen Namen.

Nach karger Mondlandschaft breitet sich vor uns ein saftiges, sattgrünes, fruchtbares Tal aus. Wir fühlen uns mitten in Jules Vernes *Reise zum Mittelpunkt der Erde* versetzt. Wir schrauben uns im Schritttempo dutzende schwindelerregende Haarnadelkurven hinunter. Rechts schroffer Fels, links geht es ungebremst in den Abgrund. Eine halbe Stunde brauchen wir für den Weg nach unten.

Die Hel: Blick in das abgelegene Tal inmitten der Swartberge.

Für den Rückweg nach Calitzdorp ist es mittlerweile zu spät. Die letzten hier noch lebenden Kloofer sind sich allesamt uneinig, ob es einen Campingplatz im Tal gibt. Wir fahren also zurück ins nächste Dorf und verbringen eine Nacht in Prince Albert mit Lagerfeuer und südafrikanischer Bratwurst, Boerewors genannt. Als wir am nächsten Tag wieder in Calitzdorp ankommen, begrüßt uns Cheryl mit einem herzlichen »Willkommen zu Hause!« Alle wollen wissen, wie unser Ausflug in die Hölle war. Selbst der muffelige Landyfahrer findet auf einmal Interesse an uns, setzt sich und steht nicht mehr auf.

An Silvester wird schon mittags auf den Straßen getanzt, überall schallt Musik aus den Lautsprechern. Die Partyvorbereitungen in der Station sind in vollem Gange. Strand ist das Motto der Feier, der ganze Bahnhof wird mit Schwimmtieren und Blütenketten dekoriert. Nachmittags trudeln die ersten Freunde aus dem Dorf ein. Wir stellen unsere Elise auf den Kopf auf der Suche nach einem geeigneten Kostüm. Partygarderobe stand nicht auf unserer Packliste. Ich hänge mir eine Taucherbrille um den Hals, und als die ersten Duftschwaden Grillfleisch über den Platz wehen, sind auch wir startklar.

Es wird eine rauschende Nacht, die Shakespeares Sommernachtstraum alle Ehre macht. Verkleidung, Verführung, Tanz, Drogen, Schabernack. Die Gäste kommen nicht nur vom Campingplatz: Shannon ist aus Kapstadt zu Besuch, um einem Freund nach dem Tod seines Vaters beizustehen. Nach Monaten in der Provinz sehnt er sich nach Großstadt, Clubs und Schwulenszene. Monica, John und Duncan, drei junge Studenten aus Johannesburg, besuchen ihre Eltern. Wir diskutieren über Politik, Farbenkonflikte, wie es ist, in Südafrika aufzuwachsen, und warum Duncans Vater, der so locker und liberal wirkt, Probleme mit dessen Homosexualität hat. Er findet Trost bei Shannon, Shannon findet Ablenkung vom drögen Provinzalltag bei Duncan.

Wir essen, trinken, lachen, tanzen und erst gegen vier Uhr morgens des neuen Jahres krabbeln wir erschöpft in unser Klappdach. Schlafen, nur schlafen. Um acht Uhr früh klopft St. John an die Landytür. »Aufstehen, es gibt Portwein, alte südafrikanische Tradition.« Ich brumme, er solle sich wieder hinlegen und später wiederkommen. »Ich war noch gar nicht im Bett. Steh auf und trink Portwein mit mir!« An seiner Stimme erkenne ich, den werden wir nicht los. Also quäle ich mich aus

Im Camp der Calitzdorp Station fühlen wir uns sehr schnell zu Hause.

dem Auto und schlurfe zum weißen Landy, aus dem leise Techno-Musik tönt. Die Flasche ist schon geköpft, wir stoßen an und es schüttelt mich. Noch bin ich nicht entlassen. Wir plaudern über seinen Landy, Innenausbauten, seine Reise, sein Leben. Er hat mit Duncan und Shannon irgendeine Droge genommen, die ihn jetzt nicht schlafen lässt. Nach einer Stunde kommt mir Birgit zu Hilfe und lockt mit gebratenen Eiern und Speck.

Die Temperaturen an Neujahr klettern über die 42-Grad-Marke. Wir kühlen unseren kollektiven Kater im Pool. Ohne uns auszuziehen, lassen wir uns der Reihe nach ins kühle Nass plumpsen und steigen den ganzen Tag nicht wieder heraus. Wir fühlen uns diesen Menschen in diesem seltsamen kleinen Nest schon nach einer Woche tief verbunden. Als wären wir seit Jahren eng befreundet. Wir können nicht nur plaudern und feiern, wir können auch schweigen. Auf den weiteren Stationen unserer Reise werden Birgit und ich uns immer einig bleiben: Wir denken oft an Calitzdorp und träumen von einem Leben ohne Stacheldraht.

5   *Camperkrise in Camdeboo*

Birgit

Mit dem neuen Jahr werden wir unruhig. Die Abenteuerlust regt sich in uns. Zwar träumen wir weiter davon, uns dauerhaft in Calitzdorp niederzulassen, wollen aber erst noch mehr von Südafrika erkunden. Außerdem sind wir ungewollt zum Mittelpunkt der *Calitzdorp Station* geworden. Hans kommt mittlerweile alle fünfzehn Minuten auf ein Pläuschchen vorbei. Ist er nicht da, besucht uns seine Frau. St. John geht überhaupt nicht mehr. Stefanie verzieht sich auf unsere Couch im Auto, ich mache einen Spaziergang durch Calitzdorp. Wir sehnen uns jetzt wieder nach etwas Abgeschiedenheit und afrikanischer Stille. Der Abschied am 3. Januar fällt trotzdem schwer. Wir wollen Richtung Garden Route und sind hoffnungsvoll, dass es gegen Ende der südafrikanischen Sommerferien nicht mehr so voll ist.

Ein Trugschluss, wie sich rasch herausstellt. In Knysna, einem der Hauptorte entlang der Route, stehen wir zum ersten Mal auf dieser Reise im Stau. Überall locken Vergnügungsparks mit Aktivitäten wie Elefanten reiten, Löwen füttern oder Strauße streicheln. Die Campingplätze sind hoffnungslos überfüllt. Nur dank hilfsbereiter Ranger kommen wir zunächst im Knysna-Forest und anschließend im Tsitsikama-Nationalpark unter.

Die südafrikanischen Wagenburgen stehen dicht an dicht. Offenbar ein Überbleibsel aus der Zeit, als holländische Bauern in Planwagen das Land eroberten und sich vor den wenig begeisterten Zulu und Xhosa in Sicherheit brachten. Das Zentrum bildet stets der Grillplatz, Braai genannt. Stefanies Minigrill sorgt für Irritation bis Fassungslosigkeit. Liebevoll braten wir Hühnerschenkelchen und zwei Kartoffeln. Nicht so der Südafrikaner. Wenig ressourcenschonend wird gleich ein halber Wald in Brand gesteckt. Rauchschwaden ziehen über den Campingplatz. Es werden riesige Fleischberge vertilgt, unter die allenfalls versehentlich ein Salatblatt gerät. Das Ganze wird mit großen Mengen Alkohol hinuntergespült. Entsprechend wohlbeleibt sind die meisten Buren. Sie bleiben unter sich und wirken misstrauisch. Doch Elises ausländisches Nummernschild lockt sie aus ihrem Versteck.

Wohin wir auch kommen, beim Parken, unterwegs und auf Campingplätzen sowieso. Überall werden wir gefragt, woher wir kommen und wohin wir gehen. Was nett gemeint ist, wird mir allmählich zu viel. Stefanie schlägt vor, die Antworten auf die häufigsten Fragen als Flugblatt zu verteilen. Wenn ich tropfnass aus der Dusche komme und nur mit einem Handtuch bekleidet bin, möchte ich nicht reden. Und keine Führung durch unser Reisemobil geben. Im Gegenzug erhalten wir die unterschiedlichsten Reiseinformationen. Meist drehen die sich um die Sicherheitslage im Land, von der die meisten Südafrikaner nicht viel halten. Weshalb sie, wenn sie einmal Quartier bezogen haben, die Feuerstelle nur ungern verlassen.

Wir nehmen uns ein Beispiel daran und suchen ein Versteck für die letzten drei Tage Sommerferien. Wir mieten uns in einer Pension in Grahamstown ein. Dazu verlassen wir die Provinz Westkap und an der großen Industrie- und Hafenstadt Port Elizabeth auch die Küste. Das Ostkap grüßt wenig einladend mit dem Slogan Frontier Country. Überall finden wir Fortanlagen. Bis 1879 kämpften hier weiße Siedler gegen einheimische Xhosa – fast hundert Jahre lang.

Grahamstown wirkt auf uns eher bedrückend und grau, was der wolkenverhangene Himmel verstärkt. Unsere Gastgeberin erklärt, dass die Stadt normalerweise quirliger ist, aber alle Studenten gerade in den Ferien. Ansonsten ist wieder alles beim Alten. Die Mauern sind hoch und selbst tagsüber sollen wir nicht zu Fuß in die Stadt gehen. Die schwarzen Angestellten unserer weißen Gastgeberin tragen altmodische Zimmermädchenkostüme mit Häubchen, was unserer Unterkunft einen unangenehmen Kolonialtouch gibt. Drei Tage müssen wir ausharren, bis die Ferien endlich vorbei sind, und wir unsere Reise fortsetzen können.

Nach Hogsback. Diese dicht bewaldete Bergregion soll Tolkien als Inspiration für seinen *Herrn der Ringe* gedient haben. Passend dazu gibt es eine Jugendherberge, die sich *Away with the fairys* nennt. Wörtlich heißt das »mit den Elfen unterwegs«, wenn man stattdessen mit »nicht ganz von dieser Welt« übersetzt, kommt man der eigentlichen Bedeutung näher.

Mein Herz schlägt für Elfen, Gnome und Zwerge, für Märchen, Mythen und Geschichten. Schade, dass dafür so wenig Platz ist in unserer rationalen Welt. Und ich glaube, dass uns dadurch etwas Entscheidendes abhandengekommen ist: Herzenswärme. Wie wenn man auf Omas Schoß am Kamin sitzt und eine Geschichte hört. Das mag ich.

Von Grahamstown sind es nur etwa zwei Stunden und die letzten 30 Minuten führt eine geteerte Passstraße hinauf zum Hogsback, was übersetzt soviel wie Schweinerücken bedeutet. Der Wald wird zunehmend dichter. Zur Jugendherberge selbst führt eine rumpelige Piste. Ähnlich sieht das Haupthaus aus. »Nun gut«, denke ich, »Nicht gleich vom ersten Eindruck auf den Rest schließen«, und trete ein.

Ein junges Mädchen, in wallende Gewänder gehüllt, gibt mir eine Liste, in die ich mich eintragen soll. Mit Erschrecken stelle ich fest, dass ich in der Kategorie »Alter« den Durchschnitt der Gäste 15 Jahre nach oben korrigiere. Herrje, wann war ich eigentlich zuletzt backpacken? Immerhin haben wir kein Bett im Schlafsaal gebucht. Zur Strafe hätte mich Stefanie bestimmt hier ausgesetzt und wäre ohne mich weitergefahren. Auf dem kleinen Stellplatz hinter dem Haus stehen vor allem Zelte, ein VW Bus mit der Aufschrift »Outback Health«. Und jetzt auch wir. Unter einem Baum richten wir unser Lager ein. Eine Elfe kann ich nicht entdecken.

Nach dem Abendessen will ich nur noch rasch den Abwasch erledigen. Bei den maroden Sanitäranlagen gibt es ein Außenwaschbecken, das so im Dunkeln liegt, dass ich beschließe, die Küche im Haupthaus zu benutzen. Hier sieht es aus wie bei

Hempels unterm Sofa. Ich räume zunächst die Berge dreckigen Geschirrs zur Seite, um unsere zwei Tellerchen zu spülen, als ein junger Mann dazu kommt. Rasch entsteht das übliche Gespräch aus: »Wo kommst Du her?«, »Wo willst Du hin?«, »Was willst Du überhaupt?« Er fragt er mich, ob mir das große blaue Auto gehöre, was ich bejahe und mich im Gegenzug erkundige, ob er zelte. Er erzählt, dass er mit seiner Freundin seit drei Monaten in einem kleinen weißen Flitzer und Zelt durch Afrika reist. »Ohne Geländegängigkeit kommt man nur leider nicht überall hin«, bedauert er und schließt seine Überlegungen mit dem Satz: »Vielleicht kann ich mir auch ein großes Auto leisten, wenn ich so alt bin wie Sie.« Alt? Sie? Ich bin immer noch irritiert, während er sich freut, dass er noch Träume hat. Ich habe für heute keine mehr. Und gehe ins Bett.

Am nächsten Tag wollen wir die Gegend erkunden. Schnell wird klar, dass hier mit Mythen und Esoterik vor allem Geld gemacht wird. Es gibt Labyrinthe, Naturkunstwerke, Hexenhäuschen und ein »Crystal Corner«, das Fotografie und Therapie anpreist. Das interessiert uns. Schließlich fotografiert Stefanie und ich therapiere. Vielleicht lässt sich da ein Berufskonzept entwickeln. Ein grauhaariger Mann schwebt uns entgegen und säuselt: »Willkommen im Paradies. Ihr seid schön. Wir sind alle schön. Kommt ruhig rein und fühlt die Energie.« Wow! Auf meine Nachfrage, was er hier zu bieten hat, deutet er auf einen Raum mit Fotos. Therapie finde zurzeit keine statt. Aber Kristalle könnten wir kaufen.

Die ausgestellten Bilder von Hogsback im Wandel der Zeit sind diffuse mystische Aufnahmen. Ein bisschen Nebel, ein bisschen schummriges Licht. Sieht man genauer hin, erkennt man, dass hier eigentlich nur verschiedene Ausschnitte derselben fünf Bilder hängen. Für fünfzehn Jahre Fotografie eine magere Ausbeute. Ich halte mich für einen spirituellen Menschen und hoffe immer auf inspirierende Begegnungen. Doch die sind leider selten. Viele Menschen haben wenig Sinn fürs Übersinnliche. Und die, die ihn haben, haben dafür meist nichts anderes. Vor allem keine Bodenhaftung. Übrig bleiben hohle Phrasen und der indifferente Wunsch nach »Frieden für alle«.

So auch beim einzigen Gast der Herberge unserer Altersgruppe. Ihm gehört der »Outback Health«-Bulli und wir kommen abends am Lagerfeuer ins Gespräch. Er ist Chiropraktiker, Langzeitrei-

sender und Althippie. Seine Liebe zur Welt erscheint mir ober-
flächlich. Er beschwert sich lautstark, dass es hier im Supermarkt
nur afrikanischen Mist zu kaufen gäbe. Schon um halb acht ist
er sternhagelvoll, lallt etwas von der »Weg ist das Ziel« und
stolpert ins Feuer. Eine junge Frau in schwarzen Gewändern
läuft seit zwei Tagen sichtlich verstört im Hof herum und trägt
dabei die ganze Zeit ihren riesigen Reiserucksack. Sie blickt
schreckhaft um sich und murmelt immerzu vor sich hin. Wir sind
nicht sicher, ob wir gerade von ihr verflucht wurden oder ob
auch sie einfach nur »away with the fairys« ist.

Ich bin fertig mit den Elfen hier. Hier sind zwar alle »Brüder
und Schwestern« und »total entspannt und cool«. Wirklich
freundlich ist aber keiner. Wir finden die »Vibes« hier ganz
schön negativ und bedrückend. Nein, hier liegt nichts Gutes in
der Luft. Im Frontier Country, in dem so lange zwischen Schwarz
und Weiß gekämpft wurde.

Wir denken beide immer noch an Calitzdorp und wollen zurück in die Kleine Karoo! Zurück im wahrsten Sinne des Wortes,
denn die Karoo liegt hinter uns. Wir verwerfen den ursprüng-
lichen Plan, weiter Richtung Ostküste zu fahren. Überhaupt
stellen wir an dieser Stelle jegliche weitere Planung ein. Denn
nicht immer findet man, was man erwartet, und manchmal weiß
man erst, was man will, wenn man versteht, was man nicht will.
Wir begreifen zum ersten Mal richtig, dass wir frei sind. Es gibt
keinen Grund mehr, irgendwelchen theoretischen Planungen
hinterherzulaufen. Wir können uns einfach treiben lassen und

sehen, was passiert. Uns dem Fluss des Lebens anvertrauen. Zumindest das nehmen wir mit aus Hogsback. Wir drehen um und machen uns auf den Rückweg. Direkt proportional zur Kargheit der Landschaft steigt unsere Stimmung.

Stefanie ist vollends verzückt, als wir uns in Camdeboo einquartieren. In dem kleinen unaufgeregten Nationalpark gehen wir auf Pirschfahrt, beobachten Antilopen und besuchen das *Valley of Desolation*, eine Formation roter Felsen, die sich beeindruckend dem strahlendblauen Himmel entgegenreckt. Der Campingplatz ist so weitläufig, dass man das Gefühl hat, allein im Busch zu stehen. Busch, das ist ein Oberbegriff für afrikanische tierreiche Wildnis. In diesem Fall ist das etwas übertrieben, denn Raubtiere gibt es in Camdeboo eigentlich nicht. Trotzdem ist der Stellplatz, wie die meisten in Südafrika, sicherheitshalber eingezäunt.

Wir haben Lust auf mehr Park, mehr Tiere, mehr Busch. Die gibt es im Kgalagadi-Transfrontier-Park, der direkt auf dem Weg nach Namibia liegt. Wir wollen zurück an die Orte unserer ersten Afrikareise, wollen die Plätze besuchen, die unsere Liebe zu diesem Kontinent entfacht haben. Wir hüpfen vor Freude auf und ab und über den halben Stellplatz. Nun fühlt sich die Route endlich stimmig an. Ein bisschen wie Heimkommen. Dass der Kgalagadi gleichzeitig Ort unseres Buschfeuers ist, trübt unsere Stimmung in diesem Moment kein bisschen.

Das »Valley of Desolation« im Camdeboo Nationalpark.

Zu Beginn unserer Reise ist unser Sonnensegel noch ein wackelige Konstruktion.

Wir füllen unsere Vorräte im weißgetünchten, niedlichen Ort Graaff-Reinet auf und gönnen uns noch einen Tag Entspannung, bevor wir Richtung Norden aufbrechen. Jetzt Ende Januar und damit im südafrikanischen Hochsommer klettern die Temperaturen rasch auf 40 Grad. Ab zehn Uhr ist es so heiß, dass man bei der kleinsten Anstrengung in seinem eigenen Saft steht. Da kein schattiges Plätzchen zu finden ist, wollen wir nur noch rasch unser Sonnensegel aufspannen, bevor wir unseren Tag mit Lesen, Schreiben und dem Bearbeiten unserer Fotos verbringen.

Auf eine Markise, die seitlich am Auto montiert und mit einem Handgriff ausgezogen wird, haben wir verzichtet. Stattdessen haben wir eine Zeltplane, die an Elise angebracht durch zwei Teleskopstangen Halt bekommt und mit Seilen am Boden abgespannt wird. Nur ist die Befestigung der Plane am Auto noch provisorisch. Wir zurren sie mit Saugnäpfen und Seilen an Elise fest. Klingt erst einmal einfach, aber wenn man das nur einmal im Jahr macht, fehlt die Übung.

Die Sonne brennt ordentlich und wir bekommen nur mit viel Mühe zwei Heringe in den trockenen Boden, um die ganze Konstruktion zu sichern. Eine gute Stunde später sind wir schweißgebadet und die Nerven etwas strapaziert, aber das Tarp steht. Es ist gleich 13 Uhr. Jetzt endlich hinsetzen, damit wir noch ein bisschen was vom Tag haben. Eine Viertelstunde später kommt ein heftiger Windstoß und reißt die mühsam eingeschlagenen Heringe aus dem harten Boden. Wir geben auf. Resigniert packen wir den ganzen Krempel wieder ein.

Camperleben und großer Waschtag in Maun, Botswana.

Wo also weder Schatten noch Entspannung in Sicht sind, kann ich genauso gut noch rasch die Wäsche machen. Endlich ist dieser Tagesordnungspunkt erledigt, als ich erneut versuche, mir einen Moment Ruhe zu gönnen. Da bemerke ich, dass der Wind zugenommen hat und der Schatten plötzlich überall ist. Dunkle Wolken sind aufgezogen. Meist ist in Afrika der Regen kurz, dafür aber umso heftiger. Also schauen wir beide unruhig in den Himmel, was zu tun ist. Bevor wir zu einer Entscheidung kommen, fallen die ersten dicken Tropfen. Ich sprinte über den Platz, um die Wäsche abzuhängen. Der erwartete Sturzregen bleibt aus. Nach einer weiteren ausgiebigen Prüfung der Wetterlage hänge ich die Wäsche zähneknirschend wieder auf. Der Wind nimmt wieder zu, meine Laune ab.

Ehe ich mich versehe, ist dieser »Urlaubstag« irgendwie ins Land gezogen. Bevor wir zu unserem Abenteuer aufgebrochen sind, haben wir uns ausgemalt, wieviel Zeit man auf so einer Reise haben wird. Stefanie wollte Französisch lernen, ich habe mir ein Skizzenbüchlein in die Tasche gesteckt. Doch die Tage sind mit Alltäglichem gefüllt. Leben braucht Zeit, weil nicht alles wie zu Hause automatisch geht.

Wäsche waschen wir mit der Hand. Oft muss man dazu über den ganzen Platz zum Wasserhahn laufen. Was auch für den Abwasch gilt. Und die Körperpflege. Die Campingplätze sind in Afrika oft riesig. Eigentlich wunderbar. Nur die Wege sind weit. Und die Waschküche meist am anderen Ende. Lager auf- und wieder abbauen geht dank Hubdach mit einer Dreiviertelstunde erfreulich schnell. Wie mit der Tarpkonstruktion gibt es immer etwas zu tüfteln, reparieren oder optimieren. Vor der Weiterfahrt sind Reifendruck und Flüssigkeiten zu prüfen. Sich gelegentlich unter Elise legen, schadet ebenfalls nicht.

Da man sich an den meisten Orten, die man bereist, naturgemäß nicht so gut auskennt, dauert vieles länger. Geld abheben, Supermarkt finden, einkaufen und Beute verstauen. Da der Platz in Elise knapp ist, sind wir damit eine ganze Weile beschäftigt. Wir haben den Schränken in unserem Ausbau Namen gegeben. Das erleichtert das Finden. Unsere Vorratskiste hieß früher »Lange Lotte«. Bis wir sie kürzen mussten, um Platz für den Kühlschrank zu schaffen. Eine Kiste auseinander und neu zusammenzubauen, tut selbiger ganz und gar nicht gut. Jetzt heißt sie »Grässliche Gretel«. Sie ist nicht mehr ganz so lang, aber immer noch fürchterlich schmal. Deshalb wird Vorräte verstauen stets zum Puzzlespiel.

Überhaupt räumt man oft hin und her, wenn das »Haus« nur noch drei Quadratmeter hat. Viel darf da nicht rumliegen. Weder drinnen noch draußen. Das lockt Tiere an. Unser Leben findet draußen statt. Es ist herrlich, im Freien zu kochen, in den Sternenhimmel zu gucken, mit Sonnenaufgang zu frühstücken. Außer es ist zu heiß, zu kalt, zu nass oder zu trocken. Und spätestens um 18 Uhr ist es stockdunkel. Da ist es gut, man hat bis dahin das meiste erledigt. All das gehört dazu, wenn Campen zum Alltag wird.

Während ich diesen Gedanken nachhänge, bläst der Wind immer stärker. Kochen wird zur Herausforderung: Der Wind bläst direkt in die Gasflamme. Das Wasser kocht auch nach einer halben Stunde noch nicht. Beim Wäschewaschen habe ich eine kleine Küche mit Zweiplattenherd entdeckt. Also trage ich den Topf mit Nudeln über den Platz.

Der Zweiplattenherd ist nicht beschriftet und so versuche ich durch Fühlen, Sehen, Riechen, Schmecken herauszufinden, welche Platte wie heiß wird, wenn ich welchen Schalter bewege. Weitere 30 Minuten später sind die Nudeln gar. Mittlerweile ist es dunkel, aber mit Grubenleuchte kann man gut erkennen, ob schon Käfer ins Essen gefallen sind. Frierend und frustriert krabbeln wir ins Auto, um unseren freien Tag für heute zu beenden. Da ist sie also: meine erste Camperkrise. Der Urlaub ist vorbei, die Reise beginnt.

6

Die Wildnis ruft

Birgit

»Nicht das Abenteuer, nicht die wilde Einsamkeit, fasziniert mich so an Afrika. Mich erinnert das Leben im Busch daran, dass ich als Mensch auf dieser Erde nichts zu melden habe, kein Beherrscher künstlicher, selbstgeschaffener Sicherheiten bin. Hier spüre ich, dass ich ein winziger Teil eines großen, faszinierenden Ökosystems bin. Das gefällt mir«, schwärmt Stefanie. Wir sind auf dem Weg in den Kgalagadi-Transfrontier-Park. Während ich jeden Tag nervöser werde, platzt Stefanie vor Vorfreude.

Sie wirkt in dieser Wildnis zu Hause. Ist kaum zu bremsen, wenn es auf Safari geht. Wenn sie zur Arbeit muss, dreht sie sich für gewöhnlich fünfmal um, bevor sie aus dem Bett kommt. Doch in Afrika springt sie mit dem ersten Sonnenstrahl aus dem Dachzelt und zupft ungeduldig an meinem Kissen. Während sie schon den Motor startet, um auf Pirschfahrt zu gehen, schlucke ich noch meinen letzten Frühstücksbissen hinunter.

Wie herrlich es sein kann, sich Hals über Kopf in den Fluss des Lebens zu stürzen! Welch wunderbare Abenteuer auf mich warten, wenn ich nur loslasse. Wieviel Spaß es macht, das Leben in vollen Zügen zu genießen. Das hat Stefanie mir beigebracht. Mit ihrem stürmischen Wesen und ihrer unbändigen Lebensfreude hat sie mich sofort mitgerissen. Ich sehe die Freude und Energie, die Stefanie in Afrika ausstrahlt. Spuren lesen, Wildtiere im Busch erspähen, am Lagerfeuer kochen und sich nachts in den unendlichen Sternenhimmel träumen. Stefanie gehört nach Afrika. Daran besteht kein Zweifel.

Ich wiederum fühle mich in Afrika unangenehm auf mich selbst zurückgeworfen. Wenn ich nachts im Busch liege, mit all den ungewohnten Geräuschen und dem Wissen, dass die Raubtiere unterwegs sind auf der Suche nach Beute, fühle ich mich schrecklich klein in einer Welt voller Gefahren. Selbst wenn Stefanie neben mir liegt. Denn die schläft meist selig. Ich dagegen sehe mich konfrontiert mit einer Urangst, die ich schon lange kenne. Die Angst vor dem Unbekannten und Unberechenbaren. Ein überhöhtes Kontrollbedürfnis ist die Folge. Aber keine Lösung.

Nur mit Vertrauen kann ich dieser Angst wirklich begegnen. Vertrauen darauf, dass passiert, was passieren soll. Nicht jedes Ereignis lässt sich von mir planen. Das muss ich akzeptieren. Aber wie ich darauf reagiere, kann ich sehr wohl beeinflussen. Vor allem, wenn ich an mich glaube. Das ist es, was ich suche auf dieser Reise. Deshalb möchte ich dichter ran an diese Angst. Auch wenn es unangenehm ist. Und das gelingt mir in Afrika. Weil hier das Leben lebendiger ist. Bunter. Praller. Wechselhafter und weniger beständig. Weil hier Leben und Tod dichter beieinanderliegen.

In der westlichen Welt haben wir den Tod unnatürlich weit von uns geschoben. Wir versuchen, ewig jung zu bleiben und uns vorzumachen, wir seien unsterblich. Und wenn schon gestorben wird, dann möglichst schnell und unauffällig, damit wir alle zurückkehren können in unsere »heile Welt«. Wir werden so alt wie nie zuvor. Was nützt uns das, wenn wir den Sinn im Leben verloren haben. Denn der definiert sich ein Stück weit durch dessen Endlichkeit. Durch den Tod.

Dadurch erhalten Ereignisse und Begegnungen ihre Bedeutung. Weil sie keinen Bestand haben, sind sie kostbar. Alles was ewig anhält, wird uns in der Regel fad. Trotzdem halten wir lieber an Gewohntem fest und scheuen die Veränderung, das natürliche Auf und Ab des Lebens, wo sich Freude und Leid beständig abwechseln. Das eine gibt es nicht ohne das andere. Und ohne die Auseinandersetzung mit Krankheit und Tod verpassen wir die Hälfte des Lebens.

Unsere westliche Welt hat ihre Lebendigkeit zugunsten der Sicherheit eingebüßt. Hier wird alles geplant und in Gedanken sind wir meist sorgenvoll mit der Zukunft beschäftigt. Also sichern wir uns ab so gut es geht. Und wenn die Kontinuität trotzdem durch ein außergewöhnliches Ereignis unterbrochen wird, sind alle ordentlich schockiert. Sofort suchen wir Schuldige und überlegen, wie dieses Unglück zu verhindern gewesen wäre. Doch so funktioniert das Leben nicht. Es ist nicht nur nicht sicher, nein, es ist sogar unvorhersehbar. Das kann man beängstigend finden. Oder aufregend. In Afrika kann man das deutlich spüren. Beides nebeneinander. Deshalb bin ich hier: um heute zu leben. Weil keiner weiß, was morgen kommt. Das möchte ich nicht mehr verdrängen, sondern es akzeptieren, mich darauf einlassen. Und mich nicht mehr davor fürchten.

Also auf in den Kgalagadi-Transfrontier-Park, Ort unseres Buschfeuer-Traumas. Von Graaff-Reinet fahren wir zwei Tage lang nach Norden. Über Britstown und Upington geht es geradeaus, immer geradeaus, stundenlang durch die Große Karoo, die fast ein Drittel Südafrikas mit ihrer kargen Schönheit überzieht. Wir überqueren den Oranjefluss und gelangen in die Kalahari. Jetzt, nach Einsetzen der ersten Regenfälle, ist die sonst öde Landschaft roter Sanddünen herrlich grün kontrastiert. Wo immer ein Tröpfchen Regen hinfällt, beginnt die Wüste zu blühen. Am Südeingang liegt das große Camp Twee Rivieren, im Nordosten Nossob, und im Westen, direkt an der Grenze zu Namibia, Mata Mata.

Bei der Hitze hier in der Wüste sehe selbst ich als Langschläfer ein, dass es sich lohnt, um halb sechs aus dem Klappdach zu klettern, um nicht die drei Stunden des Tages mit erträglichen Temperaturen zu verpassen. Ein Rhythmus stellt sich ein. Wir starten gegen sechs zur Pirschfahrt, dem Early Game Drive, und suchen uns eine schöne Stelle zum Frühstücken. Bis etwa zwölf Uhr fahren wir durch den Park, dann wird es selbst mit Klimaanlage im Auto zu heiß. Nachmittags vegetieren wir im Pool, plaudern mit anderen Tier- und Naturbegeisterten und warten sehnsüchtig auf die etwas kühleren Abendstunden. Gegen halb neun fallen wir erschöpft ins Bett.

Obwohl die beste Zeit zur Tierbeobachtung vor der Regenzeit ist, also von August bis November, weil die Kalahari dann trocken ist und die Tiere gezwungen sind, an die Wasserlöcher zu

Erdmännchen sind Birgits Lieblingstiere.

kommen, entdecken wir jetzt im Januar eine Menge. Verschiedene Antilopen, darunter Springböcke, Kudu, Streifengnus, rote Kuhantilopen und Spießböcke, die ich besonders mag. Wir erspähen sogar scheue Löffelhunde und Kapfüchse.

Stefanie findet gleich an unserem ersten Morgen Erdmännchen für mich. Die haben wir noch nie zuvor gesehen. Eine riesige Familie. Bestimmt 30 Tiere wuseln hin und her, stellen sich auf die Hinterbeine und beobachten. Eine ganze Stunde verbringen wir dort. Trinken Kaffee und essen Erdnussbutterbrote. Immer wieder halten Autos neben uns. Man fragt, was wir entdeckt haben. »Erdmännchen«, erwidere ich freudestrahlend. Es sind meine Lieblingstiere. Die meisten reagieren mit unverständigem Achselzucken. Meine Begeisterung für diese munteren Kerlchen scheinen nicht viele zu teilen.

Alle sind auf der Suche nach Katzen. Löwen gibt es eine ganze Menge, die immer direkt vor den Toren der Camps herumliegen. Beide Nächte in Nossob hören wir, wie sie auf Jagd gehen. Mitten in der Nacht knufft mir Stefanie ihren Ellenbogen in die Rippen. Sie deutet an ihr Ohr. Ich höre nichts, absolut gar nichts. Verschlafen und fragend blicke ich sie an. »Die Stille hat mich geweckt«, erklärt sie mir. In der Tat, als ich mich das letzte Mal umdrehte, war das Buschkonzert noch in vollem Gange: Grillen, Eulen, das schiefe Heulen der Schakale, der heitere Ruf einer Hyäne und das Brüllen des Löwenmännchens, das seine Damen zur Jagd herbeiruft.

Kampf um ein Löwenweibchen am Wasserloch von Nossob.

Allmählich gewöhne ich mich an die Geräusche im Busch. Doch jetzt höre ich nur noch das Herz in meiner Brust klopfen. Wenn in einem Film die Musik von leise plätschernd im Hintergrund zum brausenden Orchestertusch anschwillt, weiß der Zuschauer: Gefahr im Verzug. In der Wildnis Afrikas ist es genau umgekehrt. Wenn man nicht mal mehr das Fiepen der possierlichen Buschbabys hört, lauert etwas in der Nacht. Fast eine halbe Stunde lauschen wir angespannt in die Dunkelheit hinein. Plötzlich ertönt es, ein lautes Brüllen aus mehreren Löwenkehlen, ein langer verzweifelter Schrei aus Angst und Schmerz, der uns das Blut in den Adern gefrieren lässt. Wir sind hellwach. Der Schrei wird erstickt von einem Knurren und erstirbt nach einem letzten vergeblichen Röcheln.

Das Löwenrudel von Nossob frühstückt heute Gnu. Ein Buschfeuer ist weit und breit nicht in Sicht. Wir genießen jede Minute unserer Safari, fahren von Wasserloch zu Wasserloch, studieren das Verhalten der Tiere. Wir sind selig mit dem, was wir schon miterleben durften. Nur eine Schweizer Reisegruppe versucht, uns die Laune zu verhageln, indem sie bei jedem Treffen damit prahlt, was sie noch Spannenderes erspäht hätten, abgerundet mit einem mitleidigen Blick, wenn wir von unserem Tag berichten. Tierbeobachtungen können schrecklich kompetitiv sein. Und da stelle ich doch eine unangenehme Eigenschaft an mir fest: Neid. Natürlich hätte ich auch gern gesehen, wie ein Springbock zur Welt kommt oder die scheue braune Hyäne, die uns so fasziniert.

Wir versuchen, uns nicht aus der Ruhe bringen zu lassen, stehen an unserem letzten Tag im Kgalagadi trotzdem um 5.30 Uhr zur Parköffnung am Tor. Die ersten sind wir nicht, gegen Schweizer ist zeitlich kein Ankommen. Müde bin ich, aber wir wollen nochmal alles geben. Wir fahren kreuz und quer durch den ganzen Park. Aber heute ist wirklich gar nichts los. Selbst die Antilopen haben sich hinter die Dünen verzogen. Um zehn Uhr wird es unerträglich heiß und wir brechen fürs Erste ab.

Erschöpft kehren wir zurück ins Camp. Im Badezimmer treffe ich Rapunzel. So haben wir die deutsche Urlauberin wegen ihrer langen Haare getauft. Sie und ihr Partner haben es heute ganz gemütlich angehen lassen, sind erst um acht Uhr los und kurz hinter der Einfahrt zum Camp hat ein Gepard quasi auf ihrer Motorhaube einen Springbock gerissen. Ich kann es nicht glauben. Warum sieht eigentlich jeder Geparden, nur wir nicht? Da nagt er wieder, der Safari-Neid.

Keine schöne Sache. Und nichts, worauf ich stolz bin. Der Ärger kommt kurz aber heftig. Wir rekapitulieren noch einmal, was wir in den letzten Tagen alles erlebt haben und wie dieser Park nun im zweiten Anlauf unser Herz im Sturm erobert hat. Die Wut verfliegt und weicht Dankbarkeit.

Sechs Tage sind wir nun schon im Kgalagadi und fahren in den kühleren Nachmittagsstunden noch ein letztes Mal auf Pirsch, um uns zu verabschieden. Erstes Wasserloch, zweites Wasserloch. Allmählich ziehen dunkle Wolken auf. Und die Erinnerung an das Buschfeuer gleich mit. Trotzdem beschließe ich, entgegen meinem Fluchtimpuls noch ein Wasserloch weiterzufahren, bevor wir umdrehen, um rechtzeitig zum Torschluss zurück zu

Eine Herde Springböcke trotzt dem Regen.

Frühling im Kgalagadi: Die Steppe ist grün und die Jungtiere werden geboren.

sein. Erste Regentropfen prasseln in den Sand. Wir entdecken eine riesige Springbockherde, die stoisch dem Sturzregen standhält. Was für ein wundervoller Anblick. Und ein schöner Abschluss. Nun aber zurück ins Camp, bevor es dunkel wird. »Halt!« Stefanies Finger krallen sich in meinen Arm. »Schau, da unten im Flusslauf!« Tatsächlich! Zwei Kurven bevor wir Mata Mata erreichen, sehen wir sie: die Gepardenmutter mit ihren vier Jungen, wie sie im Abendrot durch das trockene Flussbett läuft. Wir können unser Glück kaum fassen. Andächtig genießen wir den Anblick.

Wir werden dafür belohnt, dass wir den Neid haben ziehen lassen. Und immer wieder stelle ich fest, dass man erst findet, was man sucht, wenn man aufhört, danach zu suchen. Wie die Geparden, so im richtigen Leben. Das Schwierige ist nur, die Suche wirklich aufzugeben. Den Dingen einfach ihren Lauf zu lassen. Wildnis ist nicht planbar. Und meine Angst davor beginnt allmählich der Freude darüber Platz zu machen.

Namibia

Im Land der weiten Horizonte.

In Namibia haben wir zum ersten Mal Fuß auf afrikanischen Boden gesetzt und festgestellt: Wer Horizonte liebt, liebt Namibia. Das Land ist dünn besiedelt und außerhalb der Städte trifft man nur selten Menschen. Es eignet sich hervorragend für einen ersten Afrikaeindruck. In einer Zwei-Wochen-Rundreise kannst du entspannt die Höhepunkte des Landes besuchen: die Hauptstadt Windhoek, die roten Sossusvleidünen im Namib-Naukluft-Park, Swakopmund am Atlantik, Felsmalereien und Wüstenelefanten im Damaraland, den Etosha-Nationalpark und den geschichtsträchtigen Waterberg. Wer noch ein paar Tage länger Zeit hat, kann einen Abstecher zum Fish River Canyon im Süden oder dem Caprivistreifen im Norden einplanen. Nur wenige Hauptstraßen durchziehen das Land, sodass man sich auf der gängigen Route kaum verfahren kann. Dabei geht es im Mietwagen von Lodge zu Lodge oder klassisch afrikanisch im Geländewagen mit Dachzelt von Camp zu Camp.

Unsere persönlichen Höhepunkte:

1 Namib-Naukluft-Nationalpark
Wir lieben Wüsten. Diese hat es uns besonders angetan. Die roten Dünen rund um die Sossusvlei-Salzpfanne zum Sonnenaufgang sind ein unvergesslicher Moment. Eine der schönsten Strecken führt über die Piste D 707 durch die Wüste. Wer sich etwas Besonderes gönnen will, sollte die Einsamkeit in der luxuriösen »Hoodia Desert Lodge« genießen.

2 Citylife in Swakopmund
Die Stadt hat knapp 50.000 Einwohner. Hier gibt es nette kleine Hipster-Cafés und gute Restaurants. Besonders gefallen hat uns das »Village Café« und den besten Fisch gibt es im »Fish Deli«. Leider ist es am Atlantik oft kalt und regnerisch und Baden nur selten möglich.

3 Etosha-Nationalpark
Neben dem Kruger-Nationalpark in Südafrika ist er einer der wenigen Nationalparks, die man auch ohne Allradantrieb befahren kann. Die Hauptstraßen entlang der gigantischen Etosha-Salzpfanne sind geteert. Es gibt drei große Camps, wobei uns *Namutoni* am besten gefällt.

4 Damaraland und Kaokoveld
Der abgelegene Norden des Landes ist noch dünner besiedelt. Deshalb lassen sich hier mit etwas Glück die seltenen Wüstenelefanten und Nashörner in freier Wildbahn beobachten. Erkundungen tief hinein ins Kaokoveld sollte man nur mit zwei Fahrzeugen unternehmen.

5 Kavango Ost und Sambesi (ehemals Caprivizipfel)
Hier zeigt Namibia ein anderes Gesicht. Durch die Flüsse Okavango, Kwando und Sambesi ist die Landschaft saftig grün. Überall sieht man kleine Dörfer mit den typischen Rundhütten und geschäftige Menschen auf den Straßen wuseln.

Weitere aktuelle Infos zum Reisen in Namibia.

Namibia

WINDHOEK

Etosha Pan

Etosha National Park

Kaudum National Park

Rundu

Palmwag Kamanjab

Skeleton Coast Park

Sehithwa

Dorob National Park

Henties Bay

Swakopmund

Namib-Naukluft National Park

Kalahari

Sesriem

Mabuasehube

Nossob

Kgalagadi Transfrontier Park

Lüderitz

Keetmanshoop

Canyon Nature Park (Fish River Canyon)

Gondwana Nature Park

Upington

Südafrika

Karoo

GUT ZU WISSEN

Namibia hat (noch) kaum geteerte Straßen und häufig ist der Schotter der Gravelroads zu Wellblech aufgeworfen. Eine Geschwindigkeit über 60 km/h ist hilfreich, um nicht jeden Schlag im Rücken zu spüren. Schneller als 90 km/h wiederum ist gefährlich, weil man rasch ins Schleudern kommt. Auf (extrem) tiefsandigen Pisten hilft es, den Luftdruck in den Reifen um 25 bis 50 Prozent zu senken.

KAPSTADT Stellenbosch

Kleine Karoo

7   *Schlechte Stimmung in Südwest*

Birgit

Nach sechs Tagen im Busch gehen uns Vorräte und Kräfte aus. So gern wir den ganzen Tag auf Safari sind, es ist anstrengend: Das frühe Aufstehen, den ganzen Tag im Auto, konzentriert spähen, fordert seinen Tribut. Darum freuen wir uns auf Erholung in Namibia. Hier hat 2009 alles begonnen: die große Sehnsucht. Und diesmal haben wir richtig viel Zeit. Erst Ende Februar treffen wir uns mit den *Bushbabys*, zwei Freundinnen aus München, um gemeinsam Simbabwe zu entdecken. Es ist der 23. Januar 2017, wir sind seit über sechs Wochen auf Reisen. Bei Mata Mata, am nordwestlichsten Punkt Südafrikas, passieren wir unseren ersten von vielen Grenzübergängen. Dieser hier ist harmlos. Nach einer halben Stunde tragen unsere Pässe und Elises Zollpapiere die nötigen Stempel.

Ein Polizist begleitet uns zum Schlagbaum. Auf dem Rücken seines blauen T-Shirts steht in großen Lettern geschrieben: »Talk, don't shoot!« – Reden, nicht schießen! Bereits in der kleinen Grenzhütte ist uns ein Plakat aufgefallen und wir fragen einen südafrikanischen Grenzgänger, was es damit auf sich habe. »Das ist eine Kampagne der namibischen Regierung«, erklärt er uns. »Sie soll Spannungen zwischen den weißen Farmern und der schwarzen Bevölkerung lösen. Früher hat man als Farmbesitzer unbefugte Eindringlinge auf dem Privatgelände einfach erschossen. Dadurch hielt sich die Kriminalität einigermaßen in Grenzen. Doch nun will die Regierung einen anderen Kurs einschlagen. Reden statt Schießen eben. Vorbei ist es mit der Selbstjustiz.« Der Südafrikaner guckt beinahe ein bisschen wehmütig. Wir sind froh, denn Stefanie und ich wollen uns auf die Suche nach der vielgerühmten Gastfreundschaft der Südwester machen.

Ich muss an den Ratschlag eines älteren südafrikanischen Ehepaars denken, das wir auf einem Rastplatz im Nationalpark kennenlernten. »Vertraut den Menschen«, gaben sie uns mit auf den Weg. »Die meisten Menschen wollen euch nichts Böses. Seid also unbesorgt und startet mit einem Vertrauensvorschuss.« Das ist ungewöhnlich für Südafrikaner. Die meisten raten von einem Besuch ihres Landes oder gleich des Kontinents eher ab. Alles viel zu gefährlich. Als Beobachter auf Zeit ist es schwer einzuschätzen, wer einem ein konstruktives Bild seines Landes vermittelt und wer gefangen ist in seiner Geschichte und Kolonialparanoia. Gelegentlich können wir uns den tausend Warnungen kaum entziehen, ohne ein flaues Gefühl in der Magengrube zu verspüren. Doch wann immer uns das nun passiert, erinnern wir uns an dieses reizende Ehepaar. Das voller Freude am Wasserloch den Schakalen beim Taubenfangen zusah und erst nach einer Stunde bemerkte, dass über ihnen im Baum ein Leopard lag.

Im trockenen und heißen Süden Namibias gibt es riesige Farmen. Oft darf man auf dem Gelände campieren. Die Farmer sind meist deutschen Ursprungs. Relikte einer wenig rühmlichen Kolonialgeschichte. Damals als Namibia noch Deutsch-Südwestafrika hieß und unsere Vorfahren die Volksgruppe der Herero nahezu ausgerottet haben. Das schlechte Gewissen wird mit Entwicklungshilfe kompensiert. Deutschland hat 2017 den überfälligen Schritt gewagt und anerkannt, dass der Krieg gegen die Herero ein Genozid war. Ab 1920 war Namibia südafrikanisches Protektorat, hat unter dem Apartheidregime gelitten und wurde erst 1990 in die Unabhängigkeit entlassen. Bei unserer ersten Reise 2009 konnte man die Aufbruchsstimmung des noch jungen Staates deutlich spüren. Nun wollen wir sehen, was daraus geworden ist.

Aus der Kalahariwüste geht es nahtlos weiter in die Namib-wüste. Hier haben wir uns vor sieben Jahren in Afrika verliebt. Wohin man blickt: Sanddünen, die rot in der Sonne leuchten und von grün-blauen Gräsern überzogen sind, die einen herrlichen Kontrast bilden. Einsame Schotterpisten durchziehen die Landschaft. Hier fährt man stundenlang, ohne einem anderen Auto zu begegnen. Kein Mensch weit und breit, gelegentlich ein Springbock. Nur die Weidezäune am Straßenrand verraten, dass hier Menschen leben. Namibia ist dünn besiedelt, doppelt so groß wie Deutschland, aber nur knapp zwei Millionen Einwohner. 500.000 davon leben in der Hauptstadt Windhoek. Man ist allein mit sich und der Natur. In dieser endlosen Weite haben wir uns beide so frei gefühlt wie noch nie zuvor in unserem Leben. Der Blick schweift ungestört bis zum Horizont. Hält man an, um einen Moment auszusteigen, ist es mucksmäuschenstill. Eine Stille, die in den Ohren weh tut. Und doch wunderbar ist. Der Stadtlärm Münchens rutscht weiter in den Hintergrund.

Für die erste Nacht wählen wir die Ranch Koiimasis, was übersetzt »Ort, an dem sich Menschen begegnen« bedeutet. 20 Kilometer sind es von der Hauptstraße, doch die Zufahrt zur Farm ist in so schlechtem Zustand, dass wir eine gute Stunde brauchen. Wellblech. So nennt man Pisten, die sich zu vielen kleinen Wellen aufgeworfen haben. Wenn es nicht allzu kurvig ist, kann man versuchen, mit ordentlich Geschwindigkeit darüberzufliegen. Aber hier ist es durch den Sand so rutschig, dass wir jeden Buckel mitnehmen. Im Auto führt das zu unsäglichem Geklapper. Es rüttelt und schüttelt wie verrückt. Man versteht sein eigenes Wort nicht mehr. Der Lärm zehrt an den Nerven.

Im Namib-Naukluft-Park sind die Horizonte unendlich weit.

Warten auf den Sonnenuntergang in der Namib-Wüste.

Endlich angekommen, begrüßt uns eine Frau Mitte fünfzig. Sie spricht Englisch mit starkem deutschen Akzent: »Ihr bekommt Stellplatz Nummer zwei. Wisst ihr schon, wie lange ihr bleiben wollt?« Sie wirkt kühl und distanziert. Wir schütteln den Kopf. »Gebt mir unbedingt bis neun Uhr Bescheid, wenn ihr verlängern wollt. Ansonsten müsst ihr den Platz bis zehn Uhr verlassen.« Ich schlage vor, die Übernachtung direkt zu bezahlen. Nun schüttelt sie den Kopf: »Das Büro hat nur zwischen acht und zehn Uhr geöffnet.« Merkwürdig, wir stehen direkt unter einem Schild mit der Aufschrift »Rezeption« und sie trägt den Schlüssel um ihren Hals. Eine zweite Cheryl ist sie jedenfalls nicht. Soviel ist sicher. Etwas eingeschüchtert fahren wir über das riesige Gelände zum Campingplatz. Zehn beschriftete

Stellplätze hat er. Wir sind die einzigen Gäste, stellen uns aber brav auf die Nummer zwei. Wir wollen uns schließlich nicht mit unserer Gastgeberin anlegen.

Die Farm selbst scheint schon bessere Zeiten gesehen zu haben. Es gibt nur noch ein paar Pferde, Rinder und Federvieh. Eine Fotowand zeigt Bilder von zahlreichen Praktikanten und Erinnerungen an große Rodeos. Das letzte Bild ist vier Jahre alt. Wie Schatten bewegen sich die schwarzen Arbeiter, grüßen nur, wenn man sie anspricht. Die Besitzerin scheint allein hier zu leben. Interaktion zwischen ihr und den Angestellten erleben wir keine. Auch in Hauchabfontein und Namibgrens sind die Besitzer ähnlich zurückhaltend.

Wir arbeiten uns weiter durch die Wüste. Auf dem Weg zum Gamsberg liegt der *Isabis 4x4 Trail*. Genau das Richtige für Elise. Mal ein bisschen im Gelände spielen. Da die Piste auf einer Farm liegt, kann uns der Besitzer bestimmt im Notfall helfen. Eine gute Gelegenheit zum Üben. Die sind in Afrika selten. Viele Strecken, gerade in Namibia, sind so abgelegen, dass es schnell ein paar Tage dauern kann, bis jemand vorbei kommt. Wir haben deshalb immer Trinkwasser für mindestens eine Woche dabei. Außerdem einen kleinen Notfallfunker, mit dem wir Nachrichten senden können und für den schlimmsten Fall sogar ein SOS-Signal.

Joachim, der deutschstämmige Besitzer von Isabis, lässt uns freundlicherweise ohne Voranmeldung ein. Der erste Kilometer ist noch einfach, da er über das Farmgelände führt. Doch allmählich kommen wir dem Abstieg runter zum Flussbett näher. Die Strecke ist unerwartet steil. Der Untergrund ist überwiegend Fels, manchmal mit losem Geröll und immer wieder großen Stufen im Gestein. Die Passagen werden zunehmend enger. Ich steige aus und versuche, Stefanie in die beste Spur einzuweisen. Durch mein schlechtes räumliches Vorstellungsvermögen bin ich keine Hilfe. Um mich nicht ganz überflüssig zu fühlen, will ich wenigstens den Abstieg über eine hohe Stufe im Fels durch den Einbau weiterer Steine etwas erleichtern. Ein Moment der Unaufmerksamkeit und ich quetsche meinen Finger zwischen zwei Steinen. Sofort färbt er sich grün-bläulich.

»So eine verdammte Schnapsidee!«, fluche ich leise vor mich hin. »Jetzt sind wir schon in Afrika. Aber nie ist es genug. Immer muss Stefanie noch einen oben draufsetzen, immer noch ein bisschen mehr. Das geht mir manchmal richtig auf den

»Straßenbau« auf dem Isabis 4x4 Trail.

Keks«, denke ich, während Blut von meinem Zeigefinger tropft. Der Schmerz setzt ein. Heftiger als erwartet. Mir wird blümerant. Ich setze mich an den Straßenrand. Und Stefanie bringt mir eine kalte Cola. Während wir warten, bis sich mein Kreislauf wieder stabilisiert, überlegen wir, was zu tun ist. Weit sind wir eigentlich noch nicht gekommen. Vielleicht ein Viertel der Strecke. Wenn überhaupt. Wir suchen auf der Karte nach einer Lösung. Keiner von uns will die steile Steinstufe wieder hinaufklettern. Ich bin hin und her gerissen, möchte am liebsten umdrehen. Aber auch nicht immer der Langweiler sein. Damit ich nicht sauer auf mich selbst sein muss, bin ich es lieber auf Stefanie. Schließlich hat sie mich in diese Situation gebracht. Trotzdem schlucke ich meinen Ärger runter, weil Streiten uns gerade auch nicht weiterbringt. Ich krame nach Zuversicht. Schwamm drüber. Wir fahren weiter.

Es geht über steile Ab- und Aufstiege, die Stefanie mit Bravour meistert. Diese Strecke ist eine Herausforderung für uns. Auch Elise röchelt ordentlich. Allmählich haben wir uns zur Hälfte der Strecke vorgearbeitet. Nun muss das Schlimmste doch endlich hinter uns liegen. Denken wir noch, als sich ein riesiger Berg vor uns auftürmt. Da sollen wir hoch? »Ich glaube, das wird nichts«, murmelt Stefanie leise vor sich hin. Aber was hilft es. Mit Anlauf geht es hoch. Steine fliegen links und rechts zur Seite, Stefanie tritt beherzt aufs Gaspedal. Das Geröll wird immer loser und gibt den Sand darunter frei. Es wird immer steiler, bei immer weniger Grip. Kurz vor der Kuppe gibt es kein Halten mehr, die Räder drehen durch. Es riecht nach verbranntem Gummi.

Erstmal Luft holen. Wir stehen steil am Berg. Ich steige aus und prüfe die Lage. Vor uns liegt eine Stelle mit ordentlicher Schräglage. Links ist fester Stein, aber die Spur rechts ist ausgewaschen und so tief, dass wir hier mit dem Auto aufsetzen werden. Also beginne ich erneut zu bauen und die Spur rechts mit Steinen aufzufüllen. Diesmal passe ich auf meine Finger auf. Während ich Steine zusammentrage, hoffe ich, dass es sich keine Puffotter unter einem gemütlich gemacht hat.

Stefanie bleibt im Wagen sitzen. Sie ist sichtlich strapaziert und soll sich erholen. Trotz Straßenbaumaßnahmen und Ersteinsatz der Sandbleche kommen wir diesen verdammten Berg nicht hinauf. Zu guter Letzt springt uns der Gang heraus und Elise rollt für einen Moment unkontrolliert rückwärts. Bis Stefanie geistesgegenwärtig die Handbremse zieht. Der Schreck sitzt tief. Das hätte ins Auge gehen können. Irgendwie stehen wir neben uns. Und in der Aufregung bekommen wir den Gang nicht wieder rein. Überhaupt keinen Gang! Der Wagen steht im Leerlauf schräg am Hang. Das gibt uns vorläufig den Rest und wir beschließen, Joachim um Rat zu fragen.

Natürlich haben wir keinen Handyempfang und laufen zu Fuß den Berg weiter hinauf. Endlich erreichen wir Joachim. Was los ist, möchte er wissen. Wir erklären die Situation. Natürlich stehen wir gerade maximal weit entfernt von seiner Farm. Er wirkt verhalten. »Ich kann schon kommen«, brummelt er, »aber es ist Sonntag. Und das ist der einzige Tag, an dem ich mal nichts tun muss. Könnt ihr nicht versuchen, den Berg rückwärts runterzurollen und unten umzudrehen?«

Zurück bei Elise steige ich mit ein. Die Vorstellung, Stefanie zusehen zu müssen, wie sie den Hang hinunterrutscht, gefällt mir nicht. Da rutsche ich lieber mit. Mit viel Fingerspitzengefühl und Geduld bekommen wir den Rückwärtsgang rein. Stefanie gelingt es, mit Elise Stück für Stück rückwärts den Berg hinunter zu klettern. Endlich sind wir wieder in der Ebene und wenden im Flussbett. Hier gönnen wir uns erst einmal eine kleine Verschnaufpause. Eineinhalb Stunden brauchen wir für den Rückweg. Die Steinstufe, die uns anfangs solche Probleme machte, bemerken wir nicht mal.

Joachim nimmt uns in Empfang, sichtlich froh, dass er nicht aktiv werden musste. Er erklärt: »In den letzten Tagen hat es so viel geregnet, dass die Spuren wahrscheinlich ausgewaschen sind. Ich habe das lange nicht kontrolliert. Es war soviel anderes zu tun. Trotzdem ist der Regen ein wahrer Segen. Die letzten zwei Jahre waren viel zu trocken und ich musste einen Großteil meiner Rinder zu schlechten Preisen verkaufen. Die Zeiten sind schwer für uns Farmer.«

Ich übernehme und fahre zu Joachims nächsten Nachbarn. Nur 50 Kilometer entfernt wohnen Waltraud und Friedhelm. Eigentlich kann man hier Sterne beobachten. Am Gamsberg soll die Aussicht so gut sein wie sonst nirgends auf der Welt. Darum hat das Max-Planck-Institut hier das größte Teleskop der Welt hingestellt. In klein geht das auch auf unserem Campingplatz. Doch Friedhelm hat heute keine rechte Lust, sein Teleskop vorzuführen. Überall wo wir hinkommen, ist die Stimmung gedrückt. Reden scheint den Südwestern schwer zu fallen. Aber wenigstens schießen sie nicht sofort. Vom Aufbruch der jungen Nation ist nicht viel übriggeblieben. Die Kriminalität in den

Der Norden Namibias gleicht einer Mondlandschaft.

Stefanie genießt unser Frühstück in Hauchabfontein.

Städten nimmt zu. Die Kluft zwischen Schwarz und Weiß ist größer denn je. Man überlegt, die weißen Farmer zu enteignen und das Land der einheimischen Bevölkerung zurückzugeben.

Es ist wenig los in Namibia. Wir sehen zwar gelegentlich in der Ferne ein Reisemobil, das aber rasch weiterfährt, wenn man uns bemerkt. Man will offensichtlich nicht gestört werden. Die wenigen, die zu Gesprächen aus ihrer mobilen Behausung krabbeln, erzählen uns ihre Geschichte, geben uns tausend Ratschläge mit auf den Weg und verschwinden wieder. Der klassische Namibiareisende kommt schon seit dreißig Jahren hierher. Wir hatten uns so gefreut auf Namibia. Aber nun ist uns beinahe etwas langweilig und wir wissen wir nicht, was wir mit unserer Zeit anfangen wollen. Die gedrückte Stimmung im Land steckt uns an. Und die endlose Weite, die uns früher euphorisierte, kommt uns jetzt öde und leer vor. Wir sehnen uns nach menschlichem Kontakt, nach geselligem Miteinander.

Stefanie

Seit Stunden fahren wir durch die Wüste. Immer geradeaus. 250 endlose Kilometer bis zur Atlantikküste. Die Straße zieht sich schnurgerade durch den flachen, gelben Sand. Hier sind keine bunten Hügel mehr und keine Tiere. Nichts, woran sich das Auge festhalten könnte. Teilweise ist es schwierig, die Piste vom Rest der Landschaft zu unterscheiden. Gelegentlich kommt uns ein Auto entgegen. Darum wissen wir, dass wir immer noch richtig sind. Wir machen das Radio an, finden einen namibischen Sender. Aus den Lautsprechern trällert: »Wenn die Elisabeth nicht so schöne Beine hätt'«. Hier sind die 20er Jahre goldener denn je.

Wir erreichen Swakopmund, mit fast 45.000 Einwohnern viertgrößte Stadt Namibias und fest in deutscher Hand. Es gibt ein Brauhaus, das Schweinebraten mit Rotkohl und Schnitzel mit Sauerkraut serviert. Und einen Männergesangsverein, der immer noch alte Seemannslieder schmettert und wehmütig an Kaiser Wilhelm zurückdenkt. Der Campingplatz heißt »Alte Brücke«. Auf den ersten Blick ist er nicht hübsch. Aber jeder Stellplatz hat eine Terrasse mit Grillstelle und ein eigenes Bad. Wir ergattern ein Plätzchen etwas abseits mit großem Garten und Palmen. Ein zweites Reisemobil taucht auf. Man guckt sich um. Und flieht. Wir bleiben allein zurück. Uns gefällt der Platz.

Der Hunger treibt uns direkt ins Zentrum. Wir bestellen fangfrischen Fisch mit Pommes. Nach zwei Wochen Konserven schmeckt der Backfisch noch besser. Der Genuss steigt direkt proportional zu den Tagen der Entbehrung. Anschließend bevorraten wir uns im Supermarkt. Unfassbar, was es hier alles zu kaufen gibt. Sogar Emmentaler und Vollkornbrot packen wir ein. Süß schmecken die Früchte der Zivilisation. Bei unserer ersten Namibiareise hat Swakopmund uns gar nicht gefallen, doch die angenehm frühlingshaften Temperaturen sind nach der Hitze der Wüste eine Wohltat. Ebenso das Spazierengehen nach der vielen Fahrerei. Wir schlendern am Strand entlang, bummeln durch den Ort, besuchen eines der vielen netten Cafés. Abends grillen wir frischen Fisch. Wir genießen das Leben. Aus dem geplanten Übernachtungsstopp wird, ehe wir's uns versehen, eine Woche Urlaub.

Nicht ohne anfängliche Diskussion. Denn eigentlich sind wir doch auf der Suche nach Abenteuer. Darf man da überhaupt so langweilig mitten in der Stadt ein wenig Luxus genießen? Wir hatten uns vieles anders vorgestellt auf dieser Reise. Von der zunächst üppig scheinenden Zeit geht eine Menge für Alltag und Problemlösung drauf. Spannende Reisebegegnungen waren bisher eher selten. Und ein Land Rover allein macht noch nicht mutig.

Zugegeben, wir lassen uns da manchmal von anderen beeinflussen. Wenn Reisende die wildesten Strecken fahren, ausschließlich wild campen und sich niemals fürchten, dann fühlen wir uns langweilig. Treffen wir dagegen eine geführte Reisegruppe im Kleinbus, findet man uns in der Regel mutig. Zwei Frauen ganz allein in Afrika. Die Perspektive kann also unterschiedlich sein. Und ich will versuchen, mehr bei meiner eigenen zu bleiben.

Stopp bei den Ugab-Terrassen auf dem Weg zum Etosha-Nationalpark.

Wir kauften einen Geländewagen, damit wir auch Pisten fahren können. Aber nicht müssen. Selbst die guten Straßen auf diesem Kontinent sind oft für eine Überraschung gut. Schwierige Pisten gibt es in Hülle und Fülle. Doch die fahren wir künftig nur noch, wenn sie uns von A nach B bringen. Hartes Offroaden strapaziert Elise und unsere Nerven unnötig. Wir müssen nicht jeden Tag das Gefühl haben, dem Tod nur mit knapper Not von der Schippe gesprungen zu sein. In Afrika kann aus Spaß schnell Ernst werden. Das haben wir beim Buschfeuer erlebt.

Bei den Reisenden, die wir treffen, fährt in der Regel der Mann. Und natürlich kann er den Wagen reparieren. Bei uns ist das anders. Wir teilen Fahren und Probleme, müssen zusammen eine Lösung finden und unsere Fähigkeiten nutzen. Das ist schon rein physisch ein Problem: Bei einem Fahrertraining lag ein altes Auto auf der Seite und die Gruppe sollte versuchen, es wieder aufzurichten. Fünf Männer packten an. Und zack stand der Wagen auf allen vier Rädern. Neun Frauen ist nicht gelungen, was für fünf Männer kein Problem war. Da hilft auch Emanzipation nicht weiter. Erklärt aber vielleicht, warum wir fürchterlich viel nachdenken, bevor wir durch den Fluss fahren, während Mann schon drinsteht. Trotzdem wollen wir beide mehr handeln und weniger denken.

Es ist nur nicht leicht, Biologie und Erziehung zu überwinden. Ähnlich geht es uns beim Thema Wildcampen. Schließlich steht der richtige Abenteurer nicht auf Campingplätzen, son-

dern einfach so in der Natur. Doch wenn man groß wird mit Warnungen wie »nachts nicht allein durch den Stadtpark«, fällt es schwer, sich einfach so in den Wald zu stellen. Zumal uns trotz Hubdach nur eine Zeltplane von der Außenwelt trennt. In Schweden vorstellbar. In afrikanischen Ländern schon schwieriger. Die Schnittmenge aus Wollen und Sollen ist nicht immer leicht zu finden. Wir wollen unsere Grenzen überschreiten, aber manchmal muss man sie respektieren. Wir wollen mutig sein. Aber nicht übermütig. Was was ist, bleibt jeden Tag neu zu entscheiden. Von UNS zu entscheiden. Denn es ist unsere Reise.

Mit neuem Selbstbewusstsein geht es von der Küste zurück ins Landesinnere. Wir halten bei *Oppi-Koppi* in Kamanjab. Hier dürfen Reisende mit ausländischem Kennzeichen kostenlos übernachten. Ein beliebter Treffpunkt also für Overlander. Der Besitzer führt uns über den Platz und erklärt die Nachbarschaft. »Rechts von euch steht ein belgisches Ehepaar, die sind die Westroute hinuntergekommen. Links sind Holländer, die vier Monate das südliche Afrika bereisen.« Nach unseren bisherigen Erfahrungen mit Langzeitreisenden sind wir zurückhaltend. Doch von nebenan winkt uns der Holländer freundlich zu. Sehr freundlich sogar. Deshalb geben wir uns einen Ruck. Beherzt stapft Birgit nach nebenan, ich folge in ihrem Windschatten. Wir lernen Hoite und Sandra kennen, die in Afrika überwintern. Unglücklicherweise verfolgt sie die Regenzeit. Wo sie auch hinkommen, überall beginnt es zu regnen. Und wie wir so plaudern, ziehen dunkle Wolken am Himmel auf. »Dabei hat der Besitzer noch vor zwei Stunden gesagt, dass es in Kamanjab seit Wochen nicht geregnet hat«, lacht Hoite. Da fallen schon die ersten Tropfen vom Himmel. Trotzdem sind die beiden weiterhin guter Laune. Und das imponiert mir.

Sie spielen gerade Rummikub. Ein Spiel mit Plastiksteinchen, dem Kartenspiel Rommé ähnlich. Rasch stellen wir fest, dass die beiden sich in Namibia ähnlich einsam fühlen und wir trotzdem viel mehr miteinander teilen als nur den Wunsch nach Gesellschaft. Noch ehe wir es uns versehen, steigen wir mit ein ins »Rummikubben«, verlegen das Spiel am Nachmittag ins Restaurant, stärken uns mit Pizza, die so gehaltvoll ist, dass selbst Hoite, der Zwei-Meter-Mann, sie nicht allein schafft. Und verplaudern uns bis weit nach Mitternacht. Die Tage vergehen wie im Flug und wir beschließen gemeinsam, ein bisschen mehr Abenteuer zu wagen. Wir wollen ins abgelegene Kaokoveld an

Der Toyota hat die Panne, unser Landy hält gut durch.

der Grenze zu Angola zu fahren. Hier wartet der *VanZyl's Pass*. Afrikareisende bekommen leuchtende Augen, wenn sie von dieser berühmt-berüchtigten Passstraße schwärmen.

Von Kamanjab gibt es eine Offroadstrecke nach Palmwag. Von dort gelangt man über Warmquelle ins Kaokoveld. Beim Abendessen fragen wir den Besitzer nach dem Zustand der Strecke. »Es hat viel geregnet in Angola und das Wasser läuft in die Schlucht«, warnt er uns; »Ihr müsst mit Schwierigkeiten rechnen, vermutlich werdet ihr euch festfahren. Mit zwei Autos kein Problem. Aber der Fluss am Ende der Piste ist unter Umständen im Moment nicht passierbar.« Also beschließt unsere kleine Gruppe, das Pferd von hinten aufzuzäumen. Wir werden die Schotterstraße nach Palmwag nehmen und in die Piste von der anderen Seite einfahren.

Die Strecke nach Palmwag führt über einen kurvigen Bergpass. Die Landschaft ist karg und, falls das überhaupt möglich ist, noch dünner besiedelt als der Süden Namibias. So muss es auf dem Mond aussehen. Die Region ist so abgelegen, dass hier noch wilde Wüstenelefanten und Nashörner leben. Man muss Glück haben, die Dickhäuter zu erspähen. Hoite kommt abrupt vor uns zum Stehen, steigt aus und klettert auf die Motorhaube. Er glaubt, der riesige graue Felsen habe sich bewegt. Einen Elefanten entdecken wir nicht. Dafür aber Hoites platten Hinterreifen. Ein lächerlich winziger Stein hat sich tief in den Gummi gebohrt. Hoite freut sich über seinen ersten Reifenwechsel in freier Wildbahn.

Eine Reifenpanne im Nirgendwo wirft unsere Pläne über den Haufen.

Wir starten motiviert, doch die Schrauben lassen sich kaum bewegen. Hoite versucht es mit aller Kraft, da bricht der Stift ab. Das Ende der Schraube steckt noch in der Felge. »Wie kann so eine dicke Schraube brechen?«, fragen wir uns noch, als auch schon die zweite bricht. Wenigstens die übrigen drei lassen sich lösen. Nicht aber unser Problem, dass sich das Reserverad nun nicht mehr festschrauben lässt. Schweren Herzens ändern wir unsere Pläne. Mit einem lockeren Reifen macht eine Fahrt durch unwegsames Gelände wenig Sinn. In Schrittgeschwindigkeit rollen wir zum nächsten Campingplatz.

Hoite und Sandra müssen zur nächsten Werkstatt. Die ist in Swakopmund. Da unser Rummikub-Wettkampf noch läuft, be-

Ein seltener Anblick: Regenwasser in der Etosha-Pfanne.

schließen wir, die beiden zu begleiten. Zu sehr genießen wir gerade den Austausch und setzen unser Spiel in Swakopmund fort.

Mit einem Mal wird uns die Zeit in Namibia zu kurz. Nach fast zwei Wochen fällt der Abschied von unseren holländischen Freunden schwer. Aber wir müssen zu unserer Verabredung mit Steffi und Sabine und ihrem Land Cruiser namens Bushbaby. In raschen Etappen geht es über den Etosha-Nationalpark durch den Caprivistreifen zur sambischen Grenze. Die Einreise nach Sambia ist eine der kompliziertesten. Das kennen wir bereits von früheren Reisen. Fürs Auto müsen eine Straßensteuer in US-Dollar, Abgassteuer, Versicherung und Dorfgebühr in sambischen Kwacha bezahlt werden. Der sambische Geldautomat ist meistens »außer Betrieb«. An den großen Grenzübergängen sind die Schalter über ein riesiges Areal verteilt, nicht beschildert, und wir rennen stundenlang kreuz und quer durch die Gegend, bis wir alle Papiere zusammen haben. Doch hier ist tatsächlich ein Schalter neben dem anderen und der Weg eindeutig.

Nicht mal eine Stunde und schon sind wir drin. Nur 200 Kilometer trennen uns von Livingstone an den Victoriafällen. Wir freuen uns schon auf eine kalte Cola am Ufer des Sambesi, da knallt Elises Vorderachse in das erste Schlagloch. Mit jedem Kilometer werden es größere und tiefere Löcher. In Sambia gibt es ein Sprichwort: »Schauen aus einem Schlagloch Ohren heraus, weiß man nie, ob sie einem Hasen oder einer Giraffe gehören.« Wahrscheinlich ist es auf dieser Straße entstanden. Wann immer es geht, fahren wir neben der Straße. Erst zum Sonnenuntergang erreichen wir unsere Unterkunft. Dort erfahren wir, dass die Straße von der namibisch-sambischen Grenze *Potholia* genannt wird und ihrem Namen alle Ehre macht. Das *Pothole* ist ein Schlagloch.

Wir gehen im Waterfront-Restaurant Abendessen und genießen den Blick auf den Sambesi. Wobei mir dieser Fluss unheimlich ist. Schon die alten Entdecker sind an ihm gescheitert. Ich denke an feuchtschwüle Hitze, die Malaria und Denguefieber in sich trägt. In der Gegend um den Cahora-Bassa-Staudamm sollen die Krokodile so aggressiv sein, dass sie Menschen aus den Booten ziehen. Am Nachbartisch sitzen zwei Damen, so um die fünfzig. Sie fragen die Kellnerin nach Insektenspray. So dicht am Fluss wimmelt es von Moskitos. Wir bieten unseres an und kommen rasch ins Gespräch. Ehe wir's uns versehen, sitzen wir bei den beiden mit am Tisch und Julie bestellt die erste Flasche Rotwein.

Julie ist Südafrikanerin, sie lebt seit sieben Jahren mit ihrem Mann Steve auf einer Zuckerrohrfarm in Sambia. Heute besucht sie ihre Freundin hier in Livingstone. Julies gute Laune ist ansteckend. Sie erzählt 1001 Geschichten vom Leben in Afrika und wir hängen gebannt an ihren Lippen. Im Gegensatz zu vielen anderen Südafrikanern lässt sie sich von Hautfarben nicht beeindrucken. Und überhaupt von wenigem. Unbeirrt geht sie ihren Weg. Legt sich auch mal mit ihrem Gegenüber an, wenn es sein muss. Ist unbequem, dabei aber immer geradeheraus. Und teilt großzügig, was sie besitzt.

In unserem Fall ist das die nächste Flasche Rotwein. Beschwingt lädt sie uns zu sich nach Hause ein. Tatsächlich liegt Mazabuka auf unserem Weg. Dass wir morgen die *Bushbabys* treffen, spielt keine Rolle. Die sollen wir einfach mitbringen. Wir sammeln also kurzerhand Steffi und Sabine am Folgetag in Moorings ein und erreichen am späten Nachmittag die *Casa Julie*. Sie freut sich, dass wir ihre Einladung angenommen haben, und wir machen es uns auf der Terrasse gemütlich. Ihr Mann Steve wirft den Grill an und bereitet das Abendessen vor.

Weitere Gäste haben sich kurzfristig angemeldet. Drei junge Männer aus Simbabwe, unserem nächsten Reiseziel. Die drei sind altmodisch gut erzogen und charmant. Bei mir entsteht der Eindruck, dass alle Weißen im südlichen Afrika auf die eine oder andere Art miteinander verwandt oder mindestens bekannt sind. Denn zunächst wird eine Weile ausgetauscht, was es Neues von diesem oder jenem gibt. Anschließend bekommen wir erste Reisetipps.

Gewarnt werden wir vor den vielen Polizeisperren. Seit die Polizisten nicht mehr bezahlt werden, hätten die Roadblocks deutlich zugenommen. Leider hat Präsident Robert Mugabe das Land ziemlich runtergewirtschaftet. Die Frustration ist den drei Männern deutlich anzumerken. Trotzdem lieben sie ihr Land und schwärmen von den zahlreichen Attraktionen, allen voran dem berühmten Nationalpark Mana Pools, der am Sambesi liegt. Wobei die Jungs sich nicht sicher sind, ob der Park im Moment zu bereisen ist. Schließlich habe es wahnsinnig viel geregnet in Simbabwe. Und das Problem haben die meisten afrikanischen Länder: Am Ende der Regenzeit stehen viele Straßen unter Wasser, sind aufgeweicht oder völlig zerstört. Wir müssen uns also überraschen lassen. Es wird eine lange Nacht. Trotzdem beschließen wir, mit den *Bushbabys* am nächsten Tag bis kurz vor die simbabwische Grenze zu fahren. Wir haben Julie versprochen, dass wir auf dieser Reise noch einmal bei ihr reinschauen. Mindestens. Nach der Kargheit zu Beginn in Namibia genießen wir den intensiven Austausch gleich doppelt und sind gespannt, was in Simbabwe auf uns wartet.

Stau im Etosha-Nationalpark.

Simbabwe

Reisen in einer Diktatur.

Simbabwe ist ein faszinierendes und abwechslungsreiches Reiseland. Hier warten legendäre Nationalparks wie Mana Pools, Hwange und Gonarezhou, imposante Kulturstätten wie Groß-Simbabwe und wunderschöne Berglandschaften im Osten. Von den 1960er bis zu den 80er Jahren gehörte Simbabwe zu den beliebtesten Urlaubsländern in Afrika. Der ehemalige Präsident Robert Mugabe hat gegen Ende seiner 30-jährigen Amtszeit das Land wirtschaftlich ruiniert. Die ehemals schicken Hotelanlagen zeugen vom alten Glanz, verfallen aber allmählich. Die Menschen versuchen mit dem wenigen, was sie haben, die touristische Infrastruktur zu erhalten. Was an Materiellem fehlt, machen sie mit überbordender Freundlichkeit wett. Trotzdem ist Simbabwe nicht einfach zu bereisen: korrupte Polizei, Spritmangel, knappe Lebensmittel. Wir haben das Land deshalb nur von Nord nach Süd durchquert und auf einige Höhepunkte verzichtet.

Mosambik

Blantyre ○

Chimoio ○

Beira ○

② Viktoriafälle

Die spektakulären Wasserfälle sind UNESCO-Weltnaturerbe. Die Ausblicke von Simbabwe aus sind das ganze Jahr über eindrucksvoll. Der kleine Ort Victoria Falls gehört zu den wenigen Gegenden, wo der Tourismus immer noch floriert. Hier kann man Bungeespringen, Wildwasserfahrten unternehmen oder im Helikopter über die Fälle fliegen.

③ Kariba-See

Über einen geradezu monumentalen, leider auch sanierungsbedürftigen Staudamm wird der Sambesi zu einem der größten Stauseen der Erde aufgestaut. In dem kleinen Ort Kariba leben knapp 30.000 Menschen in weitgehend friedlicher Koexistenz mit wilden Tieren. Elefanten und Antilopen, die durch die Straßen laufen, sind keine Seltenheit. Auf dem Dach des einzigen Supermarktes in der Stadt lebt eine riesige Pavianfamilie.

Unsere persönlichen Höhepunkte:

① Groß-Simbabwe

Hier kann man die Reste einer alten Handelsmetropole des Königreichs Munhumutapa bewundern. Zur Hochphase zwischen dem 11. und 15. Jahrhundert sollen hier bis zu 18.000 Menschen gelebt haben. Es ist eine der ältesten steinernen Bauanlagen südlich der Sahara. Lange sind wir durch die Gemäuer gewandert. Jeder Stein erfüllte uns mit Ehrfurcht.

Weitere aktuelle Infos zum Reisen in Simbabwe findest du auf unserem Blog www.giraffe13.de.

9   *Herr Chigume ist ein Biertrinker*

Stefanie

In Kolonne mit den *Bushbabys* rollen wir in vorgeschriebener Schrittgeschwindigkeit über die mächtige Staumauer des Karibasees. In den fünfziger Jahren wurde der Sambesi-Fluss in einem Mammutprojekt aufgestaut. Für die versprochene Energiegewinnung aus dem Wasserwerk verloren 60.000 Menschen ihre Heimat und tausende Tiere ihr Leben. Mittlerweile ist der gewaltige Betonwall in die Jahre gekommen und dringend sanierungsbedürftig. Im Falle eines Dammbruches müssten Millionen Menschen in Sambia, Simbabwe, Malawi und Mosambik, die flussabwärts an den Ufern des Sambesi wohnen, um ihr Leben fürchten.

Auf halbem Weg über die Mauer hält das *Bushbaby*, Sabine steigt aus, macht ein paar Fotos und weiter geht es Richtung Simbabwe. Wir beglückwünschen uns zu unserer Entscheidung, diesen kleinen Grenzübergang gewählt zu haben. Kein LKW-Verkehr, keine Menschentrauben vor den Schaltern und dann noch Sehenswürdigkeiten auf dem Weg. Bisher läuft alles wie geschmiert.

Simbabwe eilt ein Ruf als korrupter, autoritärer Staat voraus. Das Land ist seit Jahrzehnten gebeutelt von der Politik des despotischen Alleinherrschers Robert Mugabe, der ausschließlich seinen Wohlstand im Sinn hat. Eine eigene Währung hat das Land seit Jahren nicht mehr, bezahlt wird mit US-Dollar und seit wenigen Wochen mit Schuldscheinen. »Der größte Bankraub in der Geschichte der Menschheit«, wie uns die drei jungen Simbabwer bei Julie erklärten: »Die Regierung will auch die letzten Dollarnoten, die noch in Umlauf sind, in ihre Taschen stopfen.«

In den vergangenen Wochen hörten wir viele Berichte über unser nächstes Reiseland, die wenigsten davon waren ermutigend. Aber wir wollen uns ein eigenes Bild machen. Das Land hat landschaftlich und kulturell viel zu bieten. Den magischen Nationalpark Mana-Pools, von dessen Abendlicht jeder Fotograf schwärmt. Die pulsierende Hauptstadt Harare, deren Untergrund-Comic-Szene ich auskundschaften möchte. Die grünen Hügel der Hochländer im Osten, die den Briten vertraute Heimat in der Ferne waren. Und die bald tausend Jahre alte Steinmetropole Groß-Simbabwe, ehemaliges politisches Machtzentrum eines längst vergessenen und von Europäern kleingeredeten Königreiches.

Angekommen auf der anderen Uferseite des Sambesi steht ein Soldat vor einer kleinen Polizeiwache, seine Kollegen spielen im Schatten Karten. Wir wollen nicht schon vor dem Grenzhäuschen unangenehm auffallen und halten in vorauseilendem Gehorsam. Wo wir jetzt schon mal die friedliche Kartenrunde gestört haben, soll es sich auch lohnen, wird sich der Soldat gedacht haben. »Ihr müsst Strafe zahlen, ihr seid auf militärischem Gebiet ausgestiegen.« Na, das fängt ja gut an. Steffi beginnt zu gestikulieren, wo denn bitte das Schild stünde, dass das verbiete und argumentiert, dass ja auch Fußgänger über die Brücke laufen. Sabine gelingt es schließlich mit ihrer besonnen diplomatischen Art, dass wir weiter zur Grenze fahren dürfen. Ohne Strafe.

Auf dem Boden der Tatsachen angekommen, stehen wir demütig am Einreiseschalter und warten geduldig, bis die Beamtin jedes unserer Visa sorgfältig und in Schönschrift fertig malt. Die Formalitäten ziehen sich, erst nach zwei Stunden haben wir alle Stempel und Papiere für vier Personen und zwei Autos gesammelt. Während wir darauf warten, dass die Polizeichefin unsere Elise nach Waffen und Schmuggelware durchsucht, spricht mich ein weißer Simbabwer an: »Hat man euch nicht gewarnt, nach Simbabwe zu reisen?«, will er wissen. Seine Prophezeiung, die wie eine Drohung klingt, dass man uns alle 20 Kilometer an einer Polizeikontrolle rausziehen und zur Kasse bitten würde, belächeln wir. Noch.

Wir erreichen Kariba, einst luxuriöser Badeort und beliebtes Ausflugsziel einer vertriebenen Kolonialelite. Heute wirkt das Städtchen zerfranst, die Häuser willkürlich an die Hügel geworfen. Orientierungslos klappern wir Campingplätze, Hotels und Supermärkte ab, die unser Navi vorschlägt. Ohne Erfolg. Nichts davon existiert noch. Hilfesuchend wenden wir uns an einen Polizisten, der vor der letzten verbleibenden Übernachtungsmöglichkeit im Ort Wache steht. Sie ist jetzt eine Polizeikaserne. »Mein Job ist es, euch zu beschützen. Nicht, euch Auskunft zu erteilen«, schnauzt er schroff. Willkommen in Simbabwe. Eine ältere Britin hält neben uns und fragt, ob sie uns helfen könne. Sie empfiehlt, auf dem Gelände eines ehemaligen Yachtclubs zu campen, der »Lomagundi Lakeside Association«.

Uns erwartet eine gigantische Ferienanlage mit dutzenden Ferienhäuschen, einem Bootsanleger, einer urigen Bar, einem schönen weitläufigen Campingplatz unter großen schattenspendenden Bäumen und einem Pool olympischen Ausmaßes. Wir sind die einzigen Gäste seit Wochen. Hier spürt man ihn deutlich, den Glanz vergangener Zeiten, der goldenen 80er Jahre, als Simbabwe das aufstrebende Vorzeigeland im südlichen Afrika war. Heute blättert die Farbe von den Wänden, sind die Fliesen angeschlagen und der Bootssteg wird nur noch von zwei Tauen zusammengehalten. Geld für Instandhaltung ist schon lange nicht mehr da. Man merkt aber deutlich, wie viel Mühe sich alle geben, das wenige zu erhalten und so gut wie möglich zu pflegen.

Bei aller Armut und allen Problemen sind die Menschen in Simbabwe unglaublich hilfsbereit und versprühen eine ansteckende positive Energie. Hier habe ich die freundlichsten Menschen getroffen, die mir auf unserer Reise begegnet sind. Alle winken, strahlen und johlen, wenn sie das fremde Auto sehen. Als wäre ein Bann gebrochen: endlich, die Touristen sind zurück. Die Hoffnung ist groß, dass mit den nächsten Wahlen 2018 endlich alles besser wird und der Tourismus wieder floriert. Für viele die einzige Einnahmequelle.

Am nächsten Tag wollen wir Kariba erkunden. Stundenlang kurbeln wir durch die unsichtbare Stadt auf der Suche nach dem Stadtkern. Vergeblich. Wir setzen unsere Suche nach dem Supermarkt und einem Fischhändler fort. Mehrfach weist man uns den Weg nach Nyamamunga, dem Township der Stadt. Hier spielt sich also das Leben ab. Fröhlich beschwingte Musik schallt durch die Straßen. Vor dem einzigen Supermarkt in der Gegend tummeln sich die Menschen. An diesem Nachmittag lernen wir die bitteren Lebensumstände in Simbabwe kennen.

Zu kaufen gibt es praktisch nichts. Die Bevölkerung hungert oder ernährt sich von dem, was sie selbst anbaut. Die Tankstellen sind oft leergepumpt, die Supermärkte leblose Hallen mit riesigen Blechregalen, gefüllt mit Schuhcreme, Familienpackungen einzeln verpackter Kekse, Zwiebeln und Thunfisch in Dosen. Zu astronomischen Preisen. Eine Flasche Wasser soll sechs Dollar kosten. Kein Brot, kein frisches Gemüse.

Das bekommen wir am Straßenrand zu Spottpreisen: Avocados, Tomaten, Mais, einen Riesensack für 50 Cent. Auf unsere Eindollarnote kann man uns nicht rausgeben, ob wir noch etwas mehr von den Tomaten wollten? Einmal bekommen wir statt Kleingeld Schokobonbons ausgehändigt. In einer Fischfabrik ergattern wir zwei Kariba-Brassen, »frisch tiefgefroren«, wie man uns versichert. Dann machen wir uns auf den Rückweg ins Camp. Wir sind enttäuscht und zutiefst betroffen. Simbabwe ist sicher kein Land, in dem wir eine unbeschwerte Zeit verbringen werden.

Wir schmieden Pläne für die nächsten Tage. Aufgrund der sintflutartigen Regenzeit in diesem Jahr können wir den Nationalpark Mana-Pools leider nicht besuchen. Selbst die Parkranger wissen nicht, in welchem Zustand die Straßen sind. Nach vier ruhigen Tagen am See biegen wir also rechts auf die Autobahn Richtung Harare, nächster Stopp: Chinhoyi-Höhlen.

Über die Straßensperren haben wir schon viel gelesen und sind vorbereitet. In Südafrika, Namibia und Botswana begegnet man ihnen seltener. Die Infrastruktur ist mit elektronischen Mautstellen und Blitzanlagen auf europäischem Niveau. In Sambia, Simbabwe und auch weiter Richtung Ostafrika ist man auf stationäre Verkehrskontrollen angewiesen. Das muss man sich so vorstellen: Ein Schlagbaum balanciert auf zwei Ölfässern, eine kleine Hütte spendet den hier stationierten Polizisten

Schatten, Autos oder Motorräder haben die wenigsten. Oft stehen zwei Polizisten neben den orangen Verkehrskegeln auf der Straße und winken einen bei Bedarf an den Seitenstreifen.

In der Früh werden die Polizisten zu ihrem Dienst mit großen Bussen über die Dörfer verteilt und abends wieder eingesammelt. Jedes Land hat eigene Verkehrsvorschriften, deren Einhaltung die Beamten an den Straßensperren kontrollieren. Die nötigen Vorkehrungen für Simbabwe haben wir bereits getroffen: Zwei weiße Reflektoren an der vorderen Stoßstange, zwei rote an der hinteren, zwei Warndreiecke, zwei gelbe Warnwesten und einen Feuerlöscher muss jedes Fahrzeug mitführen.

In Simbabwe, so berichteten alle Reisenden unisono, seien die Kontrolleure besonders pingelig und erfinden gern auch mal einen Verstoß, der in keinem Bußgeldkatalog zu finden sein wird. Der Grund: Seit Monaten zahlt die Regierung keine Gehälter mehr. Die Strafzettel sind also die einzige Einnahmequelle für die Beamten. Ärgerlich für uns, aber verständlich.

Fährt man auf eine Kontrolle zu, ist es üblich, den Warnblinker anzuschalten und in Schrittgeschwindigkeit auf die Beamten zuzufahren. Was dann passiert, ist selten vorherzusehen. Manche winken uns durch, viele halten uns aus Langeweile und Neugier an, um zu plaudern. Und einige ziehen die Verkehrskontrolle so lange hin, bis sie etwas finden. Auf 1000 Kilometern Fahrt durch das Land sollen wir uns am Ende durch 38 dieser Sperren geplaudert und diskutiert haben. Auf der Autobahn werden wir alle 20 Kilometer aufgehalten. Für eine eigentlich recht kurze Tagesetappe verbringen wir fast sieben Stunden hinter dem Lenkrad.

Sowohl die *Bushbabys* als auch wir sind schon nach einem Fahrtag fertig mit den Nerven. Sabine und Steffi reden sich aus dem Strafzettel für ihre fehlende Nummernschildbeleuchtung gekonnt heraus, dafür überfahren sie im nächsten größeren Ort eine gut getarnte rote Ampel und sind fällig. Das Tombola-Los für das alljährliche Polizeifußballturnier schenkt uns nicht die erhofften Sympathien. Alle 20 Kilometer Adrenalinschub, die halbstündigen Diskussionen kosten Zeit und Nerven.

Birgit kontert die erste unverblümte Forderung nach Bestechungsgeld eines Beamten namens Blessing und hält ihm auf die Frage: »How many dollars do you have for Blessing today?«

mit naivem Lächeln eine Schachtel Kekse vor die Nase: »You can have a cookie.« Die Kekse werden lachend angenommen.

Als wir kurz nach sechs auf das Tor des *Antelope Park* zu rollen, sind wir müde, frustriert und wollen nur noch duschen, essen und schlafen. Doch die Tore sind verschlossen. Ein ausgebleichter Zettel mit einer Abwesenheitsnotiz flattert im Wind. Die Hütte des Nachtwächters bewohnt eine Ziegenfamilie. Ich bin kurz vor einem Nervenzusammenbruch. Sabine und Steffi überlegen, ob wir an Ort und Stelle unsere Schlafdächer hochklappen.

So frustrierend eine Reise durch Simbabwe sein kann, so hilfsbereit sind seine Menschen. Hier halten alle zusammen, denn sie alle leiden unter dem diktatorischen Regime und den Konsequenzen seiner Politik. Ein älterer Mann kommt die Straße entlang und fragt, ob er uns helfen könne, er hätte viele Jahre hier gearbeitet. Wir erfahren, dass wir am falschen Tor stehen und das Camp durchaus geöffnet habe, er telefoniert kurz und löst mit einem Lächeln alle unsere Probleme. In einer Viertelstunde komme hier ein Auto mit Arbeitern durch. Und tatsächlich, man nimmt uns mit, zeigt uns den Weg zu einem schönen Platz am See, lädt uns ins Restaurant ein, heizt den Ofen für eine warme Dusche an. Wir sind erschöpft, aber dankbar.

Zwei Nächte bleiben wir in dieser kleinen Oase, trauen uns nicht heraus aus unserem Versteck. Wir wollen nicht in den nächsten polizeilich organisierten Hinterhalt gelangen. Steffi bastelt eine Grubenleuchte an das Nummernschild ihres Landcruisers, ich repariere unsere Hupe, gemeinsam verzieren wir Auto und Warndreiecke mit meterweise reflektierendem Klebeband. Wir studieren die Landkarte Simbabwes und überlegen, wohin unsere Reise als nächstes geht. Sabine und Birgit fühlen sich unwohl und unsicher. Gemeinsam beschließen wir, die Berge im Osten nicht zu besuchen. Wir rechnen nicht mehr in Kilometern, sondern in Roadblocks und bis in die Berge sind es uns zu viele. Auf Groß-Simbabwe, eine jahrhundertealte Ruinenstadt, wollen wir aber alle nicht verzichten. Nach einem weiteren Urlaubstag, den wir mit spazieren gehen und Pfannkuchen essen verbringen, steht unser Plan fest: Wir versuchen uns über Landstraßen Richtung Süden durchzuschlagen, in der Hoffnung, dass die Polizei nur auf den großen Verkehrsadern des Landes patrouilliert.

Am nächsten Morgen rollen wir optimistisch und gut gelaunt die Einfahrt des *Antelope Park* hinaus und biegen auf die Hauptstraße Richtung Gweru. Die Bushbabys bilden die Vorhut, Elise sichert von hinten. Birgit wartet noch kurz auf Gegenverkehr, biegt ab, und wird direkt von einer Polizistin herausgewunken. Was können wir denn jetzt schon falsch gemacht haben? Die Polizistin: »Sie haben ein Stoppschild überfahren!« Wir sind irritiert: »Stoppschild, welches Stoppschild?« – »Das Stoppschild hinter dem Busch. Der Landcruiser hat sich ordnungsgemäß verhalten, aber Sie haben das Stoppschild eindeutig überfahren«, triumphiert die Polizistin. Die Diskussion beginnt.

Sabine und Steffi parken in eigener Entfernung auf dem Seitenstreifen. Eine andere Polizistin schlendert scheinbar gelangweilt auf den Landcruiser zu. Während wir, zermürbt von der Diskussion, unseren Strafzettel bezahlen, sehe ich Steffi vom Beifahrersitz wild gestikulieren. Die Gemüter kochen hoch, mittlerweile stehen drei aufgebrachte Polizisten um den Landcruiser herum. Birgit und ich versuchen, zur Hilfe zu eilen. Der zweiten Beamtin ist eingefallen, dass der Landcruiser das Stoppschild zwar beachtet habe, aber an der falschen Stelle gehalten hätte. Jetzt wird es albern. Zu unserem Glück haben sich die Polizisten nicht auf eine gemeinsame Dramaturgie ihrer Inszenierung geeinigt und wir können sie gegeneinander ausspielen. Unsere Polizistin muss nämlich zugeben, dass sie uns gegenüber argumentiert hat, der Landcruiser habe alles richtig gemacht. Nach einer nervenaufreibenden halben Stunde können wir endlich weiter. Die Polizistin verabschiedet uns mit den Worten: »Lasst euch bitte von uns nicht unser schönes Land

verleiden.« Noch vor dem nächsten Roadblock biegen wir auf eine Schotterstraße und glauben, für heute dem langen Arm der Polizei entkommen zu sein.

Nach den ersten 50 Kilometern auf einer idyllischen Piste, entlang blumenbewachsener Flussläufe und sanften, grünen Hügeln, sind wir ekstatisch: keine Polizisten, keine Straßensperren, nur wunderschönes Simbabwe und freundlich winkende und interessiert plaudernde Menschen. Stundenlang zuckeln wir über schmale Pfade, durch kleine Dörfer, bei strahlendem Sonnenschein und bester Laune. Unser Ziel liegt etwa 200 Kilometer südlich: die Autobahn nach Masvingo. Sie soll uns gegen Abend in nicht mal halbstündiger Fahrt Richtung Groß-Simbabwe führen. Wir freuen uns, der Polizei ein Schnippchen geschlagen und mindestens zehn Roadblocks verpasst zu haben.

Am späten Nachmittag biegen wir auf eine breitere Piste, die uns nur noch über eine Brücke und wieder zur Teerstraße führen soll. Viel Verkehr scheint hier trotz der breit angelegten Schotterstraße nicht langzukommen. Überall liegen umgeknickte Bäume, aber wir kommen gut voran. Als wir um die letzte Kurve vor dem Fluss biegen, trauen wir unseren Augen nicht: vor uns ein weit über die Ufer getretener reißender Fluss. Aber keine Brücke. Keine Chance. Kein Durchkommen.

Im nächsten Dorf beschreibt man uns einen anderen Weg, der aber auch zu einer kaputten Brücke führen soll. Ob diese vielleicht schon repariert wurde, kann man uns nicht genau sagen. Das müssten wir noch einmal erfragen. Es ist bereits später Nachmittag und heute schaffen wir es nicht mehr vor Sonnenuntergang zum Campingplatz. Wir beschließen, in afrikanischer

Gepflogenheit im nächsten Ort den Chief nach einem Nachtlager in seinem Dorf zu fragen.

Ein Hirte verweist uns an Herrn Chigume, den *Headman* des Dorfes. »Ihr habt Glück, er wird hier gleich entlangkommen. Um diese Zeit ist er immer auf dem Weg zum Wirtshaus«, erklärt er uns. »Herr Chigume ist nämlich ein Biertrinker.« Und tatsächlich, wenige Minuten später kommt Herr Chigume samt Entourage den Hügel herunter. Wir werden vorgestellt, seine Adjutanten beäugen uns misstrauisch, er selbst verschwendet kein Wort an uns. Der Hirte übernimmt für uns die Verhandlung und teilt uns erfreut mit, dass wir außerhalb des Dorfes auf einer kleinen Anhöhe mit tollem Rundumblick auf die Berge schlafen dürften.

Wir errichten unser Lager, kochen Abendessen, bekommen Besuch von den Witwen des Dorfes, die belustigt unsere rollenden Häuser bestaunen. Kurz vor neun wollen wir in unsere Kojen krabbeln. Da tritt ein Mann aus dem Dunkel. Er reicht mir ein Handy, sein *Councillor of the Ward* möchte mit uns sprechen. Ich nehme das Gespräch an und höre nur Geschrei: »Landfriedensbruch... illegal... Polizei... Goldmine...« Ich versuche zu beschwichtigen: Wir seien vier deutsche Touristinnen, Gäste von Herrn Chigume. »Der hat hier gar nichts zu melden, das ist mein Land!«, brüllt er zurück. Der Stellplatz sei nicht sicher, da wir in einem Goldminegebiet stünden. Sein Angestellter würde uns zu ihm bringen und er zeige uns dann einen besseren Platz.

Bei dem Gedanken, im Dunkeln unser Lager abzubrechen und irgendeinem Mann durch den Busch zu folgen, wird uns mulmig. Wir sind uns einig: Wir packen zusammen und machen, dass wir hier weg kommen, lieber schlagen wir uns zur Teerstraße durch. Wir irren im Finsteren über Dornenbüsche. In den engen Dorfgassen verfahren wir uns mehrfach. Straßenbeleuchtung gibt es hier auf dem Land nicht und trotz Scheinwerferlicht kommen wir nur mühsam voran. Immer wieder springen Sabine und Birgit aus dem Auto, um zu Fuß nach dem richtigen Weg zu suchen.

Endlich stehen wir vor besagter Brücke. Meine Hoffnung stirbt: Ich sehe nur zerbrochene Steinquader im Wasser. Aber die Angst treibt von hinten. Sabine und Birgit winken unsere Autos gekonnt über die Trümmer der zerfallenen Brücke. Und wenig später: die Autobahn! Wir haben es geschafft!

Aber nicht einmal für einen Seufzer der Erleichterung bleibt Zeit, als uns mit Blaulicht und Sirene ein Polizeiauto überholt und an den Straßenrand drängt. Fünf Männer, in Lederjacken, mit Pistolen im Hosenbund, springen heraus. Drei postieren sich um das Auto von Sabine und Steffi. Zwei kommen zu uns, leuchten uns mit ihren Taschenlampen ins Gesicht und fordern in barschem Ton, ihnen zu folgen. Das ist keine normale Verkehrskontrolle, diese Männer haben auf uns gewartet. »Das ist gar nicht gut«, murmle ich vor mich hin. »Gar nicht gut.« Eine Flucht scheint aussichtslos. Wir ergeben uns unserem Schicksal. Birgit und ich stopfen uns Handy und Reisepässe in die Hosentaschen. Die Rufnummer der deutschen Botschaft habe ich auf Schnellwahl.

Unsere Kolonne setzt sich in Bewegung. Über unser GPS verfolge ich die Route. Nach endlosen Kilometern stelle ich fest, der Weg geht tatsächlich in die nächste Stadt, Richtung Polizeistation. Hier versichert mir einer der Männer, wir sollen bitte keine Angst haben und uns keine Sorgen machen, sie hätten wirklich nur ein paar Fragen. Er lächelt nun aufmunternd und führt uns in das Büro des Polizeichefs. Dort setzen sie uns auf zwei Holzbänke.

Die nächsten zwei Stunden werden wir ausführlich verhört: »Was wolltet ihr in dem Dorf? Woher kommt ihr? Was macht ihr hier? Was ist euer Beruf?« Sämtliche unserer Dokumente werden kopiert und abgeheftet: Reisepass, Führerschein, Fahrzeugpapiere, sogar die Impfpässe. Wir werden das Gefühl nicht los, dass man versucht, uns etwas anzuhängen. Nach einer Woche in Simbabwe sind wir vorsichtig geworden. Es stellt sich heraus, dass der unwirsche Councillor die Polizei verständigt und Fremde in seinem Gebiet angezeigt hatte. Kurz vor elf lässt man uns endlich gehen: »Ihr seid frei.« Nur wohin sollen wir um diese Uhrzeit fahren? Wir sehen uns verloren an und so erlaubt man uns, auf dem Polizeiparkplatz zu schlafen. Wohl ohnehin der sicherste Platz in der Umgebung.

Schweigend krabbeln wir nach einer Zigarette in unsere Autos. Tief sitzen der Schreck und das Wissen: Das hätte richtig schief gehen können. Erholung bleibt uns in dieser Nacht nicht vergönnt. Kaum sind die Gedanken über das Erlebte zur Ruhe gekommen, zieht ein Sturm auf, der sich in den Morgenstunden als Ausläufer eines tropischen Wirbelsturms entpuppt. Eimer und Dachbleche fliegen an unserem Fenster vorbei. Mehr resigniert als panisch ziehen wir schnell die Hubdächer zu und parken die Autos weiter weg von den Bäumen. Noch zwei Stunden, dann ist diese Nacht hoffentlich endlich vorbei.

Die Mauern von Groß-Simbabwe sind Relikte des Reiches Munhumutapa, einer afrikanischen Hochkultur, die bis zum 15. Jahrhundert existierte.

Am nächsten Morgen brechen wir Hals über Kopf auf. Noch vor sechs rollen wir übernächtigt vom Hof der Polizeistation Mashava. Wir wollen nicht riskieren, dass die Frühschicht uns erneut durch die Mangel dreht. Erschöpft erreichen wir in Masvingo das *Norma Jean's Lakeview Ressort*. Gerade noch rechtzeitig zum Frühstück. Wir bestellen jeder eine große Portion Eier mit Speck, gebackenen Bohnen und Würstchen, schlagen unser Lager mit Blick auf einen See auf und verbringen den Rest des regnerischen Tages damit, schweigend in die Gegend zu gucken.

Birgit und Steffi haben sich in die Autos verkrochen und schlafen den Schreck weg. Sabine und ich sitzen in unserem Unterstand und daddeln an unseren Telefonen herum, als der Besitzer der Lodge auf ein Schwätzchen vorbeikommt. Wir plaudern über das Land, den Tourismus und die Zukunft. Kurz bevor er wieder geht, deutet er auf unsere Telefone und warnt uns kryptisch: »Schreibt nichts ins Internet, solange ihr hier seid.« Erst später erfahren wir, dass Touristen in Simbabwe im Gefängnis gelandet sind, weil sie sich auf Twitter kritisch über Mugabe geäußert hätten.

Der nächste Tag begrüßt uns mit Sonnenschein. Sabine und Steffi, Birgit und ich haben uns weitgehend von dem Schrecken der vergangenen Nacht erholt. Wir brechen auf nach Groß-Simbabwe, der nahegelegenen Ruinenstadt aus dem 11. Jahrhun-

Die Ruine gehört zwar zum UNESCO Weltkulturerbe, wird aber kaum gepflegt oder gar für Besucher erschlossen.

dert, die Namensgeber für das Land wurde. Simbabwe bedeutet übersetzt »große Steinhäuser«, was dieser antiken Metropole in keiner Weise gerecht wird. Zur Blütezeit des Munhumutapa-Reiches lebten in dem damaligen Palast über 18.000 Menschen.

Stundenlang streife ich andächtig durch die monströsen Gemäuer. Die Anlage wurde zwar von der UNESCO zum Weltkulturerbe erklärt, trotzdem ist hier wenig los. Ungestört wandelt man durch die Anlagen. Die Stadt ist seit über 1000 Jahren auf sich gestellt, hat aber nichts von ihrem eindrucksvollen Flair eingebüßt. Ich bleibe allein in den Gemäuern der großen Einfriedung zurück, das Stimmengewirr verstummt. Andächtig lasse ich meine Finger über die kalten, feuchten Steine gleiten und gehe die Wege der alten Stadtmauer nach. Ich versuche mir auszumalen, wie sich hier das Leben abgespielt hat. Wie Handelsreisende aus ganz Afrika exotische Gewürze und Tonwaren zum Verkauf angeboten haben. In Botswana, Tansania und Kenia finden sich ebenfalls einige dieser antiken Steinstätten, die die einzigen Spuren eines großen Reichs aus vorkolonialer Zeit sind.

Die Gruppe ist euphorisch und elektrisiert von diesem faszinierenden Erlebnis. Kurz flammt in uns der Abenteuergeist neu auf. Ob wir doch noch einen Abstecher in den *Gonarezhou-Nationalpark* machen? Von dort kämen wir dann über Landstraßen ins östliche Hochland. Birgit und Sabine werden blass, als wir Steffis von unseren Ideen berichten. Ihre Blicke erinnern mich schlagartig daran, dass noch immer Regenzeit ist und wir noch immer in Mugabe-Land sind. Und sie haben recht. Wir sollten unser Glück nicht herausfordern. Und dass sich in Afrika das Blatt schnell wenden kann, sollte ich nun bereits gelernt haben. Mit einer Zweidrittelmehrheit steht nun der Tag der Ausreise bevor.

Kurz vor der Grenze quartieren wir uns in einem großen Motel ein. Auf dem dazugehörigen Campingplatz steht das Gras hoch. Der Lodge-Besitzer berichtet uns resigniert, dass die Polizeikontrollen sein Geschäft ruinieren. 34 Jahre hätte er gegen Fluten und Feuer sein Lebenswerk verteidigt und nun freue er sich über jeden Gast. Er könne es sich nicht mal leisten, den Rasen auf dem Campingplatz schneiden zu lassen. Er erzählt uns folgende Anekdote: Vom nahe gelegenen Roadblock hätten Polizisten nach einem Quartier für die Nacht gefragt. Dass sie dafür zahlen sollten, wollten sie nicht akzeptieren. »Ihr zerstört mein Geschäft und erwartet dafür freie Kost und Logis?«, wies er den Polizisten frustriert die Tür.

Über den Grenzübergang Beitbridge, im Süden des Landes, wollen wir nach langen zehn Tagen zurück nach Südafrika, wo es keine Roadblocks und eine gute Infrastruktur gibt. Beitbridge ist ein Grenzort, dem sein schlechter Ruf vorauseilt: Korruption, Taschendiebe, Schlepper, wir hören von jedem Reisenden ausschließlich Horrorgeschichten. Wir bringen uns in Grenzstimmung: alle Papiere fest im Griff, grimmiges »Sprich-mich-nicht-an«-Gesicht aufgesetzt, selbstbewusster Blick und strammer Schritt. Doch der Parkplatz ist verwaist, die Schalterhalle beinahe leer, die Ausreise aus Simbabwe gelingt ohne Probleme.

Wir sind euphorisch, endlich hat die Touristenschreckmaschine auch mal ihr Gutes. Am letzten Schlagbaum, hinter dem Südafrika auf uns wartet, werden wir von der Zollbeamtin gefragt, ob wir arg von der Polizei schikaniert worden seien. Nach zwei Wochen in einem totalitären Staat, murmeln wir nur Ausflüchte und Vages zurück. Sie reicht eine Telefonnummer durchs Fenster. Sie wüsste, wie schlimm es gerade wäre, wir sollen uns nicht entmutigen lassen und doch bitte wiederkommen. Simbabwe bräuchte so dringend Tourismus. Ein Anruf genüge und sie stelle uns für unseren nächsten Besuch einen Freifahrtschein aus. Ich hätte das Angebot annehmen sollen.

Die Beamtin der südafrikanischen Einreisebehörde blickt mich finster durch das Schalterglas an: »Ich werde Sie nicht einreisen lassen. Sie sind eine Lügnerin und eine Diebin. Sie schulden uns 5000 Rand und bevor Sie die nicht bezahlt haben, passiert hier gar nichts.« Meine Knie werden weich. Und da war es wieder, mein Einreiseproblem. Nichts war geregelt, der fehlerhafte Eintrag war nicht gelöscht, kein gelobtes Land, keine Flucht nach Südafrika. Endstation Beitbridge.

Zwei unerträglich lange Stunden lässt man mich in der Mittagshitze schmoren. Apathisch lehne ich an der Wand der Schalterhalle und übe mich in afrikanischer Gelassenheit. Ich mache kein Theater, ich versuche nicht zu diskutieren, ich hoffe, dass meine Demut das Herz der Beamtin erweicht. Wir wollen nur auf gar keinen Fall zurück nach Simbabwe und schon gar nicht nach Harare, das mindestens 50 Roadblocks von hier entfernt liegt.

Nach ihrer Mittagspause liegt dann endlich Meldung aus der Einwanderungsbehörde in Pretoria vor. Ich stehe offenbar auf keiner Sperrliste, das Problem mit meinem Pass kann sich keiner erklären. Die kratzbürstige Beamtin hat sich nun, da meine Unschuld bewiesen ist, entschieden, mir zu helfen. Sie füllt eine Akte mit Kopien meines Passes und den Daten meiner bisherigen Reisen, mein Reisepass bekommt einen höchst wichtig aussehenden Stempel mit handschriftlicher Aktennotiz: »Von nun an werden Sie keine Probleme mehr an südafrikanischen Grenzen haben«, strahlt sie durchs Fenster. Am frühen Nachmittag schafft es unsere kleine Reisegruppe endlich zurück nach Südafrika, dass uns nach knapp zwei Wochen Simbabwe wie das Schlaraffenland erscheint. In der nächsten Stadt halten wir am Einkaufszentrum und stürmen den ersten Burgerladen.

Im November 2017, kurz vor unserer Rückkehr nach Deutschland, überspannt Robert Mugabe den Bogen. Der Versuch, seine Frau Grace als Vizepräsidentin einzusetzen und dadurch seine Nachfolge zu sichern, kostet ihn das Amt. Mit Unterstützung des Militärs gelingt ein friedlicher Machtwechsel. Die Medien sind skeptisch, das Land ist ekstatisch. Aus der Ferne feiern wir mit und denken an die vielen Menschen, denen wir in Simbabwe begegnet sind: Ob die Menschen in Kariba bald nicht mehr mit Schokolinsen bezahlen müssen? Oder der Besitzer des Motels seinen speziell für diesen Anlass gekauften Schampus geköpft? Wir wünschen es ihnen von ganzem Herzen.

10

Irgendwas ist immer

Birgit

Endlich im gelobten Land! So fühlt es sich an, als wir südafrikanischen Boden betreten. Mit jedem Rückschlag in Simbabwe
wuchs unsere Vorfreude auf Südafrika. Wie das Paradies schien
es uns von der Ferne. Doch nun, als wir endlich da sind, begrüßen uns Schilder am Straßenrand mit den Worten: »High crime
alert – don't stop«. Hohe Kriminalität – nicht anhalten. Gut,
dass wir zum Kruger-Nationalpark unterwegs sind. Die zur Para-
noia neigenden weißen Südafrikaner versichern uns mehrfach,
das sei der sicherste Ort im ganzen Land. Trotzdem hat diesmal
Stefanie Angst. Sie hat zu viele Videos von Tieren gesehen, die
Touristen anfallen. Nilpferde, die Kotflügel abbeißen. Löwen,
die durchs offene Fenster den Fahrer angreifen und Elefanten,
die Autos umwerfen. Alles aufgenommen im Kruger. Mir tut es
jedenfalls gut, dass zur Abwechslung mal Stefanie der Hasen-
fuß ist. Und nicht ich.

Da es allmählich dämmert und der Park noch in weiter Ferne
liegt, übernachten wir auf der Popallin Ranch. Hier werden weiße
Löwen gezüchtet und wir erfahren, wie es sich mit Löwenbabys
im Wohnzimmer lebt. Die Besitzerin erklärt uns, dass der Nachwuchs spätestens mit zwei Jahren ins Gehege kommt, weil es

sonst gefährlich werden kann. Sie ist interessiert an den neuesten Geschichten aus Simbabwe. Immerhin wohnt sie dicht an der Grenze. Sie erzählt: »Jetzt, wo der Grenzfluss Limpopo wenig Wasser führt, kommen die Menschen aus Simbabwe über den Fluss, um Lebensmittel, Baustoffe und Werkzeug in Südafrika zu kaufen. Neulich habe ich zwei alte Männer am Straßenrand gesehen, die Material zum Hausbau Richtung Simbabwe trugen. Mehrere Säcke Zement, zusammen mit Fenster- und Türrahmen. All das schleppten sie immer in Etappen ein Stückchen weiter. Ich habe die beiden im Auto bis zum Limpopo mitgenommen. Eine gute Woche brauchen sie trotzdem noch, bis sie wieder zu Hause sind.«

Am nächsten Tag gelangen wir entspannt zum Nordeingang des Krugers. Wir quartieren uns in Punda Maria ein. Der Ranger erklärt, es sei nicht viel los und wir könnten einfach einen Tag nach dem anderen bezahlen auf dem Weg Richtung Süden. Dort warten die eigentlichen Attraktionen. Viel mehr Tiere. Die *Bushbabys* machen sich auf den Weg, denn für Sabine geht die Reise in zwei Wochen zu Ende. Steffi reist allein weiter. Wir wollen erst einmal ausspannen und bleiben zwei Nächte hier oben im Norden.

Ohne Hast arbeiten wir uns vier Tage lang durch den Park und haben es gerade bis zur Hälfte geschafft, da erfahren wir, dass in Südafrika ein langes Wochenende bevorsteht und der komplette Park ausgebucht ist. Bis auf den letzten Platz. Wir müssen raus und können den angeblich so spektakulären Süden nur als Transitstrecke passieren. Das was wir sehen, beeindruckt uns wenig. Alles geteert, viele Autos, und das strapaziert offensichtlich die Tiere. Die Elefanten wirken angespannt. Mehr als einmal erleben wir einen Scheinangriff. Wenn diese riesigen Tiere trompetend, mit wehenden Ohren auf einen zurennen, ist das beängstigend. Und führt dazu, dass wir angestrengt nach Elefanten Ausschau halten und mit Herzklopfen an dichtem Gestrüpp vorbeifahren.

Nach dem ungewollt kurzen Vergnügen im Kruger hoffen wir auf Urlaub am Meer. Die *Elephant Coast* reicht von der Grenze Mosambiks bis nach St. Lucia südlich der *iSimangaliso Wetlands*, Schnorchelparadies und UNESCO-Weltnaturerbe. Die Landschaft ist geprägt von den typischen Rundhütten der Zulu. Wir starten im Norden im abgelegenen Mabibi und arbeiten uns an der Küste entlang über Sodwana Bay bis nach Cape Vidal im Wetlands-Nationalpark. Anders als in Sodwana kann man hier den Strand zu Fuß erreichen. Wir liegen faul in der Sonne und Stefanie schnorchelt ein bisschen.

Der Campingplatz selbst ist weitläufig angelegt und da er mitten im Nationalpark liegt, schauen gelegentlich Antilopen vorbei. Und Affen! Mit dieser Bande Weißkehlmeerkatzen ist gar nicht gut Kirschen essen. Ich wollte uns gerade eine Brotzeit herrichten, da reißt mir der Anführer meine Avocado direkt aus den Händen. Mit einem Satz sitzt er vor mir auf dem Tisch. Ich denke noch: »Das traut der sich nie.« Da schnappt er auch schon nach dem Essen. Mit einem untrüglichen Gespür merkt diese Truppe, wenn wir nur an Essen denken, und platziert sich strategisch über uns in den Bäumen. Wir sehen ein, dass wir keine Chance haben und nehmen von nun an jede Mahlzeit in Elise zu uns. Dabei macht es sich die Rasselbande auf der Motorhaube gemütlich und starrt gierig durchs Fenster.

Der Kontrast zwischen Schul- und Urlaubszeit ist in Südafrika noch stärker als bei uns. Außerhalb der Saison treffen wir kaum Menschen unterwegs. Aber in den Ferien ist alles ausgebucht. Wirklich alles. Wieder können wir nicht bleiben. Es sind Osterferien. Wir flüchten uns in die Großstadt Durban. Diesmal in ein Appartement, denn einen vernünftigen Campingplatz gibt es nicht. Wir haben beide Lust auf Stadt und ganz viel indisches Essen. Dafür ist Durban berühmt. Ich für meinen Teil bin urlaubsreif.

Die einsame Küste des iSimangaliso-Wetland-Parks.

Die letzten Wochen campten wir in beinahe unerträglicher Hitze in Namibia, bis uns in Simbabwe die Regenzeit einholte. Wir überstanden ein schweres Unwetter im Caprivistreifen und den Restausläufer eines Zyklons in Masvingo. Wir haben uns gegen Moskitos, Spinnen, Ameisen, Zecken und Affen zur Wehr gesetzt. Und so viele Probleme gelöst: Wir optimieren unseren Sonnenschutz, hängen ein Moskitonetz ins Hubdach und bauen ein kleines Ablageregal hinter den Vordersitz. Wir haben abgedichtet, erst die Wasserkanister, dann den Gaskocher und zuletzt auch Elise. Irgendwas hat immer getropft. Unser Landy hatte Startschwierigkeiten und musste zum Service. Wir diskutierten mit Polizeibeamten und Stefanie ist zweimal gegen Widerstände, die Einreise nach Südafrika gelungen. Ich hätte nie gedacht, dass Reisen so anstrengend ist. Und Stefanie beäugt mich misstrauisch. Wann immer ich meinen Unmut kundtue oder gestresst wirke, weiß ich, dass sie denkt, ich steige sofort in den nächsten Flieger nach Hause. Sie hat schon nicht geglaubt, dass ich überhaupt mitkomme.

Ich halte mich über Wasser mit Urlaubsfantasien von Durban. Mit einem Dach über dem Kopf kann das Wetter machen, was es will. Mich lässt das kalt. Statt kochen im Wind, essen im Dunkeln und abwaschen auf der anderen Seite des Campingplatzes möchte ich abends auf der Terrasse sitzen, ohne Eile unser Abendessen erst nach acht zubereiten, mit Stefanie bis Mitternacht quatschen und den Abwasch einfach stehenlassen. Oder richtig gut essen gehen. Mit allem Drum und Dran. Ich möchte mich morgens in meinem Bett nochmal umdrehen, ohne dass die Sonne aufs Hubdach brennt und mich um kurz vor sieben aus dem Auto treibt. Ich möchte zwei Stunden frühstücken und dabei Zeitung lesen. So hatte ich mir das vorgestellt.

Doch die Realität sieht anders aus. Das fängt damit an, dass unser Landy nicht durch die Einfahrt unserer Unterkunft passt und nun seit einer Woche auf der Straße steht. Ganz allein, weil keiner so verrückt ist, sein Auto nachts draußen zu lassen in einer südafrikanischen Großstadt. Also führt uns nun jeden Morgen der erste Gang auf die Straße, um nachzusehen, ob Elise noch da ist. Wir schlafen beide unruhig und fallen früh aus dem Bett. Die Tage verbringen wir mit Erledigungen. Den Aufenthalt in Großstädten muss man nutzen: Vorräte sind aufzufüllen und kleinere Reparaturen durchzuführen. All das dauert in der Regel länger als geplant, weil man niemals auf Anhieb findet, was man sucht. Abends buchen wir Stellplätze in Botswanas Nationalparks und essen gehen fällt aus, weil Stefanie seit einer Fischvergiftung in Nelspruit eine hartnäckige Gastritis plagt.

Und nun auch noch das: Vom Bett aus sehen wir einen Schatten in der Küche! Die nächste Kakerlake. Sie ist riesig. Und blickt von der Arbeitsfläche zu uns herüber. Die erste habe ich noch sportlich genommen. Bei der zweiten war ich irritiert. Aber bei Nummer drei wird es mir zu viel. Zwischenzeitlich habe ich recherchiert und weiß nun, dass eine Kakerlake selten allein kommt. Außerdem übertragen sie alle möglichen Krankheiten. Durban ist bekannt für Kakerlaken. Sie kommen in Massen, wenn es geregnet hat, und können noch dazu fliegen. Seither hat der Ekel mich fest im Griff. Stefanie zieht ihre Bettdecke tiefer ins Gesicht.

Ich ekle mich. Aber es hilft nichts. Also mache ich mich auf den Weg in die Küche. Flink sind diese Mistviecher. Aber langsam bekomme ich Routine. Mit Käseglocke und Teller habe ich schon zwei ins Freie befördert. Wobei ich mich allmählich frage, ob Nummer drei nicht eigentlich Nummer eins ist, die einfach wieder in die Küche gekrabbelt kam. Diese hier weiß jedenfalls schon, was ihr blüht. Ehe ich's mich versehe, versteckt sie sich hinterm Kühlschrank. Das war also nichts. Unverrichteter Dinge gehe ich zurück ins Bett. Schlafen können wir beide kaum. Kakerlakentruppen schieben sich in unsere Träume.

Es geht nicht vor und nicht zurück. Die Campingplätze für unser nächstes Ziel, die Drakensberge, sind bis zum Ferienende ausgebucht. Man kann sein Glück natürlich trotzdem versuchen, aber nach unserer schlechten Erfahrung auf der Garden Route während der Hochsaison ist Durban wahrscheinlich das kleinere

Übel. Auch wenn die Situation hier etwas angespannt ist. Der ohnehin schon in die Kritik geratene südafrikanische Präsident Jacob Zuma bildet gerade sein Kabinett um und hat einige seiner Minister entlassen, um sie durch Gefügigere zu ersetzen. Das führt zu Unmut in der Bevölkerung mit entsprechenden Demonstrationen.

Immer offensichtlicher steckt Zuma Staatseinnahmen in die eigene Tasche. Von seiner Politik hört man wenig, von Korruption und Vergewaltigungsvorwürfen immer mehr. Trotzdem hat er bereits fünf Misstrauensvoten überstanden. Wie das sein kann, erklärt uns eine botswanische Bekannte: »Zuma war beim Geheimdienst tätig, als die jetzige Regierungspartei ANC noch im Untergrund gewaltsamen Wiederstand gegen die Apartheid leistete. Dadurch hat er gegen fast jedes Parteimitglied etwas in der Hand und erreicht einen Großteil der Stimmen durch schnöde Erpressung.« Bisher bleibt der Protest friedlich und wir beschließen, noch eine Woche zu verweilen, wechseln allerdings die Unterkunft.

Elise steht nun sicher im Hinterhof. Eine Kakerlake ist nicht in Sicht. Endlich können wir es uns ein bisschen gemütlich machen. Wir erledigen nichts mehr, Stefanies Magen erholt sich langsam. Wir leben in den Tag hinein, liegen im Gras, lesen, sortieren unsere Gedanken. Alles könnte so schön sein. Da bekomme ich Fieber. Ich fühle mich nicht erkältet, habe nur fürchterliche Kopf- und Gliederschmerzen. Symptome von Malaria. Da wir keine Prophylaxe nehmen, gibt es ein gewisses Risiko. Wir überlegen hin und her. Denken an Julies Worte: »Malaria ist gut zu behandeln, wenn man früh genug beginnt.« Meine Fieber steigt über 40 Grad. Am Nachmittag fahren wir ins Krankenhaus.

Der Krankenpfleger fragt mich, in welchen Ländern ich gewesen sei. »Sambia, Simbabwe und jetzt Südafrika«, antworte ich. Er nickt und bestärkt mich: »Dann ist es gut, bei Fieber auf Malaria zu testen.« Er braucht zwei Anläufe zur Blutentnahme. Ich blicke ihn aufmunternd an. Ich kenne das gut, dass die Nadel nicht gleich sitzt. »Das Fieber muss erst runter, dann können Sie zu Hause auf die Ergebnisse warten«, erklärt er mir. Ich hänge am Tropf und fühle mich erst richtig krank. Die Temperatur fällt nicht und Stefanie sieht besorgt aus. Ich frage mich, ob das mein Ticket nach Hause ist. Wenn ich jetzt in die

Kerbe haue, dass Afrika voller Gefahren ist und ich dem Tod nur knapp von der Schippe springe, könnte vielleicht etwas gehen. Ich spinne die Geschichte weiter. Elise geht in Durban aufs Schiff und wir steigen in den Flieger nach München. Ich male es mir in den schönsten Farben aus und runde das Ganze mit einer Butterbreze ab.

Doch die schmeckt in meiner Fantasie gar nicht gut. Freude kommt keine auf. Nur Wut. Mit einer Klarheit, die sich auch vom Fieber nicht trüben lässt, weiß ich: Ich will nicht heim! Unter keinen Umständen. Malaria hin oder her. So leicht lasse ich mich nicht kleinkriegen. Ich bin noch nicht fertig mit Afrika. Und ich habe es satt, mich ins Bockshorn jagen zu lassen. Ich will endlich anfangen, Spaß zu haben. Dieses Jahr könnte das aufregendste meines Lebens werden. Wenn ich es nur zulasse.

Das Fieber fällt. Meine Stimmung steigt. Abends kommt der erlösende Anruf. Keine Malaria. Nur ein fieberhafter Infekt. Ich falle in einen tiefen, traumlosen Schlaf. Am nächsten Morgen fühle ich mich besser. Lange und heiß dusche die Spuren der Erkrankung weg. Stefanie kühlt sich im kleinen Pool im Garten ab und ich will ihr Gesellschaft leisten. Autsch! Ich bin in etwas getreten. Es brennt fürchterlich. Mein Fuß schwillt sofort dick an. Wahrscheinlich eine Spinne. Ich nehme es gelassen und packe Eis drauf. Afrika, du alte Hippe, du musst schon mehr bieten, um mich zu vertreiben. Jetzt wo ich bleiben will.

Nach vier Monaten gebe ich offiziell auf. Das Leben hält keine Verschnaufpause bereit. Ich sehe es ein: irgendwas ist immer!

Ich werde aufhören, meine Zeit mit falschen Erwartungen zu verschwenden, mit Träumen von Ruhe und Glückseligkeit. Stattdessen will ich genießen, was ich habe, und lösen, was es zu lösen gibt. Ich darf mich fürchten, solange ich der Angst nicht mehr so viel Raum gebe. Und wie ich hier so sitze, meinen dicken Fuß ins kalte Wasser hänge und spüre, wie das Fieber meinen Körper verlässt, bin ich vor allem eins: dankbar.

So beschwingt kann es am Ostermontag endlich weitergehen und wir brechen auf in Richtung Drakensberge. Der südliche Teil dieses Massivs liegt nur gute zwei Stunden von Durban entfernt an der Grenze zu Lesotho. Es wird kühler. Die Luft ist herbstlich frisch und belebt unsere Geister. Trotz südafrikanischem Frühling sind viele Bäume bunt verfärbt. Zwischen saftigem Grün schimmert es orange und rot. Wir gehen spazieren, rascheln durchs Laub. Nach vier Monaten in Elise eine Wohltat. Mir war nicht bewusst, dass man sich in Afrika nur so wenig zu Fuß bewegen kann. Entweder schränken wilde Tiere oder hohe Kriminalität das Vergnügen ein. Darum nutzen wir jede Gelegenheit, unsere Beine auszustrecken.

Wir beziehen Lager in *Monk's Cowl*. Die Berge erheben sich rundherum. Und wir sind mittendrin. Oben zeigen sich schroffe Felsen, unten sind die Drachenfüße von weichem Moos überzogen. Alles ist unvorstellbar grün. Nachts breitet sich eine riesige Sternendecke am Himmel aus. Es funkelt und leuchtet, wohin man blickt. Zum ersten Mal in meinem Leben sehe ich die Milchstraße so deutlich, dass keine Zweifel bestehen. Eingehüllt in unsere Decken genießen wir den Anblick. Und wie ich so sitze, bemerke ich, wie sich tiefe Ruhe in mir ausbreitet. Die Ruhe, die ich so lange gesucht habe. Nun ist sie da. Nicht in Durban, wie ich mir das ausgemalt hatte. Sondern in den Bergen.

Wanderung in den Drakensbergen bei Monks Cowl.

11   *Zebras kann man nicht zähmen*

Stefanie

In den Drakensbergen finden wir endlich Frieden, Stille und Einsamkeit. Vom Trubel der Osterferien ist nichts zu mehr zu spüren. »Gestern tummelten sich hier noch 250 Gäste«, verrät uns der Campingplatzbesitzer. Heute haben wir die Bergidylle ganz für uns allein. Wir lauschen gurgelnden Bergbächen, wandern über unberührte Bergwiesen. Elenantilopen grasen an den saftigen Hängen des *Giant's Castle*. Nachts schallen die Rufe der Schakale durch die Täler.

Die Berge wecken eine angenehme Art von Heimweh in uns. Nach Herbst in Südtirol und Marillenknödeln. Birgit und ich fühlen uns nach den vergangenen hektischen Wochen entspannt, sorgenfrei und beflügelt. Ich schalte unsere Facebook-Seite ab. In der Hängematte baumele ich meinen Kopf frei und schreibe an diesem Buch.

Wir wünschten, wir könnten noch ein paar Wochen länger bleiben. Aber wir haben gesellschaftliche Verpflichtungen. Dinky und Kim haben uns eingeladen, ein reizendes südafrikanisches Ehepaar, das wir in Calitzdorp kennengelernt haben. Die beiden haben darauf bestanden, dass wir sie in Carletonville, einer Goldgräberstadt vor den Toren Johannesburgs, besuchen kommen, wenn wir in der Gegend sind. Sind wir. Unsere Route nach Botswana führt uns direkt an Johannesburg und Pretoria vorbei.

Wir haben die beiden als überaus offenes, liberales und reflektiertes Paar kennengelernt und freuen uns sehr auf unser Wiedersehen und den Einblick in das zwar weiße, aber dennoch einheimische Leben. Zur Feier des Tages schmeißen die beiden für uns ein Kuier, eine Party auf Afrikaaner-Art. Dinkys Sohn mit seiner jungen Familie und einige enge Freunde sind geladen zu Unmengen Fleisch, Wein, Bier, Gin und fröhlichem Geplauder.

Dass ich um vier noch Cola trinke, ruft mal wieder südafrikanische Irritation hervor. Wir sitzen in der Bar des Hauses, erzählen von unserer Reise und werden für unseren Mut bewundert. Ob wir keine Angst hätten? Die Stimmung in Südafrika ist angespannt und die politische Lage sei so schlimm wie noch nie. Millionen Menschen sind am Wochenende zuvor nach Bloemfontein gefahren, um den ehemaligen Farmer Angus Bakken reden zu hören. Die Freunde von Dinky und Kim waren dabei und schwärmen von der Stimmung und den Worten des Predigers. Er ist seinen Millionen Anhängern wichtiger moralischer Kompass, politischer Wegweiser und engagiert sich vor allem für die Bildung junger Männer. Ich fühle mich an die militanten Wanderprediger in den USA erinnert.

Die südafrikanischen Buren sind meist sehr gläubig. Vor jedem Essen wird ein Tischgebet gesprochen. Dabei senken alle den Kopf, halten sich an den Händen und murmeln mit. Vor allem der Glaube an das eigene Recht ist stark. Weiß ist gut und gerecht, schwarz ist böse und undankbar. Der Graben ist nicht nur zwischen Schwarz und Weiß tief, sondern auch zwischen Buren und Briten, Weißen und Farbigen, Farbigen und Schwarzen. Wir lernen in den nächsten Tagen: Die Regenbogennation ist gebaut auf eine zutiefst zerklüftete Gesellschaft.

Der neueste Skandal um den südafrikanischen Präsidenten Jacob Zuma und die landesweiten Demonstrationen bestimmen schnell unsere Unterhaltung. Auch die Predigt Angus Bakkens befasste sich mit der Zukunft Südafrikas. Da vernehmen meine Ohren plötzlich den Satz: »Herrje, die Apartheid ist schon über 25 Jahre her. Die Schwarzen sollten wirklich endlich darüber hinwegkommen.« Stille im Raum. Unseren Gastgebern ist das Thema sichtlich unangenehm. Wir wollen intervenieren, sind aber nur zu Gast. Bevor wir uns zu einer Aktion entschließen können, bittet Kim zu Tisch und lenkt das Gespräch auf unseren Landy und dessen Ausbau. Die Stimmung entspannt sich etwas und wir schwimmen den restlichen Abend in thematisch seichteren Gewässern.

Von Carletonville ist Pretoria nur einen Steinwurf entfernt, weshalb wir uns zu einem Besuch bei Walter entschließen. Erinnert ihr euch an Walter? Unseren Ritter in khakifarbener Rüstung, der uns beim Buschfeuer zu Hilfe eilte? Vor wenigen Monaten noch gab es überhaupt keine Frage, ob wir Walter besuchen wollten. Wir hatten uns sehr darauf gefreut, einige Tage mit unserem Freund zu verbringen. Über die Jahre sind wir immer in Kontakt geblieben, er besuchte uns sogar in München. Dass er für Gegner von Jagd-Safaris harsche Worte fand, wusste ich. Dass unser lieber Walter sich aber als südafrikanische Mischung aus Donald Trump und Alexander Gauland entpuppen würde, damit hatte ich nicht gerechnet. Seine ersten Facebook-Meldungen über Trumps Wahlkampf interpretierte ich noch als Ironie. Die ausfallenden, verteidigenden Kommentare über den amerikanischen Löwentöter als verletzten Berufsstolz. Als darauf die muslimfeindlichen Propagandaparolen folgten, war ich entsetzt und wollte unseren Besuch absagen.

Letztendlich sind wir doch für zwei Tage bei ihm vorbeigefahren, in der Hoffnung, dass Meinungen auf Facebook vielleicht stärker klingen, als sie gemeint sind, und man mit einem konstruktiven Gespräch verkrustetes Gedankengut aufbrechen kann. Um die Mittagszeit finden wir Walters Haus in einem wohlhabenden Wohngebiet, umrahmt von hohen Zäunen, hinter dicken Toren, bewacht von seinen vier abgerichteten Jagdhunden, die wild an unserem Landy herumspringen. Ihre Mimik suggeriert nicht, dass sie nur spielen wollen. Walter tritt aus dem Haus mit schweren Stiefeln und einer Reitgerte in der Hand. Er pfeift grimmig seine Hunde zurück, lässt die Peitsche knallen, und breitet seine Arme aus zu einem fröhlichen Willkommen. Er strahlt über das ganze Gesicht.

Wir richten uns ein und plaudern bei Kaffee und Keksen in der Küche. Auf dem Tresen liegt eine Pistole. Ich schaue irritiert, er lächelt und steckt sie sich kommentarlos in sein Brustholster. »Eliaaaas? E-L-I-A-S!« Walter brüllt so plötzlich und laut nach seinem Assistenten/Gärtner/Hausmeister, dass ich zusammenfahre. »Ich habe die Schlüssel zu meinem Waffenzimmer verlegt und hoffe, Elias hat sie beim Autowaschen gefunden. Dann kann ich euch ein paar meiner Spielzeuge zeigen.« Erfreulicherweise bleibt der Schlüssel verschwunden.

Unser Freund, der Großwildjäger, hat aber nicht nur eine berufliche Verwendung für seine Waffensammlung. Abends sind wir mit Walters Freundin und ihren drei Töchtern zum Abendessen in einem Fischrestaurant verabredet. Als wir uns fertig machen, sehe ich, wie sich Walter eine Handfeuerwaffe in den Hosenbund steckt und eine Handtasche auf den Beifahrersitz stellt. Ich vermute, dass er seiner Freundin etwas mitbringen soll und wundere mich, als er die Tasche mit ins Restaurant nimmt und sie unter seinen Stuhl stellt. Zu Hause erst bemerke ich, dass die Handtasche ein Schnellfeuergewehr enthält. Walter erklärt uns, dass es sein gutes Recht sei, sich selbst zu verteidigen. Ich mag mir gar nicht ausmalen, was passiert, wenn nachts jemand an sein Autofenster klopft.

Am nächsten Tag zeigt Walter uns Pretoria. Die erste Station ist das Union Building, das mächtige Parlamentsgebäude thront über der Stadt und schönen Gärten. Walter aber steigt nicht aus, sondern will im Auto auf uns warten. Er schimpft, wie verwahrlost die Gärten seien. Früher, als die Weißen noch an der Regierung waren, sei dies das Prunkstück Pretorias gewesen. Ein zu jeder Jahreszeit prachtvoll bepflanzter Beweis für den Wohlstand Südafrikas. Die Nelson-Mandela-Statue, die heute in der Mitte der Gärten versöhnlich und schützend die Arme ausbreitet, will er auf gar keinen Fall sehen.

In den Drakensbergen finden wir Frieden, Stille und Einsamkeit.

Ich erinnere mich, wie er damals in unserer Münchner Küche sein eigenes Bild des Friedensnobelpreisträgers zeichnete: »Ein Terrorist ist er, mehr nicht. Ich hätte ihn töten sollen, als ich die Chance dazu hatte.« Walter muss in seiner Jugend bei der Armee und später bei einem Sondereinsatzkommando gewesen sein. Einen Reim können wir uns auf seine Lebensgeschichte nicht ganz machen.

Ich schlendere durch die Gärten und finde sie ganz und gar nicht verwahrlost. Ich freue mich über die lachenden Schulklassen, die sich zu den Füßen Madibas zum Foto aufstellen. Und habe die Hoffnung, dass die nächste Generation nicht so zerfressen von Misstrauen und Hass sein wird.

Walter besucht mit uns das Voortrekker-Denkmal. »Jeder Südafrikaner burischer Abstammung sollte einmal im Jahr hierher kommen, um sich seiner Wurzeln zu besinnen.« Ehe ich's mich versehe, stecke ich schon wieder knöcheltief in einer Diskussion mit Walter über Nationalismus und Liberalismus. Er ist der Meinung, wir Deutschen sollten stolzer auf unsere Nation sein. Und aufhören, anderen zu helfen. Wir sind mittlerweile die vielen Stufen zum Denkmal empor gestiegen und stehen vor einer monströsen Statue von Andries Praetorius, einem der Voortrekkerführer und Walters Urururgroßvater. Mir läuft es beim Anblick dieses gewaltigen Monuments kalt den Rücken herunter. Es könnte ohne Probleme auf dem Gelände des NS-Dokumentationszentrums in Nürnberg stehen. Die Votivtafeln im Inneren erzählen bildreich die hochidealisierte und stark geschönte Geschichte der Voortrekker. Der ach so friedlichen Bauern, die auszogen, um jenseits von Kapstadt fruchtbares Farmland zu suchen und dabei brutal von Xhosas, Zulus und zwischendurch auch Briten niedergemetzelt wurden. Dass die Buren ihren Teil zu dieser Geschichte beitrugen, hatte wohl keinen Platz mehr an der Wand.

Am nächsten Tag verlassen wir Südafrika mit gemischten Gefühlen. Insgesamt drei Monate haben wir in dem Land verbracht, das sich selbst Regenbogennation nennt und nach der Apartheid das fortschrittlichste Grundgesetz der Welt formulierte. Doch im Alltag der schwarzen Bevölkerung zeigt sich die vielgepriesene Liberalität kaum.

Ohne Umwege fahren wir von Pretoria zur botswanischen Grenze. Den Kontrast zu Südafrika und Namibia spüren wir schon am Grenzübergang. Die Menschen in Botswana wirken selbstbewusst und frei. Im Jahr zuvor wurden 50 Jahre Unabhängigkeit gefeiert. Das ganze Land, Hauswände, Dächer, Bushaltestellen, Grenzsteine, sogar Mülleimer wurden in den Landesfarben blau, weiß, schwarz bepinselt. »Blau steht für das Wasser, das das Okavangodelta füllt und uns allen Leben schenkt, schwarz und weiß stehen für das friedliche Miteinander der Menschen, die hier leben«, erklärt uns ein Einheimischer, der mit uns in der Wartehalle an der Grenze steht. Man ist stolz auf sein Land und seine Unabhängigkeit. Botswana ist eines der wenigen Länder Afrikas, das nie vollständig kolonisiert wurde. In den sechziger Jahren, als die Briten es sich nach einem großen Diamantenfund doch noch unter den Nagel reißen wollten, zog Botswana vor den Internationalen Gerichtshof und durfte seine Freiheit behalten. Seitdem ist das Land eine gelungene Mischung aus Demokratie und Tradition. Ein Ältestenrat, die Kgotla, sorgt in jedem Dorf für Mitsprache und Gerechtigkeit.

Bevor wir die Zivilisation verlassen und die nächsten Wochen im Busch zwischen wilden Tieren schlafen, verbringen wir einige Tage in einem Park vor den Toren Gaborones, der Hauptstadt Botswanas. Einer der Guides fragt uns, ob wir wüssten, welche Farbe ein Zebra habe: »Ist es weiß mit schwarzen Streifen, oder schwarz und hat weiße Streifen?« Darüber hatten wir noch nie nachgedacht, der Guide schmunzelt verschmitzt. »Ihr erkennt es am Bauch, der ist weiß und die schwarzen Streifen berühren sich nicht, seht ihr?« Wir beobachten einige Zebras am Wasserloch. Viel faszinierender noch finden wir die Tatsache, dass man Zebras offenbar nicht zähmen kann. Maultier, Pferd oder Esel, alle lassen sich reiten. Aber auf einem Zebra hat man noch nie jemanden sitzen sehen.

Wir genießen, dass wir in Botswana endlich wieder in Kontakt mit Schwarzen kommen. In Südafrika und Namibia beschränkten sich die Berührungspunkte auf Tankstelle, Supermarkt und Campingplatz. Hier aber spürt man, wie locker und entspannt die zwischenmenschliche Stimmung ist. Im Restaurant des Mokolodi Game Parks merken wir es deutlich. Es ist Freitagabend und das Lokal mit der besten Pizza im südlichen Afrika ist bis auf den letzten Platz ausgebucht. Hier sind nicht die Gäste weiß und die Kellner schwarz. Hier ist das Publikum bunt gemischt, Schwarz und Weiß gemeinsam. Botswana ist die eigentliche Regenbogennation dieses Kontinents. So hatten wir es bei unserem ersten Urlaub vor einigen Jahren erlebt und so erleben wir Botswana auch in den 50 Tagen, die wir hier verbringen. Frei, demokratisch und selbstbewusst. Zebras kann man eben nicht zähmen.

Botswana

Wo die wilden Tiere wohnen.

Sioma Ngwezi
National Park

Livingstone

Kas **5**

Victoria
Falls

Rundu

Linyanti

Chobe
National Park

Kaudum
National Park

Hwange
National Park

1 Khwai

Moremi Game
Reserve

Maun

Gweta

Sehithwa

Makgadikgadi
Nationalpark **2**

Botswana

Central Kalahari
Game Reserve **4**

3

Serowe

Kalahari

Kang

Gaborone

Mabuasehube

Nossob

Kgalagadi
Transfrontier Park

Südafrika

Upington

○ Bloemfontein

Weitere aktuelle Infos zum Reisen in Botswana
findest du auf unserem Blog www.giraffe13.de.

112

Ob zu Land, zu Wasser oder in der Luft: Botswana ist Safari, Safari, Safari. Du kannst im eigenen Auto auf Pirsch gehen und im Busch schlafen. In einem Einbaum durchs Okavangodelta fahren und die Nacht auf einer der vielen Inseln verbringen. Und über das Delta fliegen und die Welt von oben betrachten: sehr beeindruckend. Gerade der Kontrast zwischen der trockenen Vegetation der Kalahariwüste und den Feuchtgebieten im Moremi- und Chobe-Nationalpark sind ein besonderes Erlebnis. Die Stille in den Makgadikgadi-Salzpfannen bietet wiederum eine ganz andere Atmosphäre. Wer immer noch nicht genug hat, kann kleine Private Game Reserves wie »Khama Rhino Sanctuary« oder »Tuli Block« besuchen. Botswana ist Wildnis pur. Die Stellplätze in den Parks sind nicht umzäunt und Tierbesuche häufig. Allradantrieb ist in allen Nationalparks vorgeschrieben. Am besten eignen sich Land Rover oder Toyota mit Dachzelt für das richtig Buschfeeling.

Unsere persönlichen Höhepunkte:

1 Khwai-Development-Area und Magotho Camp

Diese Gegend am Rande des Okavangodeltas ist für uns die schönste Region in ganz Botswana. Die Stellplätze liegen weit auseinander, tagsüber kann man kreuz und quer auf Pirsch fahren. Selbst die Elefanten sind hier entspannt und durchstreifen gemächlich das riesige Areal.

2 Makgadikgadi-Salzpfannen

An keinem anderen Ort in Afrika ist die Stille so durchdringend, dass sie beinahe in den Ohren wehtut. Die Baobab-Bäume runden den skurrilen Eindruck ab. Vom »Planet Baobab Camp« aus kann man eine Tour zu einer Erdmännchen-Familie buchen.

3 Khama Rhino Sanctuary

Wer Nashörner mag, ist in diesem Schutzgebiet genau richtig. Die gut bewachten Tiere sind hier so zahlreich, dass man rasch das Breitmaulnashorn vom Spitzmaulnashorn unterscheiden lernt. Wer nicht aufpasst, verliert sein Sandwich im Restaurant an die Dickhäuter.

4 Central-Kalahari-Game-Reserve

Die Biologen Mark und Delia Owens haben hier in den 1970er Jahren das Verhalten der scheuen braunen Hyänen studiert und das Buch »Cry of the Kalahari« veröffentlicht. Auf ihren Spuren haben wir das Deception Valley durchquert.

5 Senyati Safari Camp

Dieser Campingplatz nicht weit vom Chobe-Nationalpark hat ein eigenes Wasserloch. Deshalb kann man den ganzen Tag vom Sofa aus Elefanten, Büffel, Antilopen und Schakale beobachten. Dazu sollte man einen »Elefantastic Coffee« genießen. Wer ganz dicht ran will, kann sich im unterirdischen Fotobunker verstecken.

GUT ZU WISSEN

In den berühmten Nationalparks herrscht immer Hochbetrieb und wer in den Parks übernachten will, muss die Campingplätze vorab buchen. Diese gehören unterschiedlichen lokalen Reiseanbietern, was die Organisation erschwert. Deshalb empfehlen wir, eine Agentur zu beauftragen. Unser Tipp: Botswana Footprints.

Elise und die »Three Sisters«, berühmte Baobabbäume in den Nxai Pans

12

Bushcredibility

Birgit

Vor uns prasselt ein Lagerfeuer. Über uns leuchten Milliarden Sterne. Eben kam eine Hyäne zu Besuch. Und in der Ferne brüllt ein Löwe. Elefanten bewegen sich lautlos wie Geister durch die Savanne. Die Luft ist erfüllt vom Zirpen der Grillen. Frösche quaken und klingen dabei wie ein tropfender Wasserhahn. Mittendrin sitzen wir. Und genießen den afrikanischen Busch, der zum Bersten gefüllt ist mit Leben.

Doch ich greife vor. Angefangen hat alles ganz anders. Vor fünf Wochen im Süden Botswanas. Zum allerersten Mal übernachten wir in der afrikanischen Wildnis – ohne Zaun. In Namibia und Südafrika sind die Campingplätze in den Nationalparks eingezäunt. In Botswana und auch in Ostafrika steht man mittendrin, *unfenced*. Wilde Tiere können jederzeit vorbeikommen, deshalb sollte man sich im Dunkeln nicht mehr allzu weit vom Schutz des Autos entfernen.

Unsere erste Nacht verbringen wir in Mokolodi, einem winzigen Park am Rand von Gaborone. Busch ist für Mokolodi sicherlich ein großes Wort. Man munkelt, es gebe vielleicht einen Leoparden, aber sicherlich keine Löwen. Sonst nur Antilopen. Das Knacken im Gebüsch war am ehesten ein Warzenschwein. Aber wer weiß das schon so genau. Sicherheitshalber verstecken wir uns bei Einbruch der Dunkelheit in Elise.

Plötzlich klopft es ans Auto. Stefanie steckt vorsichtig ihren Kopf zur Tür heraus. Da steht ein Parkranger, der sie besorgt ansieht. »Alles in Ordnung?«, will er wissen. »Ja, klar«, antwortet Stefanie und der Ranger zieht achselzuckend von dannen. Erst später verstehe ich, wie komisch er uns gefunden haben muss. Jeder normale Mensch hätte um diese Zeit ein Lagerfeuer genossen, vielleicht noch ein Stück Fleisch auf den Grill gelegt. Und sich nicht bis zum Morgengrauen im Auto versteckt. Aber jeder fängt mal klein an.

Nächste Stufe: Mabuasehube, wilder Teil des Kgalagadi-Transfrontier-Parks auf botswanischer Seite. Der Ruf unberührter Natur eilt ihm voraus. Hier gibt es keine Campingplätze, nur einzelne Stellplätze mit Plumpsklo und Eimerdusche. Wir wer-

Abendstimmung im Magotho Camp in der Khwai-Region.

den mitten im Busch stehen. Die Südafrikaner schwärmen davon. Wir sind skeptisch. Anders als in Mokolodi gibt es hier Raubtiere: Löwen, Leoparden, Geparden und Hyänen. Zuletzt wurde 2010 ein Besucher getötet. Von Löwen aus der Dusche gezogen. Der Stellplatz hieß Mpaya. Das Löwenrudel wohnt hier noch immer.

Die Anreise von Gaborone ist weit. Etwa 650 Kilometer. Die letzten 120 Kilometer sind Sandpiste. Neun Stunden dauert das bestimmt. Deshalb beschließen wir, einen Zwischenstopp in Jwaneng einzulegen und übernachten in *Meyers Guesthouse*. Wir gehen im Restaurant essen und es fühlt sich ein bisschen nach Henkersmahlzeit an. Gebratenes Hühnchen und Steak schmecken doppelt so gut. Die Kellnerin, die gleichzeitig die Köchin zu sein scheint, ist zunächst zurückhaltend, taut im Laufe des Abends aber immer mehr auf. Wo wir morgen hinwollen, möchte sie wissen. »Mabuasehube«, antworte ich. »Das ist nicht weit, aber doch weit«, erwidert sie kryptisch. Entfernungen nur in Distanzen beschreiben zu wollen, macht in Afrika keinen Sinn. Eine Strecke von 100 Kilometern kann in einer Stunde zu schaffen sein oder den halben Tag brauchen. Nun wissen wir, was uns erwartet. Für uns ist es nicht nur weit, sondern der Weg in eine völlig neue Welt.

Auf der Teerstraße kommen wir gut voran. Noch ein letztes Mal wird vollgetankt in Sekoma. Von nun an geht es auf Schotter weiter. Und eine gute Stunde später stehen wir an der Einfahrt zur Sandpiste. Wir lassen Luft aus den Reifen, denn es gilt: weicher Untergrund, weiche Reifen. Die Piste ist eigentlich in gutem Zustand, aber fast durchgehend Wellblech. Dreieinhalb lange Stunden zehrt der Lärm durch das Geklapper an unseren Nerven. Mit jedem Kilometer steigt unsere Aufregung. Anderen Autos begegnen wir selten. Dann endlich stehen wir am Gate.

Am Eingang treffen wir zwei weibliche Ranger. Die ersten Nächte haben wir im Hauptcamp gebucht. Für die dritte bieten sie uns freudestrahlend ein Ersatzcamp tief im Park an: *Mpaya reserve*. Ausgerechnet. Unsere verhaltene Reaktion irritiert die beiden. Jeder Südafrikaner wäre in Jubelschreie ausgebrochen. Wir sind zurückhaltend und erklären, dass wir noch nie zwischen wilden Tieren geschlafen haben. Sie lachen verständnisvoll. »Ihr müsst euch keine Sorgen machen«, erklärt eine Rangerin: »Unsere Löwen sind ganz freundlich. Zumindest solange sie im Park sind. Außerhalb der Parkgrenze werden die Löwen von Farmern erschossen, die ihr Vieh beschützen. Darum sind die Löwen ›draußen‹ viel aggressiver und haben einen schlechten Ruf.« Beide bieten uns an, zunächst mal eine Nacht zu versuchen, morgen den Campingplatz für die dritte Nacht anzusehen und dann zu entscheiden. Das Angebot nehmen wir dankbar an.

Die ersten beiden Nächte stehen wir praktisch direkt am Eingang. Auch wenn es völlig irrational ist, fühle ich mich dadurch etwas sicherer. Trotzdem halten wir am ersten Nachmittag sekündlich Ausschau nach Löwen, trinken ab fünf Uhr nichts mehr, damit wir auf keinen Fall nachts zur Toilette müssen und klettern um halb sechs ins Auto. Den Sonnenuntergang gibt es heute von drinnen. Aber da Elise rundum verglast ist und das Hubdach nur aus Zeltstoff besteht, fühlt es sich trotzdem ein bisschen an wie Draußensein. So sitzen wir im Dunkeln und schauen raus.

All meinen schlimmsten Befürchtungen zum Trotz gefällt es mir. Dort, wo ich mich sonst immer allein und verlassen fühlte, erlebe ich das mit einem Mal ganz anders. Nun begreife ich, was Stefanie immer versucht hat, mir zu erklären. Ich fühle mich nicht mehr ausgeschlossen, sondern als Teil von etwas. Als Teil dieser Welt. Das liegt daran, dass Elise nach fünf Monaten heimlich, still und leise mein Zuhause geworden ist. Hier fühle ich mich sicher und geborgen. Da kann ich ganz entspannt im Hubdach liegen und in die Sterne gucken. Seit ich nicht mehr in fremden, fensterlosen Lodge-Zimmern übernachte, finde ich das Dunkel in Afrika lange nicht mehr so undurchdringlich. Und die einst so ungewohnten Geräusche von Ochsenfröschen, Grillen und Schakalen werden immer vertrauter. Seit den Drakensbergen fühle ich mich ruhiger und entspannter. So als hätte ich verstanden, richtig verstanden, dass all meine Ängste mich nicht beschützen, sondern nur blockieren. Seitdem plagen sie mich nicht mehr so sehr. Ich kann besser loslassen und mich vom Leben überraschen lassen. Denn hier merke ich jeden Tag aufs Neue, dass es sich vollkommen meiner Kontrolle entzieht. Früher konnte ich das schlecht aushalten. Nun finde ich das spannend. Nach fünf Monaten bin ich endlich in dieser Reise angekommen und bereit für jedes Abenteuer.

Diese Stimmung macht mich mutiger. Die dritte Nacht verbringen wir ganz allein an der Mpaya-Salzpfanne und erleben den Sonnenuntergang zum ersten Mal vor dem Auto. Zum Frühstück entdecken wir eine der seltenen braunen Hyänen, die durch die Pfanne läuft. Eine gute Stunde können wir sie beobachten. Die Kargheit der Kalahariwüste hat es uns beiden angetan. Nur Tiere sieht man im Moment wenig. Das Areal ist riesig und die Tiere können sich weit zurückziehen. Erst wenn es noch trockener wird, kommen sie an die wenigen Wasserlöcher. Raubkatzen entdecken wir nicht. Das macht die Gefahr im Busch insgesamt abstrakter.

Auf dem Weg Richtung Norden zum berühmten Okavangodelta kommen wir am *Khama Rhino Sanctuary* vorbei. Hier wollen wir zwei Tage bleiben und die vom Aussterben bedrohten Breitmaul- und Spitzmaulnashörner beobachten. Der Handel mit ihren Hörnern floriert. Chinesen zahlen Unsummen für die vermeintlich potenzsteigernde Wirkung. Deshalb sieht man diese beeindruckenden Tiere überwiegend in militärisch abgeriegelten Arealen wie hier in Khama. Soldaten patrouillieren 24 Stunden am Grenzzaun entlang. Wir genießen einen Tag mit ausgiebiger Erkundungsfahrt. Wir beobachten die Nashörner beim Grasen auf den saftigen Ebenen, beim Schlammbad am Wasserloch und Nashornkühe mit ihrem Nachwuchs.

Mittags stärken wir uns im kleinen parkeigenen Restaurant. Hier gibt es gutes Internet. Eine Seltenheit in Botswana. Darum

Lunch im Khama Rhino Sanctuary.

haben wir beide unsere Nasen tief in unsere Handys vergraben, um kurze Grüße in die Heimat zu schicken. Wir blicken kaum auf, als der Kellner unsere Sandwiches bringt. Aus dem Augenwinkel sehe ich, wie Stefanie hektisch mit den Armen wedelt. »Wo kommen nur die ganzen Fliegen auf einmal her?«, fragt sie verwundert. Mein Blick wandert nach links. Zurück zu Stefanie. Wieder nach links. Nur noch einen halben Meter, dann steht das Breitmaulnashorn direkt hinter Stefanie. Ich tippe ihr auf die Schulter. Sie dreht sich um und blickt dem Tier direkt ins Gesicht. Speichel tropft ihm aus dem Maul.

Jetzt nur keine Panik! Wir haben gelernt: Egal was du im Busch tust, renne niemals weg. Die Regel ist: Nur Beute läuft davon. Das ist ein Zeichen von Schwäche. Ganz vorsichtig stehen wir auf und gehen langsam rückwärts. Das Nashorn macht sich voller Freude über Stefanies Sandwich her. Der Kellner kommt dazu und rät uns unaufgeregt, heute lieber drinnen zu essen. Stefanie bekommt ein neues Sandwich.

Das Nashorn scheint zufrieden. Es spült sein Mittagessen mit einem großen Schluck aus dem Swimmingpool hinunter und verschwindet. Uns steckt der Schreck ordentlich in den Knochen. Schon verrückt, wie kleine Sonnenschirme, gemauerte Tische, Pool und Internet Sicherheit suggerieren. Sofort haben wir vergessen, dass wir immer noch im Busch sind. Nicht ohne Grund muss man hier überall beim Einchecken unterschreiben, dass das Camp keine Schuld trifft, falls man zu Tode kommt.

Von nun an aufmerksamer, fahren wir weiter zum Moremi-Nationalpark, Teil des Okavangodeltas. Hier fächert sich der Okavango-Fluss auf und entleert sich in das Kalaharibecken. Dadurch ist die Landschaft saftig grün und nach den langen Regenfällen steht immer noch alles unter Wasser. Die Stellplätze sind erst seit ein paar Tagen zu erreichen. Hier wartet Stufe drei unserer Buscherfahrung. Im Okavangodelta gibt es, anders als in der Kalahariwüste, alles. Also neben Raubtieren auch Nilpferde und Elefanten. Entgegen der landläufigen Meinung sind nicht Löwen oder Schlangen die gefährlichsten Tiere in Afrika. Nilpferde stehen auf Platz eins. Ihnen fallen die meisten Menschen zum Opfer. Sie kippen die Boote der Fischer um. Da viele Einheimische nicht schwimmen können, ertrinken sie. Dicht dahinter folgen auf der Rangliste die Elefanten. Sie greifen Menschen direkt an und können aggressiver sein als man denkt. Wir haben zahlreiche Geschichten gehört, dass Elefanten auf der Suche nach Futter Autos aufbrechen oder Küchen zertrümmern. Kommt man ihnen dabei in die Quere, kann das tödlich enden. Seit unseren unangenehmen Elefantenbegegnungen im Kruger haben wir keine Zweifel mehr daran.

Die erste Nacht schlafen wir außerhalb des Parks, haben aber schon gehört, dass sich die Tiere zurzeit nicht im Delta aufhalten, weil es ihnen dort nach den starken Regenfällen zu nass ist. Bereits auf dem Weg hierher über kleine Dorfstraßen haben wir eine Menge Tiere entdeckt, die sich nicht an Parkgrenzen halten. Eine Mitarbeiterin im *Kazinkini Community Camp* erklärt uns, dass Elefanten, Löwen und Hyänen hier gelegentlich vorbeikommen. Weil unser Platz von dichtem Gebüsch eingewachsen ist, sitzen wir nach Einbruch der Dunkelheit in Elise. Plötzlich knackt es im Gebüsch, Äste brechen. Wir löschen das Licht und lauschen. Immer näher kommt das Geräusch. Schnaufen. Magengrummeln. Kein Zweifel. Das ist ein Elefant. Er läuft direkt an unserem Auto vorbei. Wir haben beide wacklige Knie.

Gerade als wir begonnen haben zu glauben, dass nächtliche Tierbesuche in Camps nur erfunden sind, kam er nun also doch vorbei. Unser erster Elefant. Der nächste lässt nicht lange auf sich warten. Wir liegen im Hubdach und lauschen, wie er durch das Geäst bricht. Mucksmäuschenstill halten wir uns an den Händen. Ich fühle, wie mein Herz rast. Dieses riesige Tier so dicht neben uns zu sehen, ist beeindruckend und beängstigend zugleich. Obst und Gemüse sind luftdicht im Kühlschrank ver-

Im Kazinkini Community Camp im Moremi Nationalpark erleben wir zum ersten mal Elefanten direkt in unserem Camp. Diese Elefantenfamilie läuft uns erst etwas später im Chobe-Nationalpark vor die Kamera.

staut. Kein Grund also für den Elefanten, uns zu nahe zu kommen und ich entscheide mich, zu genießen. Bestimmt eine gute halbe Stunde verweilt er bei uns, bis er allmählich im Dickicht verschwindet.

Langsam finden wir Geschmack an der Sache. Am nächsten Tag geht es hinein ins Delta. Wir lassen uns nicht mehr hetzen. Eigentlich heißt es, man müsse so früh wie möglich aufbrechen, damit man nachtaktive Katzen erspähen kann. Doch wann immer wir uns bisher vor Sonnenaufgang aus dem Bett quälten, haben wir nie etwas gesehen. Also haben wir das aufgegeben. Wir frühstücken in aller Ruhe und machen uns auf den Weg. Und entdecken einen Leoparden. Mitten auf der Straße. Um halb zehn. Es ist unser dritter in all den Jahren. Für den ersten haben wir vier Reisen gebraucht. Der war nur in weitere Ferne während einer Nachtfahrt in Sambia zu sehen. Einige Tage später haben wir unseren zweiten in Botswana entdeckt. In der Mittagshitze im Chobe-Park standen wir zusammen mit zehn anderen Fahr-

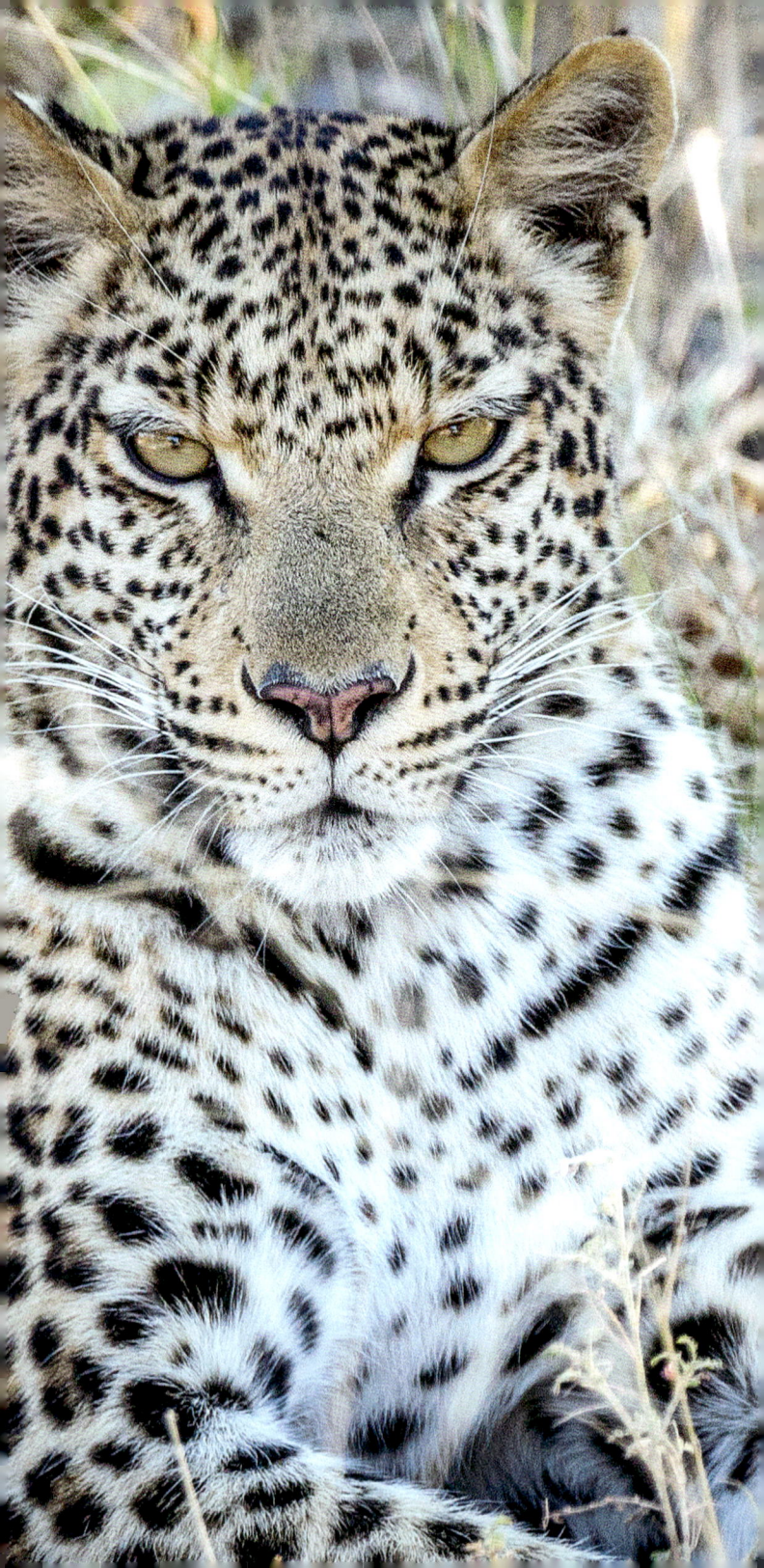

zeugen um die arme Katze herum. Leoparden sind für uns etwas ganz Besonderes. Dieser hier gehört uns allein. Einige Minuten sind uns mit ihm vergönnt. Sein Blick geht mir durch Mark und Bein. Wir warten und beobachten in aller Stille. Bis er keine Lust mehr hat, sich anmutig erhebt und ins Unterholz verschwindet.

Dankbar und beschwingt geht es durch den Südeingang in den Park. Wir wollen ihn durchqueren und im *Khwai Areal* am nördlichen Rande des Deltas übernachten. Am Eingang spricht uns ein Südafrikaner an und möchte wissen, wohin wir wollen. »Magotho«, antworten wir wie aus einem Mund. Er prüft kritisch unser Auto und schüttelt den Kopf. »Ohne Schnorchel kommt ihr da nicht durch. Die Furten durch den Fluss sind zu tief für euch. Schade, denn Magotho ist wunderbar. Die Elefanten laufen direkt durchs Camp.« Wir blicken uns an und sind uns sofort einig. Wir geben auf die Aussage nicht viel und sprechen mit dem Ranger am Südeingang. Der ist ganz entspannt und rät uns, im Norden nach dem aktuellen Weg zu fragen. Er ist sich sicher, dass es einen gibt. Auf dem Weg zum Auto sagt Stefanie lachend zu mir: »Siehst du, das ist der Unterschied zwischen Schwarz und Weiß. Der Weiße sagt: »Geht nicht.«. Der Schwarze findet eine Lösung.«

Für uns ist klar, wem wir glauben, und wir brechen unbekümmert in Richtung Norden auf. Nach einer halben Stunde lichtet sich allmählich der dichte Mopanewald und man kann deutlich besser spähen. Feuchter wird es und man sieht zunehmend mehr Wasserstellen. Die sind vor allem mit Vögeln bevölkert, einige Antilopen stehen im Gras, vereinzelt sieht man Elefanten. Knapp zwei Stunden später stehen wir am Nordeingang und sprechen mit der Rangerin. Sei überhaupt kein Problem, nach Magotho zu kommen. Es gebe eine Umfahrung über eine kleine Holzbrücke. »Ihr müsst von der Hauptstraße nach einer kleinen Kirche rechts abbiegen und nach ein paar hundert Metern kommt die Brücke. Kommt sie nicht, seid ihr falsch.« So einfach ist das.

Wir finden den Weg auf Anhieb. Die Brücke ist schmal und aus Baumstämmen gefertigt. Ohne Schwierigkeiten gelangen wir über eine schmale Sandpiste in das Campingareal. Es ist weitläufig und mit viel Abstand sind die Stellplätze über das riesige Gelände verteilt. Wir begegnen dem ersten Elefanten. Dann dem zweiten. Und dem dritten. Genau genommen laufen ganz schön viele Elefanten kreuz und quer durch das Gebiet. So ist dann auch der Hinweis eines Rangers, den ich um Hilfe bitte, unseren Platz Nummer drei zu finden: »Siehst du da oben bei den zwei Bäumen den Elefanten? Das ist euer Platz.«

Der Stellplatz ist phänomenal. Zum ersten Mal können wir richtig weit sehen. Alle anderen Plätze zuvor waren stets von dichtem Busch umgeben. Egal, wo wir hinschauen, wir entdecken immer mindestens einen Elefanten. Hier haben die Tiere so viel Raum, dass wir keine Zeichen von Aggression entdecken können. Ruhig und anmutig bewegen sich die Riesen. Friedlich und trotzdem wild. Vor unserem Lagerfeuer bleiben wir heute draußen sitzen, bis die Sterne über uns leuchten. Stolz resümieren wir, wie weit wir gekommen sind. Haben wir uns in Mokolodi noch vor unserem eigenen Schatten gefürchtet, sind wir nun allmählich an das Leben im Busch gewöhnt. Fünf Wochen haben wir in Botswana in der Wildnis verbracht und uns Stück für Stück vorgetastet: Mabuasehube, *Khama Rhino Sanctuary*, Zentralkalahari, Makgadikgadi-Salzpfannen, Okavangodelta und Chobe-Nationalpark. Wir sind direkt stolz auf uns und finden: Wir haben jetzt Bushcredibility.

Baobabbäume sind typisch für die afrikanische Savanne und können bis zu zweitausend Jahre alt werden. Diese Affenbrotbäume stehen am Rand der Makgadikgadi-Salzpfannen auf Kubu-Island.

Sonnenuntergang in Mabuasehube.

Stefanie leuchtet gelegentlich mit der Taschenlampe ins Dunkel. Das Licht spiegelt sich in den Augen der Tiere. Mehr zu erkennen, ist oft schwer, deshalb gilt: Gelb sind die Augen der Beutetiere, rot leuchten die Raubkatzen. »Guck mal, eine Impala-Antilope«, sagt Stefanie. Und folgt dem leuchtenden Augenpaar mit dem Lichtstrahl. Näher, immer näher kommt es. Bis es plötzlich neben uns auf einen Baum springt. Antilopen springen nicht auf Bäume. Aber Katzen. Stefanie versucht neugierig, etwas dichter heranzukommen, um die Katze zu bestimmen, dreht aber auf halbem Weg um. Ein Serval oder Caracal? Wir bleiben souverän und ziehen uns zügig ins Auto zurück. Vielleicht ist es ja doch ein Leopard.

Sambia

Weite Wege und große Highlights.

Sambia ist für uns Liebe auf den vierten Blick. Die langen Distanzen auf schlechten Straßen wirken zunächst abschreckend. Sambias Höhepunkte aber sind aller Mühe wert: Die berühmten Viktoriafälle, wandern in Mutinondo, entspannen in heißen Quellen und das nahezu unberührte Naturparadies entlang des Luangwa-Flusses mit dem Südluangwa-Nationalpark. Wer zur richtigen Jahreszeit in Sambia ist, kann im November und Dezember die Invasion der Flughunde im Kasanka-Nationalpark bewundern. Oder eine kleine Gnu-Migration in den »Liuwa Plains« im Westen. Allerdings ist diese Gegend so wenig erschlossen, dass man unbedingt mit zwei Autos fahren sollte. Wenn du ein bisschen Abenteuer suchst, bist du in Sambia richtig. Wir kommen auf jeden Fall wieder. Vielleicht geben wir sogar dem Kafue-Nationalpark noch eine zweite Chance.

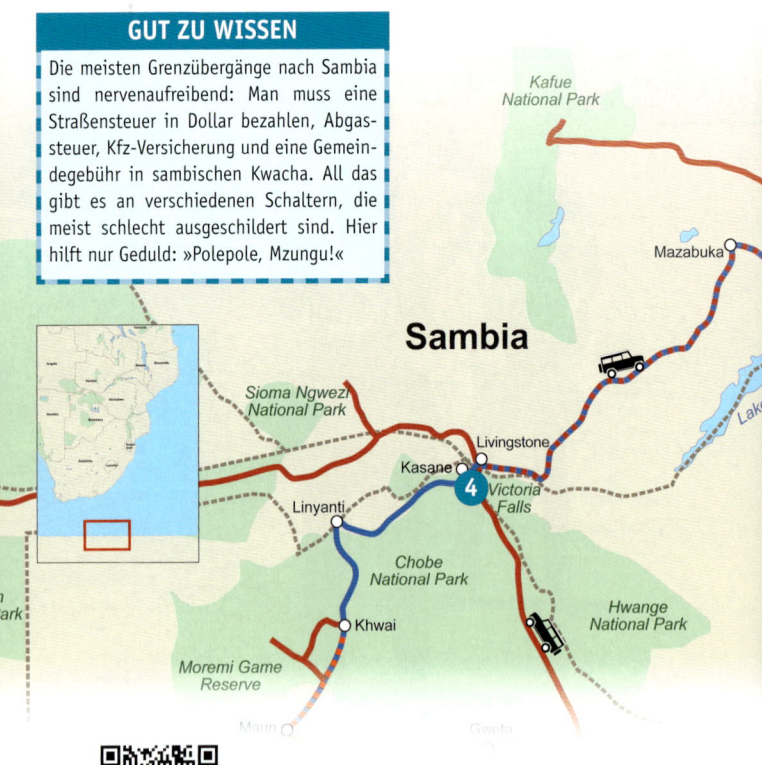

GUT ZU WISSEN

Die meisten Grenzübergänge nach Sambia sind nervenaufreibend: Man muss eine Straßensteuer in Dollar bezahlen, Abgassteuer, Kfz-Versicherung und eine Gemeindegebühr in sambischen Kwacha. All das gibt es an verschiedenen Schaltern, die meist schlecht ausgeschildert sind. Hier hilft nur Geduld: »Polepole, Mzungu!«

Kafue National Park

Mazabuka

Sambia

Sioma Ngwezi National Park

Livingstone

Kasane

4 Victoria Falls

Linyanti

Chobe National Park

Khwai

Hwange National Park

Moremi Game Reserve

...m Park

Weitere aktuelle Infos zum Reisen in Sambia findest du auf unserem Blog www.giraffe13.de.

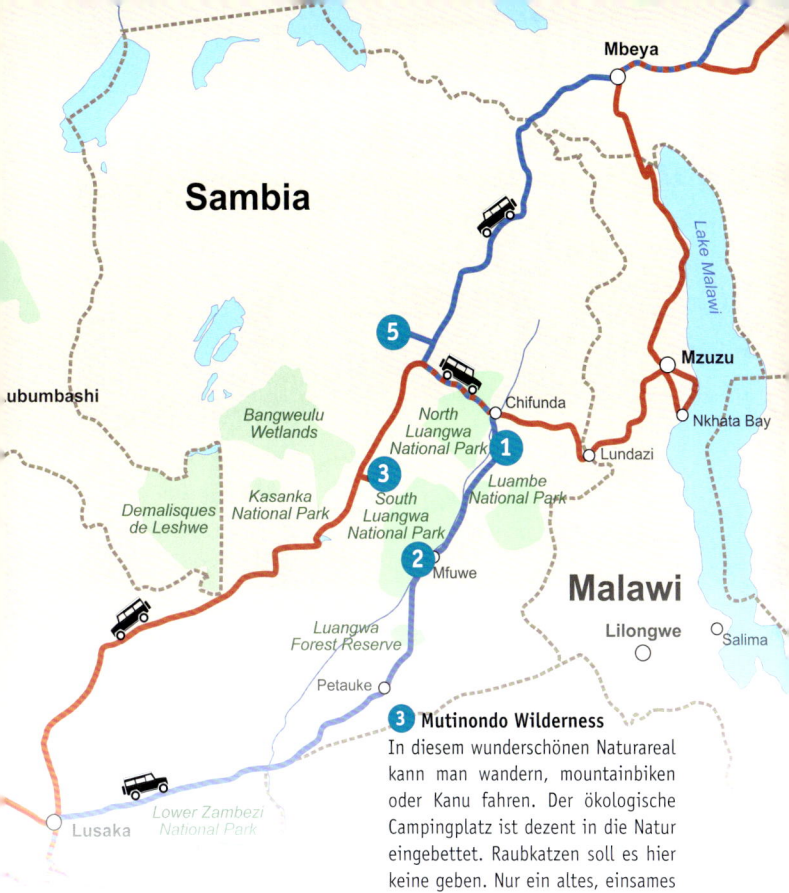

Sambia

Mbeya

Mzuzu

Nkhata Bay

Malawi

Lilongwe Salima

ubumbashi

Bangweulu Wetlands

North Luangwa National Park Chifunda

Lundazi

5

1

Luambe National Park

3

Kasanka National Park

Demalisques de Leshwe

South Luangwa National Park

2 Mfuwe

Luangwa Forest Reserve

Petauke

Lake Malawi

Lower Zambezi National Park

Lusaka

---

3 Mutinondo Wilderness

In diesem wunderschönen Naturareal kann man wandern, mountainbiken oder Kanu fahren. Der ökologische Campingplatz ist dezent in die Natur eingebettet. Raubkatzen soll es hier keine geben. Nur ein altes, einsames Löwenmännchen, das man zwar brüllen hört, aber nie zu Gesicht bekommt.

4 Viktoriafälle

Die sambische Seite der Wasserfälle ist kurz nach der Regenzeit im April und Mai spektakulär, wenn der Sambesi das meiste Wasser führt. Dann kann man verstehen, warum die Fälle auch *Mosi-oa-Tunya*, genannt werden. Schon von weitem sieht und hört man den »Rauch, der donnert«. In der Trockenzeit können Mutige im *Devil's Pool* direkt am Abgrund baden.

5 Kapishya Hot Springs Lodge und Campingplatz

Hier kann man faul in natürlichen heißen Quellen liegen und einen Sundowner genießen. Anschließend empfiehlt sich ein Essen im hervorragenden Restaurant.

1 Luangwa-Tal

Die Fahrt von Chifunda im Norden bis nach Petauke an der Great East Road zählt für uns zu den Höhepunkten der gesamten Reise. Der Wechsel zwischen unberührter Natur und quirligen Dörfern ist einzigartig. Angeblich planen die Chinesen, die Strecke zu asphaltieren. Es lohnt sich also, eine Reise dorthin nicht auf die lange Bank zu schieben.

2 Südluangwa-Nationalpark

Er ist einer unser Lieblingsparks im südlichen und östlichen Afrika. Zahllose kleine und große Pisten führen kreuz und quer durch das Gebiet, sodass man sich in manchen Ecken ganz allein im tierreichen Busch fühlt. Der Park ist berühmt für seine vielen Leoparden.

13   *Endlich im richtigen Afrika*

Stefanie

Nach fünf Wochen im botswanischen Busch, allein unter wilden Tieren, sind unsere Instinkte geschärft. Wie viel Lärm wir Menschen doch machen, wie viel Müll, wie viele Spuren wir hinterlassen. Unsere Sinne haben sich an andere Reize gewöhnt. Das Geräusch eines Webervogelschwarms, der schnurrt wie ein laufender Motor. Der Duft von wildem Salbei, der über ganz Botswana liegt. In unseren Gesichtern leuchtet nicht mehr der Schein unserer Smartphones, sondern nur noch das Licht des wärmenden Lagerfeuers.

Die Rückkehr in die Zivilisation überfordert uns. Am Grenzübergang Kazungula zwischen Botswana und Sambia wimmelt es von Menschen. Die LKW-Schlange, die auf die kleine Fähre zuschiebt, ist kilometerlang. Überall ruft und winkt es hektisch aus der Menschenmasse. Mal sind wir nicht gemeint, mal verliert der Fährmann die Geduld, weil wir auf sein Gefuchtel nicht reagieren. Unsere neugewonnene Bushcredibility kommt uns zu Hilfe. Sambische Grenzübergänge sind mit das Nervenzerreißendste, was man im südlichen und östlichen Afrika erleben kann. Nirgends braucht man so viele Dokumente, deren Sinn sich keinem erschließt – weder den Touristen noch den Beamten. Das

Chaos ist vorprogrammiert. Und die Schlepper stehen bereit und reiben sich in Erwartung eines guten Geschäftes die Hände.

Wir lassen unserem Nimrod, dem Jäger in uns, freien Lauf. Mit starrem Blick und festem Schritt steuern wir einen Schalter nach dem anderen an. Die Mappe mit unseren vorsortierten Papieren fest umklammert. Mit selbstbewusster Stimme und unmissverständlichen Gesten wimmeln wir erfolgreich alle Schlepper und Geldwechsler ab. Selbst als einer von ihnen siegessicher grinsend vor dem kaputten Geldautomaten steht, sind wir nicht aus der Ruhe zu bringen. Wir üben uns in afrikanischer Gelassenheit und werden belohnt. Nach ereignislosen zehn Minuten spuckt der Automat freiwillig das gewünschte Geld aus. Nach 30 weiteren rekordverdächtigen Minuten sind wir in Sambia. Angespannt und erschöpft zugleich. Als wir vor einigen Monaten über Katima Mulilo eingereist waren, fühlten wir uns willkommen und euphorisiert, das Land zu entdecken. Heute sind wir platt und kulturgeschockt. Was ein Empfang doch ausmacht.

Schon in den ersten Tagen merken wir: Seit unserem letzten Besuch vor fünf Jahren hat sich in Sambia unglaublich viel verändert. Lose Sammlungen von Rundhütten sind zu ansehnlichen kleinen Dörfern gewachsen. Statt auf sandigen Pisten geht es größtenteils auf geteerten Straßen vorwärts. Die Chinesen betreiben hier eine Kolonialisierung der etwas anderen Art: Um sich die hier vorkommenden Rohstoffe einzuverleiben, teeren sie sich wie wild durch Afrika. Entlang der Hauptverkehrsadern tragen einige Dörfer bereits Ortsschilder mit chinesischen Schriftzeichen, in jeder größeren Stadt findet sich ein chinesisches Hotel.

Tausende Kinder in bunten Uniformen pilgern jeden Morgen kilometerweit entlang der Schnellstraßen zur Schule und nachmittags wieder nach Hause. In jedem Dorf gibt es mindestens eine Grundschule. Bildung wird hier großgeschrieben. Sambia ist eines der wenigen afrikanischen Länder mit Schulpflicht und kostenlosem Unterricht bis zur achten Klasse. Uns kommen die kleinen Abc-Schützen ungewöhnlich erwachsen vor und wir haben uns lange gefragt, woran das liegen mag. Einige von ihnen sind bei genauerem Hinsehen höchstens vier und wirken in ihren Uniformen wie miniaturisierte Banker auf dem Weg ins Büro. Selbstständig und routiniert nehmen die Größeren die Kleineren bei der Hand oder auf den Arm, wenn die stark befahrene

Hauptstraße überquert werden muss. Und da fällt uns auf, was fehlt: Die hektisch herumflatternden Helikopter-Eltern, die behütend um ihre Kinder schwirren. Auch Kinderwagen sind weit und breit nicht zu sehen. Wer schon laufen kann, läuft und trägt notfalls die jüngeren Geschwister.

Der Verkehr in Sambia ist gefährlich – nicht nur für Schulkinder. Es gibt es zwei Hauptverkehrsadern, an denen man nicht vorbeikommt: Die *Great East Road* zieht sich von Livingstone im Westen nach Chipata im Osten, vorbei an Lusaka und dem Südluangwa-Nationalpark nach Malawi. In Nord-Südrichtung führt die *Great North Road* von Simbabwe kommend von Chirunda über Lusaka nach Tansania. Auf den Straßen herrscht Krieg. Teer ist in diesem Fall mehr Fluch als Segen, denn einige Streckenabschnitte sind durchlöchert wie nach einem Bombenangriff. Jedes Auto, jeder Gegenverkehr, bedeutet eine Schlacht um die schlaglochärmste Spur. Wir versuchen mit Elise im unberechenbaren LKW-Ballett den Takt mitzuhalten.

Die Distanzen und die langen Fahrtage erschweren das Reisen in Sambia. Wir überlegen uns zweimal, was wir in dem großen Land besichtigen wollen. Ich würde gern den unberührten Westen erkunden. Aber vor der Einsamkeit der *Liuwa Plains* wurden wir mehrfach gewarnt. Hier begegnet man wochenlang keiner Menschenseele. Nur den Gnus auf ihrer Wanderung. Die können unsere Elise aber leider nicht aus dem Schlamm ziehen, wenn es darauf ankommt. Nach Süden in den Unteren-Zambesi-Nationalpark zieht es uns auch nicht. Auf dem Weg nach Simbabwe haben wir festgestellt, dass uns die Gegend und vor allem die Camps nicht gefallen.

Wir entscheiden uns für die goldene Mitte: den Kafue-Nationalpark. Hätte ich nur dem Reiseführer geglaubt. Das Zitat »Mit dem Kafue ist es so eine Sache« ist für uns zu einem geflügelten Wort geworden. Meinen Wunschweg, von Süden nach Norden über die Dörfer zu fahren, haben wir aufgrund der Regenzeit und einer stillgelegten Fähre verworfen. So nehmen wir den Umweg über Lusaka. Über die *Great East Road*, durch den kollabierten Stadtverkehr der sambischen Hauptstadt, wieder zurück nach Westen.

Wir fahren eine Lodge an, bei der man angeblich campen kann. Eine halbe Stunde rütteln wir über eine ausgewaschene Piste zu einem Seitenarm des Kafue-Flusses. Vergebens. Von einer Camping-Möglichkeit will keiner etwas wissen. Bald geht die Sonne unter, jetzt heißt es Gas geben. Wir erreichen das nächstgelegene *Mayakuyuku Camp* gegen halb sieben und haben Glück, dass wir den Ranger noch erwischen. Im Dunkeln bauen wir unser Camp auf. Wie schön es hier ist, bemerken wir leider erst am nächsten Morgen. Wir stehen auf einer kleinen Landzunge umflossen vom idyllischen Kafue, in dem faul die Nilpferde planschen und zufrieden grunzen.

Vorfreudig starten wir unseren Safari-Tag. Heute ist gehörig der Wurm drin. Oder besser die Tsetse-Fliege. Wenige Stunden nach Sonnenaufgang werden die bremsenartigen Insekten aktiv und malträtieren uns unermüdlich. Nach der Regenzeit sind die engen Pisten schlimm ausgewaschen. Es ist unerträglich heiß, an offene Fenster aber nicht zu denken. Der Tsetse-Angriffstrupp nutzt jeden noch so kleinen Luftschlitz. Interessant finden sie alles, was schwarz oder blau ist und sich bewegt. Die Motorhaube unserer blauen Elise verschwindet bald unter einem dichten Fliegenteppich.

Tsetse-Fliegen übertragen die gefährliche Schlafkrankheit und das ist nicht mal das Schlimmste an ihnen. Die Bisse müssen sehr schmerzhaft sein, was wir glücklicherweise nicht am eigenen Leib erfahren. Schon die Landung auf unserer Haut verursacht schmerzhaftes Brennen. Schlau sind die Biester obendrein. Sie legen sich außerhalb unseres Blickfeldes auf die Lauer und starten in einem unbemerkten Moment ihren Angriffsflug. Birgit ist hektisch damit beschäftigt, die Plagegeister an die stickige Luft zu befördern. Erfolglos.

Nach zwei Stunden sind wir mürbe: lange, schlechte Pisten, hohes Gras, gigantische Schwärme von Tsetse-Fliegen und kein afrikanisches Säugetier weit und breit. Frustriert treten wir die Flucht an und entscheiden: Wir brauchen Bewegung. In uns hat sich eine Safarimüdigkeit breitgemacht. Wir lassen auch den Südluangwa-Nationalpark rechts liegen und wollen nach Norden, zu Wasserfällen, Wandergebieten und heißen Quellen.

Aber vor die Erholung hat der sambische Reisegott die *Great North Road* gesetzt. In Lusaka geraten wir erneut in die Rushhour. Dreispurig schiebt sich eine Blechlawine von Westen nach Osten, eine andere von Norden nach Süden. Beide treffen sich im Zentrum in einem gordischen Kreisel, um sich erst hoffnungslos zu verkeilen und Stunden später wieder zu entwirren.

Nördlich von Lusaka befindet sich Sambia fest in der Hand der Landwirte, die am Wegesrand kräftig Werbung für ihre Arbeit machen. »Habt ihr heute gegessen? Dankt es euren Bauern«, lesen wir auf riesigen Werbetafeln. Die meisten Menschen leben in Sambia von der Hand in den Mund. Subsistenzwirtschaft ist Alltag für viele Familien. Schon als Cecil Rhodes vor über 150 Jahren Sambia und Simbabwe für das britische Empire annektierte und ihm unbescheiden den Namen Rhodesien gab, ging es nur um Rohstoffe und billige Arbeitskräfte. Alles wurde für den Bergbau eingesetzt. Bis in die 2000er Jahre lag die Landwirtschaft in Sambia völlig brach. Als Robert Mugabe und seine Regierung die weißen Farmer aus Simbabwe vertrieb, sah Sambia seine Chance und nahm sie nur allzu gern auf. Das Land kann sich nun zum ersten Mal seit der Kolonialherrschaft selbst versorgen. Die Wirtschaft boomt und es wächst eine erfolgreiche schwarze Mittelschicht heran.

Auf dem Weg nach Norden kommen wir durch die Stadt Kabwe. Hier wurde in den 1920er Jahren ein Schädel aus der frühen Steinzeit gefunden – der Broken Hill Man. Heute ist aus der Wiege der Menschheit in Kabwe einer der giftigsten Orte der Welt ge-

Der Computerfachhandel von Mpika.

worden. Kupfer- und Bleiminen haben die Region für die nächsten Generationen verseucht. Um unsere Vorräte aufzufüllen, fahren wir ein Stück weiter nach Norden, nach Kapiri Mposhi. Ein adretter kleiner Ort, hübsch rausgeputzt. Jede größere Stadt in Sambia wirkt wie ein riesiger Flohmarkt. Die Straßen sind gesäumt von kleinen Buden, Straßenhändler reichen ihre Waren zum Autofenster herein.

Wir sind also endlich im »richtigen Afrika« angekommen. Das ist keine Formulierung, wie wir sie wählen würden. Andere Reisende provozieren uns regelmäßig mit dieser Wortwahl. Was soll das sein, das richtige Afrika, fragen wir uns. Steht es für Chaos, Unordnung, Armut? Ist das nicht eine sehr eurozentrisch-rassistische Sicht? Ist es verklärter Entdecker-Mythos in der Vergangenheit Verhafteter? Und was bitte wäre dann das falsche Afrika? Wahrscheinlich würden sich viele Menschen hier wünschen, im »falschen Afrika« zu leben.

Die Infrastruktur entspricht nicht mehr unseren europäischen Gewohnheiten, wie das noch im südlichen Afrika der Fall war. Jetzt kaufen wir unser Gemüse auf dem Markt oder bei kleinen Händlern am Straßenrand. An einem Imbisstand erwerbe ich gegrillte Maiskolben. Vom nächsten Stand duften mir leckere Samosas um die Nase. Das sind mit Linsen gefüllte Teigtaschen.

Lagerfeuer im Nord-Luangwa-Nationalpark.

Die Gemüsefrauen schauen alle etwas griesgrämig, als ich auf der Suche nach Tomaten an ihren Ständen entlangbummele. Sie scheinen sich in einer Gemeinschaft organisiert zu haben. Eine führt die Verhandlungen, eine packt ein und die Älteste verwaltet das Geld. Mein Wechselgeld fummelt die Alte aus einem gut verschnürten und in ihrem Unterrock versteckten Beutel hervor. Sie wedelt ein paar Kommandos mit den Armen und ich bekomme noch ein paar Zwiebeln gratis zu meiner Riesentüte aus Tomaten, Karotten, Kürbis, Avocados. Obwohl ich umgerechnet nur knapp 50 Cent bezahlt habe, bin ich wohl über den Tisch gezogen worden. So zumindest ist die Gratisbeigabe zu interpretieren.

Nach vier langen Fahrtagen erreichen wir das Naturschutzgebiet von Mutinondo. 10.000 Hektar Wald, weit und breit keine Häuser, keine Strommasten. Ein perfektes Paradies, um die Seele baumeln zu lassen, wandern, Kajak und Rad fahren. Obwohl das Schutzgebiet in Nachbarschaft zum Nationalpark liegt, soll es hier keine Löwen oder andere gefährliche Katzen geben. Abends machen wir ein großes Lagerfeuer und feiern unser sechsmonatiges Reisejubiläum. Mondlicht taucht die Baumkronen in ein magisches Licht. Sorglos sitzen wir bis weit nach Mitternacht, planen unsere weitere Reiseroute und schmieden Zukunftspläne.

Als wir am nächsten Morgen zu unserer ersten Wasserfall-Wanderung aufbrechen, steigt für einen kurzen Moment Unzufriedenheit in mir hoch. Nach sechs Monaten Freiheit und

Wandern in Mutinondo.

Selbstbestimmung weiß ich noch immer nicht, was ich mit dem Rest meines Lebens anfangen will. Ich weiß nur, dass ich in mein altes Leben nicht mehr zurück will. Die Aussicht, nicht rechtzeitig eine Lösung zu finden, macht mich unwirsch. Mit meinem Gegrantel und Getrampel scheuche ich eine Familie Warzenschweine auf. Plötzlich weitet sich mein Blick für diese wunderbare Landschaft. Die Energie und Kreativität, die durch den Wald strömt, ergreift auch mich. Ich spüre mit jedem Schritt, wie ich mehr zu mir finde. Und mit einem Mal weiß ich, was ich tun will. Ich will wieder schreiben: journalistische Texte und Bücher. Die Ideen sprudeln in den nächsten Stunden so aus mir heraus, dass ich alle Wasserfälle übertöne.

Vor dem Abendessen springe ich unter die Buschdusche und lausche entspannt dem Gelächter einer Hyänenfamilie. Nicht mehr ganz so entspannt sitzen wir am Lagerfeuer, als wir plötzlich das Gebrüll eines Löwen hören. Unmöglich, denken wir, und schenken uns Rotwein nach. Das degenerierte Hirn eines Stadtmenschen reagiert nicht auf Instinkte. Was nicht sein kann, kann nicht sein. Man hat uns gesagt, hier gäbe es keine Löwen, also gibt es hier auch keine Löwen. Wenig später brüllt es erneut und diesmal klingt es definitiv nach einer großen Katze. Hektisches Taschenlampen-Gewedel der Camp-Nachbarn bestätigt unsere Vermutung, als es wieder brüllt. Diesmal rauscht mir der Ruf wie Eiswasser durch die Adern. Das Tier läuft um unser Camp herum. Erneut strahlen sämtliche Lichtkegel der Taschenlampen im Lager suchend durchs Gebüsch. Dem darauf folgenden Türgeklapper schließen wir uns an und lauschen dem Löwen von unserem sicheren Hubdach aus. Nachts ist es so still, dass mein Herz laut in den Ohren pocht. Ist ein Raubtier unterwegs, erstarrt die Welt.

Am nächsten Morgen erklären Inge und Frank, die holländischen Pächter, dass sich hier tatsächlich gelegentlich ein einsames Löwenmännchen herumtreibe. Das sei allerdings so schüchtern, dass sie es noch nie zu Gesicht bekommen hätten. Unser Fell ist dicker geworden und so brechen wir unbeirrt zu unserer nächsten Wanderung auf. Wir erklimmen einen kahlen Felsen, der wegen seiner Form Caterpillar, die Raupe, genannt wird. Von hier oben ist der Weitblick sagenhaft und das gesamte Luangwa-Tal breitet sich vor uns aus. Löwe hin oder her, es tut einfach gut, die Glieder zu strecken und Körper und Geist mit ausgiebigem Wandern zu erschöpfen. Rote und blaue Libellen schwirren um uns herum, wir entdecken einen Schwarm Südlicher Hornraben, rote Riesenfalter und bewundern blühende Proteapflanzen. Abends belohnen wir uns für unsere Anstrengungen und unseren Mut mit einem Cowboy-Topf: Bratkartoffeln, gebackene Bohnen und Bratwurst.

Meiner Unruhe nachgebend, brechen wir nach erholsamen Wandertagen auf in Richtung Malawi. Wir nehmen die Abkürzung durch den kleinen *North Luangwa Park*. Ohne Safaristress, denn die Transitroute ist für ihre unspektakuläre Zweckmäßigkeit bekannt. Gelegentlich ist ein Schlagbaum zu passieren, an dem der Ranger kontrolliert, ob man auch kein Wilderer sei. Im Nordluangwa-Nationalpark gibt es ein gut bewachtes Stück Land, auf dem eine Handvoll bedrohter Breitmaulnashörner mit Leib und Leben beschützt werden.

Am Westufer des Flusses führt eine Spur über Sandbänke zu einer kleinen Fähre. Acht zusammengebundene Ölfässer und ein paar Bretter dienen als Ponton, lose zusammengeworfene Äste als Auffahrrampe. Mit Muskelkraft und einem selbstgeschnitzten Zughaken zieht uns der Fährmann in wenigen Minuten über das seichte Gewässer. Rechts von uns suhlt sich eine kleine Familie Nilpferde im Schatten des Steilufers.

Am Ostufer des Luangwa-Flusses führt die Dorfgemeinschaft einen kleinen Campingplatz namens Chifunda. Sadi und Cecil kommen uns entgegen, um uns willkommen zu heißen und über

Die Ponton-Fähre bringt uns sicher und trocken über den Luangwa.

das Gelände zu führen. Die Campingplätze befinden sich direkt an der Böschung mit einem weiten Blick über das Flusstal. In zweiter Reihe stehen ein paar schlichte, aber stilechte Holzhütten. Die Waschräume und Toiletten befinden sich hinter einem Strohzaun, geduscht wird unter freiem Himmel. Es gibt keinen Strom, dafür aber fließend warmes Wasser.

Als die Mittagshitze der kühlenden Dämmerung weicht, versammeln sich ein Dutzend Männer und Frauen des Dorfes um einen Haufen Baumstämme, der in der Nähe unseres Stellplatzes aufgehäuft wurde. Die älteren Männer deuten und planen, die jüngeren sortieren und behauen die Äste. Neugierig gesellen wir uns zu der Gruppe. Ich fühle mich im Kontakt mit Menschen eher unbeholfen und mache mir immer zu viele Gedanken, ob ich etwas Falsches oder Unangebrachtes sagen könnte. Es folgt interkulturelles Kichern und Beschnuppern. Todesmutig geselle ich mich zu den Frauen und frage, was hier passiert. Die meisten sprechen kein Englisch, aber Sadi erklärt mir, dass sie eine größere Gemeinschaftsküche in der Mitte des Camps für die Gäste bauen wollen. Die Männer errichten deshalb heute das Gerüst für einen großen Wassertank, um in den nächsten Tagen die Rohre für die Wasserversorgung verlegen zu können.

Ich blicke mich um. Ich sehe nur einen sandigen Platz und mir fehlt die Vorstellungskraft, wo man hier, mitten im Nirgendwo, die nötigen Materialien und Werkzeuge für Sanitärbedarf bekommen mag. Kein Baumarkt weit und breit. An diesem Nachmittag bekomme ich eine Lektion in Sachen erfinderischer Ingenieurskunst und sozialer Gemeinschaft.

Die Planung scheint abgeschlossen. Die Männer unterhalten sich auf Nyanja, einem sambischen Dialekt. Ich meine anhand ihrer Satzmelodie zu erahnen, dass nach der Beratung nun erste Anweisungen folgen. Einer der jungen kräftigen Burschen beginnt, mit seiner Axt ein Loch zu graben. »Er hebt jetzt die Löcher für die Stützbalken aus«, erklärt mir Sadi. Ohne Schaufel? Ohne Wasserwaage? Ohne Zollstock? Noch während ich darüber nachdenke, wie man wohl mit bloßen Händen ein Gerüst baut, ist das erste Loch ellenbogentief.

Keine Stunde braucht die Jugend, um die acht Löcher für das Fundament auszuheben. Bedrohlich wackeln die ersten Stützbalken, als die Querbalken für die Plattform, die den 1000 Kilo schweren Wassertank tragen sollen, in die Astgabelungen gehievt werden. Zwei Männer balancieren die schweren Stämme über ihren Köpfen, zwei unterstützen beim Einpassen. Drei Balken links, drei rechts und zwei in der Mitte für die Stabilität. Nichts wurde ausgemessen, nichts mit der Wasserwaage oder einem Lot kontrolliert. Es handelt sich auch nicht um Holz aus dem Baumarkt. Die Bäume wurden für ihren Zweck mit fachkundigem Auge ausgewählt, gefällt und so bearbeitet, dass die Astgabeln sich in Höhe und Winkel einigermaßen ähneln.

Ein kritischer Augenblick scheint gekommen. Bevor die letzten dünneren Stämme quer über die Trägerbalken angeordnet werden, wird beraten, geprüft, nochmal an den drei Plattformbalken herumgedreht. Zwei Stützbalken werden noch etwas

Afrikanische Ingenieurskunst funktioniert auch fast ohne Werkzeug.

tiefer vergraben. Der Balanceakt beginnt von neuem. Jetzt bilden die Trägerbalken eine Ebene, auf die nun floßähnlich die letzten Stämme quer vertäut werden. Dazu schwingt sich der jüngste Bursche mit einem Klimmzug auf die wacklige Konstruktion. Er sortiert die Balken nach Anweisung der Gemeinschaft: noch etwas nach links, diesen Ast etwas drehen.

Zeit für den Wassertank: Drei Männer schleppen ihn auf dem Kopf heran. Mittlerweile befinden sich drei Jungs oben auf der Plattform, zwei schieben von den Seiten nach. Den ersten Test, ob der Wassertank plan steht, nicht wackelt und nicht herunterrutscht, besteht die Konstruktion auf Anhieb. Die Fundamente werden mit Sand und Wasser verfestigt, Querbalken und Äste festgezurrt. An nur einem Nachmittag gelang es den Männern und Frauen von Chifunda, ein Projekt auf die Beine zu stellen, an dem deutsche Ingenieure tagelang getüftelt hätten.

Wie hart und fleißig die Menschen in Afrika arbeiten und dabei niemals ihre Hilfsbereitschaft verlieren, imponiert mir immer wieder. Der Tag beginnt noch vor Sonnenaufgang. In den

Dörfern gibt es selten Strom. Bevor es zur Arbeit oder in die Schule geht, muss Wasser geholt und Feuer gemacht werden. Nach dem Frühstück werden die Felder und das Vieh versorgt und der Hof gefegt.

Wer ein Fahrrad oder ein Auto hat, nimmt Kinder und Nachbarn mit. Alle anderen laufen oft mehrere Stunden zu Fuß. Wer es noch weiter hat, lebt über viele Monate getrennt von der Familie. Abends beginnt der Kreislauf von neuem.

Von Chifunda geht es weiter über die Dörfer bis zur Grenzstadt Lundazi, zu einem kleinen ruhigen Grenzübergang nach Malawi. Eine wunderschöne, einsame Allradstrecke. Kleine Kinder kommen winkend und rufend aus ihren Hütten gerannt. Wir plaudern, die Kinder fragen nach Süßigkeiten, die Eltern lachen. Abenteuerlich ist die Übernachtung im *Lundazi Castle Hotel*, einem alten, leider sehr heruntergekommen Schlosshotel im normannischen Stil, das ein exzentrischer Engländer hier ins Nirgendwo gebaut hat. Heute versprüht es eher den Charme vom Spukschloss im Spessart. Abends serviert uns der Concierge, der sich reizend um unser Wohlergehen bemüht, Hühnchen mit Kohl.

Zum ersten Mal seit Monaten sind wir wieder in einem Hotelzimmer. Auf einem zerbrechlichen Tisch steht ein kleiner Fernseher, die Fernbedienung ist mit chinesischen Schriftzeichen versehen. Der Empfang reicht für einen einzigen Kanal, das sambische Staatsfernsehen. Hier laufen drei Schlagzeilen des Tages in Dauerschleife. Eilmeldung: Sambia steckt nicht in einer Krise. Eilmeldung: Schach sollte populärer werden, die Regierung wer-

Lundazi Castle ist das ehemalige Domizil eines exzentrischen Engländers und heute ein Hotel.

de alles dafür tun. Eilmeldung drei war in ihrem Nachrichtenwert noch belangloser, sodass ich mich beim besten Willen nicht mehr an sie erinnern kann. So demokratisch und fortschrittlich sich Sambia auch gibt, dass der Vizepräsident und Oppositionsführer unlängst wegen Hochverrates verhaftet wurde, will man doch lieber nicht verbreiten. Hochverrat bedeutet im Falle von Hakainda Hichilema, das Leben des amtierenden Präsidenten Edward Lungu gefährdet zu haben, weil er für den präsidialen Autokonvoi auf der *Great East Road* nicht links ranfuhr.

Sambia wird für uns Liebe auf den vierten Blick. Erst als wir schon lange wieder zu Hause sind, mit viel Abstand, wächst unsere Zuneigung für dieses quirlige Land, das uns gelehrt hat, was »richtiges Afrika« bedeutet: Flexibel im Kopf und offen im Herzen zu sein. Deutsche Detailplanung gegen den afrikanischen Fluss des Lebens und kreative Lebensenergie einzutauschen. Sich treiben zu lassen und nicht kontrollieren zu wollen, was nicht kontrollierbar ist. Mehr mit den Menschen in Kontakt zu kommen, einen kleinen Einblick in ihren Lebensalltag zu erhalten. Verstehen, dass Erfolg nicht auf Statussymbolen oder teuren Werkzeugen erbaut wird, sondern auf Gemeinschaft. Geschehen lassen, was geschehen soll. Nicht zu wissen, was morgen ist und das Hier und Jetzt in vollen Zügen zu genießen. Das ist das richtige Afrika, von dem wir noch so viel mehr entdecken wollen.

14 Imvubu – das glücklichste Nilpferd

Birgit

»Und i fliag, fliag, wie ein Flieger. Bin so stark, stark, stark wie ein Tiger. Und so groß, groß, groß, wie a Giraffen so hoch«, dröhnt es aus den Lautsprechern des CD-Spielers im Klassenzimmer der *Smarties*. Ein Dutzend sambischer Vorschulkinder hopsen und tanzen die Choreographie zu Donikkls *Fliegerlied*. Im Musikunterricht sind in diesem Trimester Lieder aus aller Welt das Thema. Und wir dürfen eines beisteuern. Wir sind zurück in Mazabuka, dem »süßesten Ort der Welt« – hier wird vor allem Zuckerrohr angebaut.

Mazabuka ist ein kleiner Ort, den viele – wenn überhaupt – nur auf der Durchreise passieren oder zu einem Tankstopp nutzen. Drei Stunden sind es bis nach Livingstone zu den gewaltigen Viktoriafällen. Drei Stunden Fahrt sind es auch bis nach Lusaka, der Hauptstadt Sambias. Endlose Felder, auf denen baumhoch das Zuckerrohr wächst, bestimmen das Landschaftsbild. Bei einem Abendessen am Sambesi hatten wir Julie kennengelernt, die uns mit ihrer Herzlichkeit und Gastfreundschaft so überschüttete, dass wir uns sehr freuen, sie auf dieser Reise noch einmal zu besuchen. Dazwischen liegen unser Abenteuer mit Herrn Chigume in Simbabwe, die herrliche Stille in den Drakensbergen und fünf Wochen im botswanischen Busch. Es tut gut, mal zwischendurch alle Viere von sich zu strecken und sich ein bisschen versorgen zu lassen.

Julie ist Südafrikanerin, aufgewachsen an der Wild Coast, ihr Mann Steve hat schwedische Wurzeln, ist aber als Teenager mit seinen Eltern nach Südafrika ausgewandert und fühlt sich hier zu Hause. Er ist Landwirt. Die längste Zeit haben die beiden in Swasiland gelebt und eine Farm mit Gästehaus bewirtschaftet. Nun sind sie seit ein paar Jahren in Sambia. Die beiden erwachsenen Söhne leben mit ihren Familien in England und Schweden.

Julie hat auf der Zuckerrohrfarm ihres Mannes Steve eine kleine Vorschule gegründet. Zusammen mit Nyla bringt sie ihren *Smarties* Schreiben und Rechnen bei. Der Smartieshaufen ist so bunt wie die kleinen Schokodrops. Indisch mischt sich hier mit chinesisch. Schwarz mit weiß. Hier findet jeder Platz. Nicht

Steve erklärt Birgit, wie Zuckerrohr angebaut wird.

allen Eltern gefällt das. Doch das interessiert Julie nicht. In ihrer Welt gibt es keinen Platz für Vorurteile. Und das will sie auch ihren Schutzbefohlenen mitgeben. Der große Garten hinterm Haus ist Austragungsort der jährlichen Smartie-Olympiade. In den Disziplinen Sackhüpfen, Dreibeinlauf und Schwimmen treten die kleinen Athleten an. Julie blüht auf bei der Arbeit mit den Kindern. Die Welt jeden Tag neu zu entdecken, das macht ihr offensichtlich Spaß.

Am Nachmittag fahren wir mit Julie und Steve über die Farm. Er erklärt uns alles, was es über Zucker zu wissen gibt. Auf den Märkten kann man sich von den langen Zuckerrohren unterschiedlich große Stücke abschneiden lassen. Überall am Straßenrand sieht man Menschen auf den Stangen herumkauen. Wir haben aber nie richtig verstanden, wie Zuckerrohr gegessen wird. Dabei ist es eigentlich ganz einfach. Man entfernt mit den Zähnen die harte Schale, beißt sich ein mundgerechtes Stück ab, saugt das klebrige Süß aus den saftigen Fasern, die anschließend, weil unverdaulich, ausgespuckt werden. Schmeckt eigentlich wie Zuckerwasser. Keine Smarties. Aber auch nicht schlecht.

Die Ernte selbst ist nichts für den deutschen Umweltschutz. Man muss dazu die riesigen Felder abbrennen. Über Feinstaubbelastung macht sich hier keiner Gedanken. Wir gönnen uns einen Sundowner im Schein des brennenden Zuckerrohrs. Je nach Windrichtung werden an einer der Feldkanten mehrere kleine Feuer gelegt. Der Wind schürt die Flammen ordentlich an. In wenigen Sekunden vereinen sich die kleinen lodernden Stellen zu einer meterhohen Flammenwand. Hitze schlägt mir ins Gesicht und bildet einen Kontrast zur kalten Cola. Erinnerungen an das Buschfeuer flammen auf. Verblassen sofort. Dieses Feuer hat eine ganz andere Qualität. Nicht bedrohlich. Sondern nützlich. Nur so kommt man hinterher an den Zucker ran. Die umliegenden Gräben der einzelnen Quadranten halten es in Zaum. Funken sprühen, Ascheflocken überziehen die Landschaft. Das Spektakel muss nach Sonnenuntergang noch beeindruckender sein. Heute machen wir uns vorher auf den Weg zurück zum Haus.

Zuckerrohrernte in Mazabuka: Um die saftigen Stangen schneller ernten zu können, brennt man die Blätter ab.

Steve wirft den Grill an. Und wir kommen ins Plaudern. Julie und Steve wirken zufrieden und aufgeräumt. Doch das kommt nicht von ungefähr. Vor einigen Jahren hätte beinahe Julies letztes Stündlein geschlagen, als sie im Badezimmer umgekippt und so unglücklich auf den Badewannenrand gestürzt ist, dass sie sich mehrere Halswirbel angebrochen hat. Unfähig sich zu bewegen, blieb sie auf dem Boden liegen. Fast zwölf Stunden. Ihr Mann Steve war auf Dienstreise, ihr Koch Michael im Wochenende. Ruhig und unaufgeregt erzählt sie diese Geschichte: »Eigentlich hatte ich mit meinem Leben abgeschlossen. Dann aber an Steve gedacht. Und welche Vorwürfe er sich machen würde, gerade an diesem Wochenende nicht da gewesen zu sein. Bis heute kann ich nicht genau sagen, welche Kräfte das in mir freigesetzt hat. Aber irgendwie bin ich zum Telefon gekommen und konnte Hilfe holen. Mit einem Hubschrauber hat man mich ins Krankenhaus geflogen, weil ich die holperigen Straßen nicht überlebt hätte.«

Ich stelle mir dieselbe Szene in Deutschland vor. Zunächst mal hätten wir versucht, einen Schuldigen zu finden. Die Badewannenfirma zum Beispiel. Oder auch den abwesenden Ehemann. Hätte das nichts geholfen, würden wir uns wenigstens das Recht vorbehalten, von diesem Zeitpunkt an zu jammern, wie ungerecht das Leben sei. Und warum es gerade uns treffen musste. Überspitzt? Wahrscheinlich. Doch kein Wort der Klage kommt über Julies Lippen.

Erneut erleben wir, dass die meisten Afrikaner – egal ob schwarz oder weiß – sich in einen größeren Zusammenhang eingebunden fühlen. Der Sinn hinter Ereignissen wird unterschiedlich erklärt, aber nicht per se in Frage gestellt. Man hadert nicht permanent mit seinem Schicksal, sondern kann an der richtigen Stelle etwas hinnehmen, sich abfinden und weitermachen. Während wir uns in Europa aufbäumen und versuchen, das Leben endlos in die Länge zu ziehen, weiß man in Afrika, dass der Tod dazugehört. Das macht demütig. Und unter Umständen dankbar. Nicht aus jeder Mücke wird gleich ein Elefant gemacht. Und das gefällt mir. Denn Elefanten mache ich eigentlich selbst genug.

Am nächsten Morgen stehen wir früh auf, auch wenn Stefanie ihre Augen kaum aufhalten kann, weil sie mit Julie bis spät in die Nacht hinein Billard gespielt hat. Ein Besuch bei »DAPP« steht auf dem Programm. Das Kürzel steht für »development aid from people for people«. Hier wird alte Kleidung, die bei uns in die Sammelcontainer wandert, für ein paar sambische Kwacha verkauft. Die Idee ist einfach. Doch die Kleiderspenden unserer europäischen Überflussgesellschaft haben dafür gesorgt, die Textilproduktion in den Entwicklungsländern lahmzulegen. Immer wieder erleben wir auf unserer Reise, wie vermeintliche Hilfsprojekte mehr Schaden anrichten als Nutzen bringen.

DAPP versucht aus unserer »Hilfe« das Beste zu machen. Eines ihrer Projekte ist es, die gespendete Kleidung weiterzugeben, damit andere sie verkaufen und so ein kleines Geschäft aufbauen können. Immer montags kommt neue Ware, die dann sukzessive die ganze Woche über günstiger wird. Mit Julie stürzen wir uns ins Getümmel. Und tatsächlich kann man schicke Markenhemden für schlappe 20 Kwacha ergattern. Umgerechnet 1,50 Euro. Schon verrückt. Pullover, die ich in München in den Container stecke, könnte ich hier in Mazabuka wiederfinden.

Wir genießen den Austausch mit Julie und Steve und den Einblick in ihren Alltag. Wir können Fragen stellen, um das Leben in Afrika besser zu begreifen. Auch wenn es aus weißer Perspektive ist. Sie bestätigen unseren Eindruck von den Buren in Südafrika. Julie selbst hat beschlossen, keine Buren mehr in ihr Gästehaus zu lassen. Die letzten Gäste habe sie rausgeworfen, nachdem eine Frau mit stolzgeschwellter Brust beim Abendessen verkündete, sie habe ihren Gärtner so lange ausgepeitscht, bis dieser sich vor Angst in die Hose gemacht habe. Im 21. Jahrhundert. Für uns unvorstellbar. Zu oft habe sie beobachten müssen, wie burische Gäste ihre Angestellten schlecht behandelten. So etwas duldet Julie nicht.

Wobei Angestellte ein großes Wort ist. Denn im Prinzip sind es nur zwei: Nyla, eine junge Frau Anfang 20, war früher Haushälterin auf der Farm und kümmert sich nun um die *Smarties*. Bald soll sie ihr Lehrerdiplom machen und vielleicht mal die Schule übernehmen, wenn Julie in Rente geht. Und Michael, vielleicht Mitte 40, der sich um den Haushalt kümmert.

Lange haben Julie und Steve gezögert, überhaupt jemanden einzustellen, weil sie eigentlich keine Hilfe brauchen. Es scheint aber fast ein ungeschriebenes Gesetz zu sein, dass Weiße, die Geld haben, etwas davon abgeben und Arbeitsplätze schaffen. Halb Mazabuka habe ihr abgeraten, Michael einzustellen, weil er angeblich in seiner alten Stelle etwas gestohlen hatte. Wobei die Geschichte nie eindeutig aufgeklärt worden sei. Nichts, was Julie beeindruckt. Sie sieht, dass Michael zwei Kinder zu versorgen hat, und gibt ihm eine Chance.

Nur einmal sei es zum Streit gekommen: »Bei einer Party habe ich mitbekommen, dass Michael die Partygäste nach freien Stellen fragte. Also habe ich ihn zur Rede gestellt. Ich mag es nicht, wenn man mich hintergeht. Wenn er mehr Geld braucht, soll er zu mir kommen. Ich habe ihn nach Hause geschickt und gebeten, erst wiederzukommen, wenn er bleiben will und offen mit mir spricht. Schon am nächsten Tag war er wieder da.

Kurz danach bin ich im Badezimmer gestürzt. In Mazabuka ging das Gerücht, das sei ein Vodoozauber von Michael gewesen. So ein Blödsinn.« Julie pfeift auf wilde rassistische Fantasien, bildet sich ihre eigene Meinung. Und nun arbeitet Michael seit vielen Jahren in der Casa Julie ohne weitere Schwierigkeiten.

Er ist ein angenehmer ruhiger Mann, der uns beim zweiten Besuch freudig begrüßt. Aus purer Gewohnheit packen wir beim Aufräumen mit an. Julie lacht. Das habe sie am Anfang auch gemacht. Sie habe den Tisch gedeckt, abgeräumt, gekocht und eingekauft. Bis Michael sie freundlich darauf hingewiesen habe, dass sie ihm die ganze Arbeit wegnimmt und er nichts zu tun hat. Das leuchtet ein. Wir lassen ihn also seine wunderbaren pochierten Eier zubereiten und plaudern mit ihm in der Küche.

Julie mit ihren Hunden.

Wir genießen die Tage. Julie schafft einen Raum, in dem man sich geborgen und aufgehoben fühlt. Auf der Straße liest sie auf, was ein Zuhause sucht. Steve nimmt es gelassen und macht für alle Abendessen. Angefangen mit radelnden Touristen über halb verhungerte Volunteers bis hin zu einer misshandelten Rottweilerdame. Ihr Name ist Bella und umgeben von drei Dackeln hält sie sich ebenfalls für einen kleinen Schoßhund. Das wird zum Problem, wenn sie einen mit großen Augen anguckt und zu erwarten scheint, dass man sie hochnimmt und durch den Garten trägt wie ihre Freunde Jamerson, Slinky und Susie.

Julie hat schon bei unserer ersten Begegnung verstanden, dass Stefanie und ich mehr als Freundinnen sind. Die Farm ist einer der wenigen Orte in Sambia, wo wir nicht aufpassen müssen, entdeckt zu werden. Ab jetzt und weiter bis nach Ägypten ist Homosexualität strafbar. Wir fühlen uns nicht bedroht, aber das Wissen um die strengen Haftstrafen beunruhigt uns dennoch. In Sambia nehmen wir unsere Ringe ab und erfinden kurzer Hand zwei Ehemänner, wenn eine Unterhaltung persönlicher wird. Leider sind wir deshalb im Kontakt mit der einheimischen Bevölkerung manchmal gehemmt.

Beim Fernsehabend kuschelt sich der Dackel Jamerson in meinen Arm. Ich blicke in die Runde und fühle mich wohl. Ich wünschte, ich könnte auch einen Ort schaffen, an dem jeder er oder sie selbst sein darf. Egal ob Schwarz, Weiß, Grün, Gelb oder Blau. Solange er alle anderen sein lässt. Das ist die einzige Bedingung. Und solche Plätze kann die Welt gar nicht genug haben.

Der Abschied von Mazabuka fällt schwer. Trotzdem fühlen wir uns beflügelt und neu gestärkt. Nach einem kurzen Umweg über den Kafue-Nationalpark und einer wunderbaren Zeit in Muti-nondo geht es weiter nach Kapishya. Hier waschen wir den Staub der *Great North Road* in natürlichen heißen Quellen ab.

Zum Frühstück begrüßt uns eine grauhaarige Frau, die sich als *Anna* vorstellt, mit der Frage: »Seid ihr tatsächlich aus München?« Unser Nummernschild hat uns verraten. Sie gesellt sich zum Kaffee dazu und berichtet: »Mein Sohn Bartel hat in Kigali, der Hauptstadt Ruandas, gearbeitet. Dort habe ich ihn abgeholt und nun fahren wir gemeinsam durch Tansania und Sambia.« Ein junger Mann, der Anna wie aus dem Gesicht geschnitten ist, gesellt sich dazu. Schnell stellt sich raus, dass wir in München beinahe Nachbarn sind. Nur die Donnersbergerbrücke trennt uns. Auch sonst haben wir viel gemeinsam: Anna ist Psycholo-gin. Wir fantasieren in der Kürze der Zeit über gemeinsame Pro-jekte. Doch Bartel macht Druck. Die beiden müssen heute bis Lusaka.

Nachdenklich bleibe ich am Campingplatz zurück. Unser kurzes Gespräch hat meine Fantasie angeregt. Ich träume von meiner eigenen kleinen Praxis. Schon zu Beginn meines Stu-diums hatte ich diese Idee. Damals wollte ich noch Allgemein-ärztin werden. Landärztin genau genommen. Ich wollte Dreh- und Angelpunkt einer kleinen Dorfgemeinde sein, wo jeder hin-kommen kann. Doch mit Beginn meiner Arbeit als Ärztin, da-mals in der Inneren Medizin, wurde mir rasch klar, dass ich auf der Suche bin nach möglichst intensiven Patientenkontakten. Also habe ich in die Psychiatrie gewechselt und bin Psychothe-rapeutin geworden. Den Traum von der eigenen Praxis habe ich nie aufgegeben. Ganz im Gegenteil. Mit 40 soll es so weit sein. Bis dahin sind es noch knapp neun Monate.

Der Wunsch formt sich. Heimweh gesellt sich dazu. Nicht so sehr nach München. Aber nach dem Gefühl eines Zuhauses. Die innere Sehnsucht ist groß. Trotzdem bin ich mit Leichtigkeit erfüllt. Es ist gut zu wissen, was man will. Ein Lächeln huscht mir über die Lippen. Ich fühle mich wie »Imvubu – the happiest hippo«. Und sehe dabei Julie und ihre *Smarties* vor mir. Im Tausch gegen das Fliegerlied, haben sie uns eines ihrer Lieb-lingslieder beigebracht. »Imvubu – the happiest hippo. The kind that you like to meet. He's gonna dance with us into the night. Imvubu you've got the dancing feet.« Beschwingt möchte ich mit dem glücklichsten Nilpferd bis in die Nacht hinein tanzen.

Malawi

Paradies für Backpacker.

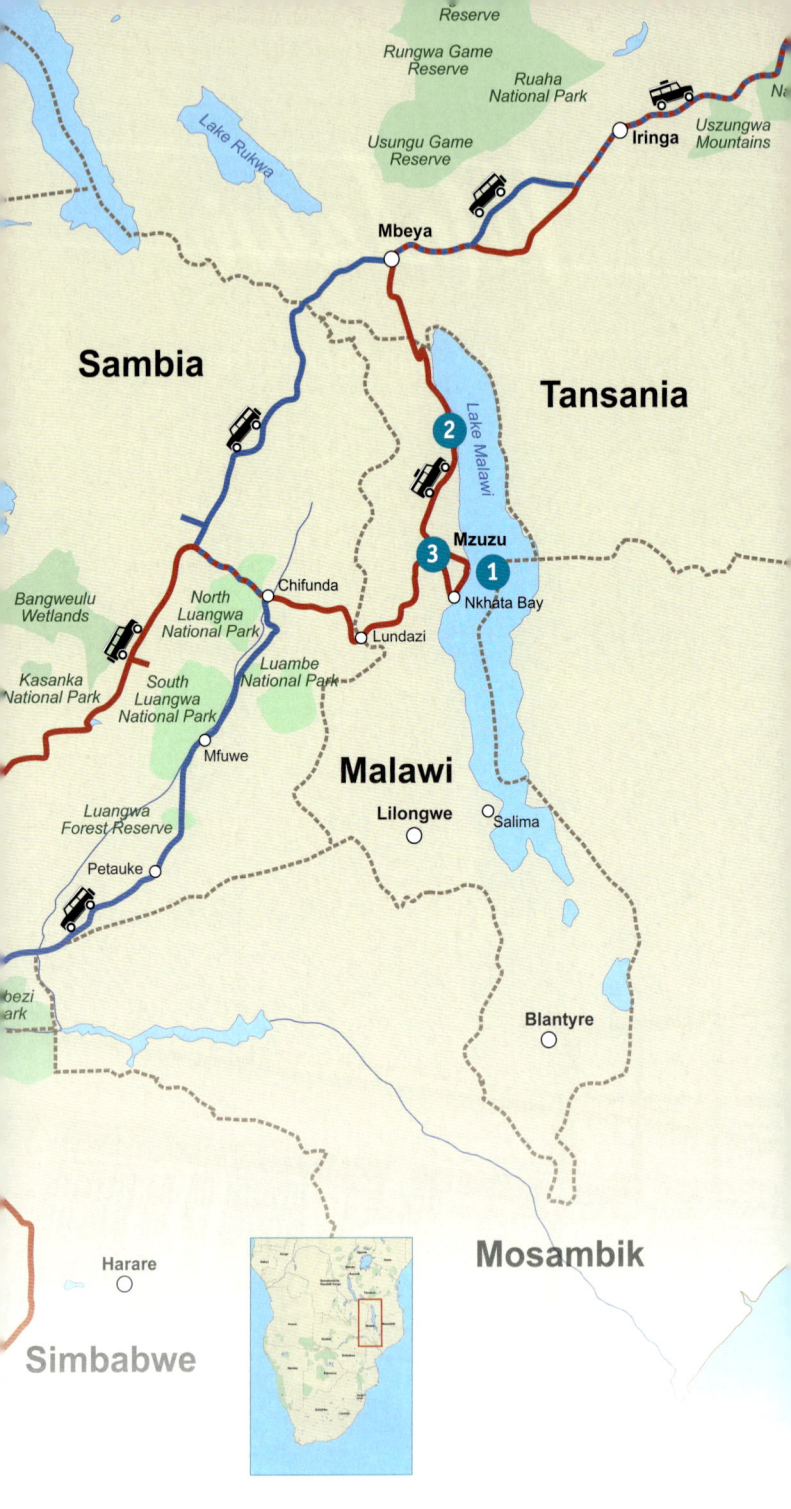

Nach Victoria- und Tanganjika-see ist der Malawisee der drittgrößte See Afrikas und bildet mit seinen 560 Kilometern Länge einen Großteil der Ostgrenze des Landes. Man kommt also auf einer Reise nach Malawi nicht an ihm vorbei. Hier lässt es sich wunderbar schnorcheln und an den weißen Sandstränden entspannen. Ob im Süden vorbei an Salima oder im Norden rund um Nkhata Bay, überall ist der See gleichermaßen bezaubernd. Auch von oben sieht er gut aus. Livingstonia bietet einzigartige Ausblicke.

Malawi ist beliebt bei Rucksacktouristen. Mit Bussen gelangst du leicht von den größeren Städten im Landesinneren zum Malawisee. Dort gibt es Unterkünfte in allen Preiskategorien. Auch wenn das kleine Land bei Touristen immer beliebter wird, zählt es zu den ärmsten der Welt.

Unsere persönlichen Höhepunkte:

1 Malawisee

Der See ist in seiner Ausdehnung so riesig, dass man glaubt, am Meer zu liegen. Die Sandstrände machen diese Illusion perfekt. Besonders gut hat uns der Campingplatz »Chembe Eagles Nest« in Cape Maclear im Süden gefallen.

2 Livingstonia

Am Fuße des Nyika-Plateaus gelegen, bieten dieser Ort und seine Umgebung überwältigende Ausblicke über den Malawisee. Das sollte man in Ruhe genießen, zum Beispiel im nachhaltig geführten Community Camp »Mushroom Farm«. Das ausschließlich vegetarische Essen wird mit Zutaten aus eigenem Anbau zubereitet.

3 Pizza im Macondo Camp in Mzuzu

Der Campingplatz ist italienisch geführt und die Pizza im angeschlossenen Restaurant könnte auch in Rom nicht besser schmecken. Die Freude darüber ist mit Sicherheit größer nach einer langen Reise durch Afrika als in einem kurzen Urlaub. Ob man unbedingt nach Mzuzu muss, bezweifeln wir. Aber wenn man einen Dachgepäckträger braucht, ist man hier genau richtig.

Weitere aktuelle Infos zum Reisen in Malawi:

15

Malawi mittendrin

Birgit

Es gibt etwas zu feiern in Mzuzu: Beinahe ehrfürchtig heben wir unseren neuen Dachgepäckträger auf Elise. Hier noch ein biss-chen angepasst, dort noch eine kleine Schweißnaht angebracht und die Schrauben festgezogen. Dann thront er auf unserem Landy und funkelt in der Abendsonne. Er ist das Ergebnis mala-wisch-brasilianisch-deutscher Zusammenarbeit. Unserem Schwei-ßer Ngwazi gebührt selbstverständlich das meiste Lob. Aber auch seinem Chef, der Autobatterien verkauft, Linho aus Brasi-lien, dem Studenten Paul, dem Schildermaler John und allen, die sonst noch mitangepackt haben.

In der Bar um die Ecke habe ich einen Kasten Bier besorgt. Den haben wir uns verdient. Viel haben wir heute erlebt. Und dazugelernt. Vor allem, was in Malawi Zusammenhalt und Ge-meinschaft bedeuten. Oft bleibt man als weiße Frau auf Reisen in Afrika ein wenig außen vor. Doch heute waren wir endlich mittendrin.

Mzuzu ist mit knapp 130.000 Einwohnern drittgrößte Stadt Malawis und Hauptstadt der Northern Region. Malawi wirbt mit dem Slogan »the warm heart of Africa« und zieht vor allem Backpacker an. Man kommt mit Bussen gut voran und kann für wenig Geld am Malawisee abhängen.

Unter dem Namen Nyassaland war Malawi bis zu seiner Unabhängigkeit 1964 britisches Protektorat. Der Arzt Hastings Kamuzu Banda wurde erster Regierungschef. Und blieb es bis 1993. Der Umsturz erfolgte in einem friedlich ablaufenden Referendum und endete 1994 mit den ersten freien Wahlen.

Die Wirtschaft in Malawi setzt überwiegend auf Ackerbau und ist damit extrem abhängig von Wetter und Klimabedingungen. Der Tourismus kommt nur langsam in Gang. 2016 stand Malawi auf der Liste der zehn ärmsten Länder der Welt. Mit Rucksackreisenden ist nicht viel zu verdienen.

Wir treffen in Malawi zum ersten Mal auf den großen afrikanischen Grabenbruch – auch *Great Rift Valley* genannt. Dieser riesige Spalt ist durch die Verschiebung von arabischer und afrikanischer tektonischer Platte während der letzten 35 Millionen Jahre entstanden. Sie ließ tiefe Täler und hohe Bergregionen entstehen, die von Mosambik bis nach Äthiopien reichen und im Jordangraben auf der arabischen Halbinsel enden. Der Malawisee ist Teil des Grabenbruchs, der weiter über den Tanganyikasee in Tansania, vorbei am Kivusee zwischen Ruanda und der demokratischen Republik Kongo verläuft und im Norden das kenianische und äthiopische Hochland bildet. Er wird uns also noch an vielen Stellen auf dieser Reise begegnen.

Wir waren 2012 schon einmal in Malawi, kamen aber aufgrund von Spritknappheit nur einmal über die Hauptstadt Lilongwe zum Malawisee und wieder auf demselben Weg zurück nach Sambia. Da wir den Süden schon kennen, sind wir diesmal weiter nördlich über Lundazi eingereist. Der Grenzübergang von Sambia nach Malawi ist erstaunlich erfreulich. Kein Vergleich zu dem Gerangel in Kazungula. Die sambische Seite ist brandneu, geordnet und es ist kaum etwas los, die malawische wirkt dagegen etwas heruntergekommen. In ein zerfleddertes Buch tragen wir unsere Personalien und Fahrzeugdaten ein, dafür bekommen wir ein handgeschriebenes Visum. Eine Kfz-Haftpflichtversicherung für unsere Elise gibt es leider nicht. Dazu müssen wir nach Mzuzu, erklärt uns der Zollbeamte freundlich und schreibt uns seine Handynummer auf, falls wir Probleme haben.

Wir machen uns auf den Weg Richtung Mzuzu. Kaum biegen wir auf die Hauptstraße hält die Polizei uns auf. Der Polizist schaut griesgrämig drein. Natürlich will er die Papiere sehen. Allen voran die Haftpflicht. So, wie er mich anguckt, weiß er genau, dass es die Versicherung zurzeit am Grenzübergang bei Lundazi nicht gibt.

Freundlich aber bestimmt schildere ich ihm die Situation. Er besteht darauf, dass ich Strafe zahlen muss. Ich erkläre ihm immer noch gelassen, dass ich ja durchaus gewillt gewesen wäre, eine Versicherung zu kaufen, die habe es aber leider nicht gegeben. Er wiederum antwortet: »Sie fahren im Moment ohne gültige Versicherung und das ist eine Straftat.« Ich deute beharrlich auf die Telefonnummer vom Zollbeamten, die der Polizist natürlich nicht anrufen will.

Allmählich werde ich sauer. Ich erkläre ihm nun zum wiederholten Male, dass ich die von ihm veranschlagte Strafe ohnehin nicht bezahlen kann, selbst wenn ich wollte, weil ich gar keine malawischen Kwacha dabei habe. Die wir tatsächlich nicht haben, weil der Geldautomat an der Grenze außer Betrieb war. Entsprechend vehement kann ich das zum Ausdruck bringen. Zu guter Letzt biete ich ihm an, dass er mir einen Strafzettel ausstellen soll und ich alles Weitere auf der Polizeistation in Mzuzu kläre.

Tränen der Wut steigen mir in die Augen, denen ich freien Lauf lasse, in der Hoffnung, dass sie sein Herz erweichen. Just in diesem Moment kommt eine Kollegin dazu, die Mitleid mit mir hat. Nach einer guten Dreiviertelstunde sind wir erlöst und können ohne Strafzettel weiterfahren.

Wir erreichen Mzuzu und kümmern uns direkt um die Versicherung. Entlang der Hauptstraße finden wir ein Versicherungsbüro und können sogar eine Comesa erwerben, eine Versicherung, die für alle weiteren Länder auf unserer Route gilt. Die Comesa kostet knapp 250 US-Dollar. In Kwacha macht das etwa 180.000. Mit Kreditkarte können wir leider nicht bezahlen. Dumm nur, dass die Geldautomaten nicht mehr als 75.000 Kwacha auf einer Karte ausgeben. Damit wir nicht allzu sehr auffallen, steuern wir mehrere Bankautomaten an. Mit einem Rucksack voller Bargeld kehren wir zurück zu Nico, unserem Versicherungsmakler.

Das wäre geregelt. Wir übernachten im Macondo-Camp. Der Besitzer ist Italiener. Und mein Herz macht einen Sprung: Es gibt Pizza! Eine kleine Sensation. Da Pizza zu den wenigen Gerichten gehört, die sich weder auf unserem Gaskocher noch über offenem Feuer gut zubereiten lassen, schlage ich bei jeder Gelegenheit zu, die sich bietet. Wir haben sogar angefangen, unsere Stellplätze nach der Option auf Pizza auszuwählen. Es ist spannend zu sehen, was man wirklich vermisst auf so einer Reise. Mit Brezen hatte ich gerechnet. Mit Pizza nicht so sehr.

Das Restaurant ist mit großen Korbstühlen eingerichtet und versprüht mediterranen Charme. Ich schäme mich fast, es zuzugeben, aber nach so langer Zeit fern der Heimat tut mir das richtig gut. Die Pizza schmeckt hervorragend. Stefanie isst Tagliata. Und zum Nachtisch gibt es Panna cotta.

Da wir schon wieder fast 10.000 Kilometer gefahren sind, wollen wir Elise noch einen kleinen Service gönnen. Es gibt einen Kfz-Mechaniker in Mzuzu. Nach Aussagen des Camp-Besitzers nicht der beste. Aber der einzige weit und breit. Das soll uns genügen. Er heißt Jürgen, ist Belgier und, ähnlich wie der Italiener, auf der Durchreise in Malawi hängengeblieben.

Am nächsten Morgen bringen wir Elise zu Jürgen und vertreiben uns die Wartezeit in einem Café. Ich wollte mitanpacken beim Service, aber schnell wird klar, dass Jürgen dazu keine Lust hat. Nach zwei Stunden kommen wir wieder. Die Flüssigkeiten sind gewechselt, der Motor läuft rund.

Aber in einem Scharnier der Hecktür haben sich durch das Gerüttel auf den schlechten Pisten die Schrauben gelöst. Eine ist locker, die andere fehlt. Wie konnten wir das nur übersehen? Das untere Scharnier ist so unerreichbar in der Karosserie verbaut, dass wir die Schrauben von außen nicht festziehen können. Jürgen ist ratlos. Sein Vorschlag: den Innenausbau herausreißen, den Zusatztank ausbauen und prüfen, ob man von innen Zugang findet. Wir lehnen dankend ab.

Um unsere Hecktür zu entlasten, wollen wir unser schweres Reserverad lieber aufs Dach packen. Jürgen stellt uns einen Kontakt zu einem Schweißer her, der uns aus Vierkantrohren einen Gepäckträger bauen kann. Wir fahren gemeinsam in die Stadt. Es ist hilfreich, dass Jürgen die Planung in der Landessprache Chichewa führt. Elises Dach wird vermessen. Zur Preisverhandlung stoßen wir dazu. Das Material kostet umgerechnet etwa 15 Euro und die Arbeitszeit nochmal 8 Euro. Für den gesamten Tag. Wir werden uns rasch einig und der Schweißer legt am folgenden Morgen los.

Wichtiges Land Rover-Spezialwerkzeug.

Mit unserem Frühstückskaffee in der Hand starren wir weiter auf das Scharnier. Da muss man doch irgendwie drankommen! Wir schrauben die Rückfahrleuchte ab und tasten im Loch herum. Vielleicht 20 Zentimeter bis zum Scharnier. Wir brauchen nur etwas zum Festhalten der Mutter, dann könnten wir die Schrauben von außen wieder reindrehen. Wir entleeren unsere Werkzeug- und Küchenkisten. Mit einer Wäscheklammer, verlängert durch ein Essstäbchen, könnte es klappen. Stefanie führt mit viel Gefühl die Mutter ein. Von außen merke ich, dass ich plötzlich Grip habe. Langsam ziehe ich die Schraube fest. Stefanie ist nun richtig in Schwung. Und mit der zweiten Schraube klappt es doppelt so gut. Das Scharnier sitzt wieder fest. Dieser Erfolg lässt uns direkt ein bis zwei Zentimeter wachsen.

Beschwingt fahren wir nachmittags zum Schweißer. Das Grundgerüst ist fertig und sieht recht brauchbar aus. Mit Händen und Füßen erkläre ich ihm, dass wir noch eine Reling haben wollen, damit der Reservereifen nicht vom Träger rutschen kann. Nach einer Stunde kommen wir wieder. Der Schweißer wird langsam mürrisch. Die Reling hat er nur an einer Seite und viel zu hoch gebaut. Ich bitte ihn freundlich, noch die anderen Seiten zu bearbeiten, gern etwas niedriger. Ich sehe ein, dass er langsam nicht mehr mag. Der Tag war lang. Aber Stefanie und ich wollen fertig werden. Widerwillig macht er sich nochmal an die Arbeit. Wobei ich ihn nicht mehr überzeugen kann, die zu hoch geratene Reling zu kürzen. Nun sieht unser Dachgepäckträger aus wie ein Kinderbett.

Fenstergitter dieser Art sind in Afrika ein gängiger Verkaufsartikel.

Jetzt muss das Ganze noch auf das Dach montiert werden. Da wir mit Elise viel im Gelände sind, muss die Befestigung flexibel sein. Direkt im Dach verschraubt würde die Konstruktion bei der ersten Bewegung sofort ausreißen. Doch für heute ist definitiv Schluss. Meine Überredungsversuche laufen ins Leere. Wir bezahlen ihn für seine bisher geleistete Arbeit und verabreden uns für den nächsten Tag.

Neben uns auf dem Campingplatz sind neue Gäste angekommen. Wir stellen Elise neben einen Oldtimer-Jeep, dessen linke Flanke eine riesige Weltkarte ziert. Er heißt Imperfeicao was auf deutsch »Unvollkommenheit« bedeutet. Eigentlich ist er ein kleiner motorisierter Frankenstein, denn seine Einzelteile sind aus über 40 verschiedenen Autos zusammengesetzt. Imperfeicao bringt seine brasilianischen Besitzer Vanessa und Linho einmal um die ganze Welt. In Brasilien gestartet, haben sie sich durch Südamerika über Mittelamerika in die USA und Kanada hochgearbeitet, um ihr Auto anschließend nach Afrika zu verschiffen. Von hier aus soll es über den Landweg nach Europa gehen, damit sie 2018 rechtzeitig zur Fußball-Weltmeisterschaft in Russland sind.

Die beiden sprechen Portugiesisch. Für die Reise hat Vanessa einen Schnellkurs in Englisch absolviert und Linho ein paar Brocken beigebracht. Hauptsächlich sagt sie »I lovely this« oder »It's possivel.« Doch die gute Laune ist ansteckend. Mit Linho kommen wir ins Gespräch über unsere Dachgepäckträgerkonstruktion. Er scheint Ingenieur zu sein, wenn ich das richtig

Linho und Ngwazi bei der Arbeit.

verstehe, und bietet an, am nächsten Tag mitzukommen, um uns bei der Befestigung zu helfen. Wir nehmen dankend an und starten am nächsten Morgen also zu viert.

Der Tag beginnt suboptimal. Unsere Gasflasche ist leer. Und ohne Kaffee tauge ich nichts. Unserem Schweißer scheint es ähnlich zu gehen, denn der erscheint überhaupt nicht. Eine junge Frau aus dem Laden nebenan sagt, er habe sich krankgemeldet. Dem war ich offenbar zu lästig. Immerhin sperrt sie uns den Lagerraum auf, damit wir an unser Kinderbett rankommen. Was nun? Wir diskutieren eine Weile mit der Frau, ein paar weitere Menschen aus den Läden drum herum kommen dazu.

Ein Raunen geht durch Mzuzu und es scheint sich zu verbreiten, dass zwei Frauen vor einem halbfertigen Dachgepäckträger stehen. Und wie wir noch überlegen, was zu tun ist, taucht von irgendwoher ein anderer Schweißer auf. Sein Name ist Ngwazi und er ist bereit, uns zu helfen. Er spricht ähnlich wenig Englisch wie Linho. Gemeinsam tüfteln die beiden an einer Befestigung für den Dachgepäckträger. Wenig später laufe ich mit Linho über den riesigen Markt von Mzuzu. Was bei uns ein Kaufhaus, ist in Malawi eine Ansammlung kleiner und großer Hütten mit einem ähnlich großen Angebot. Material zu besorgen wird heute meine Hauptaufgabe, denn bald kenne ich die Sortierung der gut 150 Hütten und weiß, wo welche Schrauben zu bekommen sind.

Ngwazi hat seine Stabelektrode an eine Autobatterie angeschlossen. Er rollt die wacklige Holzkonstruktion, auf der diese

Unser Dachgepäckträger – das Ergebnis einer internationalen Kooperation.

befestigt ist, aus seinem Laden hinaus in den Staub. Schutz-
brillen gibt es nicht. Er schaut im richtigen Moment weg oder
hält seine Hand schützend vor die Augen. Ich wiederum sehe
weg, wenn er die Metallstangen zwischen seinen mit Flipflops
bekleideten Füßen hält und mit einer alten Flex zurechtsägt.
Was soll er auch anderes machen? Einen Schraubstock hat er
nicht. Ngwazi und Linho basteln an einer Konstruktion aus
Doppel-T-Trägern. Linho hält die Teile zusammen und zeigt
Ngwazi, wo geschweißt werden muss. Wir lernen, dass das internationale Wort für Schweißen »bsch-bsch« sein muss. Linho
deutet, sagt »bsch-bsch« und Ngwazi schweißt wie wild.

Stefanie ist anderweitig absorbiert. Immer mehr Menschen
aus der Stadt kommen vorbei, um zu sehen, was hier los ist, und
Stefanie ist mit Wohnungsführungen durch Elise beschäftigt.
Sie unterhält sich mit John, der an einem Stand selbstgemalte
Schilder verkauft. Die Straßenschilder sind so gelungen, dass
sie direkt vom Fließband kommen könnten. Stefanie erklärt,
dass wir uns vier Jahre auf diese Reise vorbereitet haben. John
guckt irritiert und antwortet: »Ich bin schon froh, wenn ich
drei Monate planen kann.« Stefanie wiederum wirft ein, dass
wir uns in Deutschland mit einem Zuviel an Planung und Organisation durchaus oft selbst im Wege stehen. Der Bürokratie-
wahnsinn erstickt jede Kreativität im Keim. Stefanie und John
träumen davon, was sie gemeinsam erreichen könnten. Deutsche
Organisation gepaart mit malawischer Fantasie. Eine kleine Prise
brasilianisches Feuer obendrauf. Das könnte immerhin schon
mal ein Dachgepäckträger werden.

Nach einem halben Jahr auf afrikanischem Boden haben wir ein viel besseres Gespür dafür, welch hohes Maß an Flexibilität dieser Kontinent seinen Bewohnern abverlangt. Schon allein das Klima setzt wahre Urgewalten frei. Erst verdorren die frisch gesäten Keime in der Erde, weil die Hitze zu lange anhält, um hinterher von einem sintflutartigen Regen fortgespült zu werden. Manchmal scheint Afrika einen zu verhöhnen. Entsprechend viel Kreativität und auch Optimismus sind erforderlich, um sich immer wieder etwas einfallen zu lassen. Statt den hundertsten Entwurf am Rechner anzufertigen, wird hier einfach mit Intuition ein Wassertank aufgebaut. Alle packen mit an. Wie in Chifunda.

Wir kommen prima voran, sind von Linho gut instruiert und machen ohne ihn weiter. Mittags hole ich zur Stärkung um die Ecke Huhn mit Reis für alle, kurze Pause und weiter geht's. Zur Befestigung des Dachgepäckträgers haben wir eine schicke Konstruktion aus Doppel-T-Trägern verschweißt und nun müssen noch Löcher hinein, damit wir sie am Dach verschrauben können.

Noch ein Foto zum Abschied, dann fahren Linho und Vanessa weiter nach Norden.

Das übernehmen wir. Denken wir jedenfalls. Doch trotz unserer tollen Ausrüstung mühen wir uns ab. Das Metall ist hart. All unsere Kraft kommt zum Einsatz. Der Reihe nach brechen unsere Bohrer ab. Da kommt Ngwazi uns zu Hilfe: »Komm, ich brenne die Löcher schnell hinein.« Stefanie erklärt, dass das so einfach nicht geht und schon genau passen muss.

Wieder unternehmen wir einen Versuch mit der Bohrmaschine. Aber irgendwie hat der Akkubohrer nicht genügend Kraft. Wir geben nach. In zwei Minuten sind acht Löcher hineingebrannt. Mal größer, mal kleiner, aber vollkommen ausreichend für die Befestigung am Dach.

Wir erinnern uns schmunzelnd an den Ausspruch eines Farmers in Sambia: »Ich bin weiß, und deshalb weiß ich alles. Bis ich es tatsächlich tun muss.« Genauso fühlen wir uns gerade. Gut in der Theorie, mit Schwierigkeiten in der praktischen Umsetzung. Doch die wird von der Gemeinschaft kompensiert.

Tansania

Gastfreundschaft und Natur der Superlative.

Tansania ist eines unserer Lieblingsländer im südlichen und östlichen Afrika. Besonders im Kontrast zum Süden des Kontinents ist
hier alles ein bisschen bunter, quirliger und lebendiger. Der unum-
strittene Höhepunkt unserer gesamten Reise war die große Gnu-
Migration in der Serengeti. Aber auch ohne dieses Naturspektakel
ist der Nationalpark beeindruckend. Wer es abenteuerlicher mag,
dem seien der Ruaha- und der gigantische Selous-Nationalpark im
Süden empfohlen. Man kann wandern in den Udzungwa- und den
Usambara-Bergen. Oder an einem der paradiesischen Strände am
indischen Ozean die Seele baumeln lassen. Leider sind viele
Nationalparks und Unternehmungen in Tansania relativ teuer. Es
werden überwiegend Gruppenreisen angeboten, dabei kannst du
Tansania prima im eigenen Mietwagen bereisen. Aber Vorsicht:
Nicht jeder Vermieter erlaubt die Einfahrt in die Serengeti.

Kenia

Amboseli
ational Park

Tsavo East
National Park

ilimanjaro

Moshi

Tsavo West
National Park

MOMBASA

Usambara
Mountains

Lushoto

5

Tanga

3

Sansibar

Morogoro

Daressalam

Mikumi
National Park

ungwa
ntains

Selous
National Park

Unsere persönlichen Höhepunkte:

1 Serengeti-Nationalpark

So viele Raubkatzen und große Antilopenherden wie hier haben wir in keinem anderen Park gesehen. Ein Nachteil sind die grauenvoll schlechten Pisten. Auf dem Weg in die Serengeti kommt man am Ngorongorokrater vorbei. Wer ein bisschen Zeit hat, sollte auf dem Rückweg noch zum Natronsee fahren.

Weitere aktuelle Infos zum Reisen in Tansania findest du auf unserem Blog www.giraffe13.de.

2 Iringa

Zwischen Mbeya im Süden Tansanias und der Hauptstadt Daressalam liegt die sympathische Stadt Iringa mit dem schönsten Markt im ganzen Land. Hervorragende Chapatis gibt es im »Hasty Tasty Too«. 50 Kilometer entfernt von Iringa liegt der wunderbare Campingplatz »Kisolanza Farm«.

3 Pangani Beach

Dieser Strand ist für uns der schönste am indischen Ozean und kann ohne Probleme mit Sansibar mithalten. Im »Peponi Beach Resort« ist man gut aufgehoben.

4 Südliches Hochland

Das Klima hier ist etwas kühler und feuchter, deshalb werden in der hügeligen Gegend Tee und Kaffee angebaut. Wer sich für Kaffee interessiert, kann auf der Utengele Coffee Farm alles lernen, was es über Anbau, Ernte und Produktion zu wissen gibt. Natürlich mit anschließender Verkostung.

5 Usambara-Berge

Schon die Anfahrt über Lushoto bietet ein einzigartiges Panorama. Für die Wanderungen wird meist ein Guide empfohlen, auf kleine Entdeckungstouren kann man aber auch allein gehen. Mit viel Glück findet man sogar die seltenen Usambara-Veilchen.

16

Polepole, Mzungu

Stefanie

Auf der Mushroom Farm entsteht alles in einem organischen Kreislauf. Für Strom, Licht, Musik, warmes Duschwasser und kühles Bier an der Bar sorgt die Solaranlage. Das Wasser entspringt im Fels. Der Inhalt der Kompost-Toiletten düngt das Gemüsebeet, dessen Ernte den Gästen serviert wird, die später die Hygiene der Kompost-Toilette bewundern. Alles entspringt einer natürlichen Quelle. Genauso wie das breite, herzliche Tausendwatt-Lächeln von Florence, der Chefin, die uns an der Bar begrüßt.

Eine Stunde lang kämpfte und klapperte sich unsere blaue Elise die vom Regen verwaschene steinige Piste den Berg hinauf. Nach zwanzig Haarnadelkurven kommen wir in Livingstonia an. Der kleine Ort thront hoch über dem Malawisee am Fuße des Nyika-Plateaus, einer kargen, schroffen Berggegend. Hier gibt es eine alte schottische Mission, ein Krankenhaus und ein Museum. Und unseren letzten Stopp in Malawi, bevor wir Richtung Norden nach Tansania weiterfahren.

Florence macht uns mit den Gepflogenheiten auf der Farm vertraut. Die weiblichen Gäste werden gebeten, Schultern und Knie zu bedecken. Den Frauen aus dem Dorf, die in der Küche und im Garten arbeiten, wäre der Anblick von Trägertops und Shorts peinlich. Im Norden Malawis geht es schon ostafrikanischer zu. In den Ländern des suahelischen Kulturkreises wird der Einfluss muslimischer, je weiter man zur Küste und nach Norden kommt. Als Gast ist es eine Frage der Höflichkeit, sich den Sitten vor Ort entsprechend angemessen zu kleiden.

Unser Abendessen bestellen wir nachmittags, denn das vegetarische Menü wird frisch, von Hand und über offenem Feuer zubereitet. Ob Brot, Kaffee oder Gemüse, alles wird selbst hergestellt. Heute Abend soll es Gemüsesuppe, vegetarische Bolognese und Kuchen geben.

Florence könnte Besitzerin eines Clubs in Harlem, New York sein. Abends trägt sie einen dunklen Wickelrock, in dem sie zwischen den Gästen hin und her wirbelt, um sie zu begrüßen, ihnen einen Cocktail anzubieten und sie zu den Tischen zu führen.

Jazz säuselt aus den Lautsprechern, Ray, der Barkeeper schüttelt die ersten Cocktails. Hinter ihm glimmt ein Holzofen, der einen Wasserkessel für frischen Tee aufwärmt. Die Tische sind stilvoll gedeckt und mit Kerzen beleuchtet. Der Blick schweift über die Terrasse hinunter auf den langen Malawisee. In der Ferne funkeln die Lampen der dümpelnden Fischerboote.

Nach drei Tagen ist der Abschied von Livingstonia überschwänglich. Erst zieht uns Florence an ihr Herz, dann Ray. Wir werden einmal durch das ganze Dorf gedrückt. Auch die Frauen aus der Küche kommen angelaufen, jeder möchte sich mit einem strahlenden Lächeln und einer Umarmung für unseren Besuch bedanken. Wir haben die leckere Verpflegung, die diese Frauen in einer rudimentär ausgestatteten Küche für uns auf den Tisch zauberten, sehr genossen – und die herzliche Gastfreundschaft im Camp noch viel mehr.

Auf dem Weg zurück ins Tal begleiten uns die freudigen Rufe der Kinder: »Mzungu, mzungu! – How are you?«. Das »you« wird dabei besonders nachdrücklich gebrüllt. Wir winken, hupen und lachen zurück. Mzungu bedeutet wörtlich übersetzt: Mensch, der ziellos umherrennt, und ist seit Jahrhunderten Synonym für europäische Entdecker und nun auch für uns Reisende. Ich finde das nicht beleidigend. Ich finde das passend. Wenn die Kleinen wüssten, wie recht sie haben mit ihrer Beschreibung.

Ich muss an den Münchner Marienplatz zur Hauptverkehrszeit denken. Wie sinnlos wir uns links herum und rechts herum drehen, hierhin und dorthin hetzen. Wichtig und unersetzlich fühlen wir uns: Resturlaub schieben, Überstunden anhäufen. Und alles nur, um abends die online bestellten Konsumgüter von den Packstationen in unsere vollgestopften Wohnungen zu schleifen, und uns dabei wie wertvolle Mitglieder der Gesellschaft zu fühlen.

Nach sieben Monaten auf Reisen freuen wir uns, wenn wir auf dem Markt handtellergroße Avocados oder frische Mangos ergattern. Und wenn ein Grenzübergang reibungslos verläuft. Anfangs war uns an solchen Tagen immer etwas mulmig: Wissen wir, welche Papiere wir im nächsten Land brauchen? Haben wir alles Nötige dafür organisiert? Wie lange wird es wohl dauern? Jetzt benehmen wir uns nicht mehr wie Mzungus und fuchteln hektisch mit unseren Dokumentenhüllen. Geduldig reihen wir uns in die Schlange ein, plaudern, scherzen und sammeln unsere Stempel. Dann sind wir endlich in Tansania. Ostafrika!

Birgit wollte nicht nach Tansania. Sie hätte nach der Lektüre eines deutschsprachigen Reiseführers am liebsten kehrtgemacht. Anstatt Reiselust riefen die schaurigen Schilderungen korrupter Polizei und krimineller Tansanier in Birgit Erinnerungen an unsere Erlebnisse in Simbabwe hervor. Auch andere Reisende berichteten von willkürlichen Kontrollen durch Polizisten, die sich mit erfundenen Bußgeldern etwas zu ihrem mageren Gehalt dazuverdienen.

Ich aber will unbedingt nach Tansania. Ich will endlich auch ein Land bereisen, das wir noch nicht aus einem Urlaub kannten. Ich will Neues entdecken, einen fremden Kulturkreis erkunden. Mein fester Glaube: Eindrücke muss man selbst machen. Die Erlebnisse sind immer individuell. Die ersten Brocken Kisuaheli habe ich auch schon gelernt. Und ich habe die Hoffnung nicht aufgegeben, dass auch Birgit irgendwann ihr sorgenvolles Gewand abwerfen und sich ganz mit mir in den Fluss des afrikanischen Lebens stürzen wird.

In Sunga Moyo, einem Camp am Ufer des Malawisees, dachte ich, es wäre so weit. Für eine Woche hatten wir unser Lager direkt am See aufgeschlagen, die Hängematte zwischen zwei Mangobäume gespannt und wollten Energie tanken für den nächsten Abschnitt unserer Reise. In Malawi ist im Juni Winter und wir waren bis auf zwei ältere Paare die einzigen Gäste. Die deutsche Besitzerin war in Lilongwe auf der Suche nach einem neuen Koch und so waren wir Urlauber auf uns allein gestellt. Nur das schwarze Sicherheitspersonal streifte gelegentlich über das Grundstück.

Und eine weiße korpulente Südafrikanerin, mit ihren drei kalb-großen Rhodesian-Ridgeback-Jagdhunden, die sie am Strand Gassi führte. Ihr schien das benachbarte Grundstück zu gehören und offenbar kannte sie das Ehepaar, das neben uns campierte, von früher. Er war ehemaliger Mitarbeiter des früheren Präsidenten Hastings Banda, was er uns stolz verkündete. Seine Frau schlief viel und versuchte zwischendurch ihren psychotischen Schoßhund zu beruhigen.

Abends kam die Südafrikanerin samt Hundestaffel zum geselligen Grillabend bei ihren Freunden zu Besuch. Ihre Hunde tobten unkontrolliert über den Campingplatz, rasten durch unser Lager, versuchten Essen aus dem Müllbeutel zu klauen, erledigten ihr Geschäft neben meiner Hängematte. Sie schien das alles nicht zu stören. Obwohl ich Hunde liebe, waren mir diese unerzogenen Biester schon nachmittags unangenehm aufgefallen. Der jüngere Rüde hatte mich von hinten angesprungen und mir in die Hand gebissen. Reaktion der Hundehalterin: Gelächter.

Und dieses feixende Gelächter höre ich auch, als ich von meinem Brotbackprojekt aufblicke und Birgit mit Zornesfalte im Gesicht zwischen der knurrenden Hundemeute und dem Nachtwächter stehen sehe. Die drei Hunde haben einen Halbkreis um die beiden gebildet und bedrohlich die Zähne gefletscht. Sie springen immer wieder bellend, die muskulösen Körper zum Angriff gespannt, in Richtung Wachmann. Birgit ruft der Hundehalterin zu: »Pfeifen Sie ihre Hunde zurück.« Diese antwortet mit schadenfroh verkniffenem Mund: »Was soll ich machen, die Hunde sind jung und das liegt in ihrer Natur.« Sie scheint die Szene zu genießen.

Von Natur kann keine Rede sein, die Hunde wurden offensichtlich darauf abgerichtet, Menschen mit schwarzer Hautfarbe anzugreifen. Sie versuchen immer wieder, an Birgit vorbeizukommen, die sich mit schützend ausgebreiteten Armen vor dem Wachmann positioniert hat. Die Angst steht ihm ins Gesicht geschrieben und er greift nach einem Stein. Die Südafrikanerin wird wütend: »Lass das! Leg sofort den Stein weg.« Jetzt platzt Birgit der Kragen. Wütend treibt sie die Hundegang auseinander und stürmt in Richtung Hundebesitzern: »Legen Sie sofort Ihre verdammten Köter an die Leine. Sie sehen doch, dass sie den Mann belästigen.«

Es kommt zum Streit. Birgit verteidigt den Wachmann vehement. Nach allen Ungerechtigkeiten, die wir im südlichen Afrika gegenüber Schwarzen erlebt haben, lässt Birgit ihrer Wut freien Lauf. Sie schlägt die Nachbarin in die Flucht: »Wenn ich hier nicht willkommen bin, gehe ich eben.« Ich stehe mit meinem Brotbacktopf verdutzt am Grill und bin wahnsinnig stolz auf Birgit.

Dass sich Birgit nun von einem Buch ins Bockshorn jagen lässt und Angst vor Tansania hat, verstehe ich nicht. Jetzt sind wir so lange unterwegs und haben immer wieder erlebt, dass nie etwas so dramatisch ist wie beschrieben, schon gar nicht, wenn es aus einem deutschen Reiseführer stammt. Bereits der Grenzübergang gibt mir recht. Es ist der freundlichste und strukturierteste Grenzübertritt der ganzen Reise. Der Visabeauftragte begrüßt uns herzlich in Tansania: »Karibu sana! Sie sind herzlich willkommen.« Der Grenzbeamte weiß zum ersten Mal etwas mit unserem Zolldokument fürs Auto anzufangen. Ein funktionierender Geldautomat, keine Schlepper.

Jedes Mal sind wir aus Neue verblüfft, wie sehr sich doch alles ändert, wenn man eine kleine Linie auf der Landkarte überquert. Eben fuhren wir noch an Feldern und kleinen Bauernhäusern vorbei. Nur zwei Kilometer weiter, hinter der Grenze von Songwe, öffnet sich plötzlich die exotische Welt Ostafrikas: Reisterrassen, Bananenplantagen, Teesträucher und Kaffeebäume so weit das Auge reicht. Die Luft ist frisch und kühl hier im Hochgebirge Tansanias. Motorräder und Bajajis, motorisierte Dreiräder, sausen durch die engen Straßen, Musik tönt aus den vielen kleinen Verkaufsständen, die sich am Straßenrand aufreihen.

Tansania erobert unsere Herzen im Sturm. Fast sieben Wochen verbringen wir in dem Land. Unsere Route führt uns durch das südliche Hochland zur Küste. Durch die Usambara-Berge in den Norden und schließlich durch die Serengeti an den Viktoriasee. Zum ersten Mal stoßen wir mit der englischen Sprache an unsere Grenzen, und ich beginne Kisuaheli zu lernen.

Die Ursprünge der Suaheli-Kultur sind historisch umstritten. Vom 9. bis ins 17. Jahrhundert blühten bedeutende wohlhabende Handelsstädte entlang der gesamten ostafrikanischen Küste. Von Lamu im Norden Kenias über Kilwa in Tansania bis hinunter zur Küste von Mosambik. »Swahili« bedeutet Küstenbewohner. Früher wurde vermutet, dass erst die Besiedlung durch arabische Handelsreisende die Kultur entstehen ließ. Heute weiß man, dass die mittelalterlichen Küstengebiete sich schon vorher zu kleinen Landwirtschafts- und Fischereigemeinden entwickelt hatten, die den Beginn der Suaheli-Kultur bilden.

Die Ankunft der Araber im 12. Jahrhundert verstärkte dann den Einfluss des Islam, und führte zu einer Mischung von afrikanischen und arabischen Traditionen. Man handelte mit Gold und Edelsteinen, später auch mit Elfenbein und Sklaven. Die gefürchteten Karawanen gelangten bis tief in den Kongo hinein.

Über die Jahrhunderte prägten arabische, indische und persische Einflüsse die Lebensweise der Menschen. Auch heute noch kann man die eindrucksvollen mittelalterlichen Bauten und die multikulturelle Vielfalt bewundern.

Unsere erste Nacht verbringen wir in Tukuyu, kurz hinter der Grenze, in einem Camp, das von der Dorfgemeinschaft geführt wird. Die Einnahmen kommen den Kindern im Dorf und kulturellen Projekten zugute. Es schüttet aus Eimern. Wir sind die einzigen Gäste und schlagen unser Lager unter Avocadobäumen mitten im Dorf auf. Die Jungs, die sich um das Camp kümmern, bieten uns ein warmes Abendessen im Restaurant und Kisuaheli-Unterricht an. Wir nehmen dankend an. Bei dieser Witterung ist an ein gemütliches Picknick vor unserem Landy nicht zu denken.

Tukuyu ist eingerahmt von den üppig bewachsenen Ausläufern des Rungwe-Vulkans. Entlang der Serpentinenstraße öffnen sich weite Ausblicke auf mit dichtem Regenwald bewachsenen Hügeln und Kaffee- und Teeplantagen in den tiefen Tälern. Das kleine Dorf wurde vor über hundert Jahren von Deutschen als Verwaltungssitz gegründet, den man noch heute besichtigen kann.

Die bunten Bajajis sind in Mbeya allgegenwärtig.

Die deutsche Kolonialgeschichte in Ostafrika war kurz, aber nicht minder brutal. Heute schätzt man, dass Anfang des 20. Jahrhunderts fast 300.000 Menschen beim wenig bekannten Maji-Maji-Aufstand und seinen Folgen starben.

Doch im Gegensatz zu Namibia scheint es in Tansania keinen Groll gegen uns Deutsche zu geben, so berechtigt er auch wäre. »Wali na kuku?«, ob wir Reis mit gebratenem Hühnchen möchten, fragt uns Hashim. Als sein Freund Akil mit dem Fahrrad in der anbrechenden Dunkelheit verschwindet, merken wir, dass es hier gar keine Küche gibt. Gemeinsam mit Hashim warten wir im Gemeinschaftsraum des Camps auf das Abendessen. Wir vermuten, dass Akil nach Hause zu seiner Mutter radelt, die unser Gericht zubereiten wird.

Wir stehen vor einer großen Tafel und erhalten unsere erste Sprachlektion. »Hujambo, das heißt guten Tag. Aber eigentlich sagen wir ›Mambo‹. Wenn ihr nicht als Touristen auffallen wollt, antwortet ihr mit ›Poa, poa‹. Was soviel wie ›alles cool‹ bedeutet.« Weiter geht es mit dem Begrüßungsritual: Wo kommst du her, wo willst du hin, hast du Geschwister, wie geht es deinen Eltern, was macht die Arbeit? Diesen Prozess abzukürzen, gilt als unhöflich. Wir Europäer seien hier oft zu ungeduldig und verstünden die ostafrikanischen Gepflogenheiten nicht. Seine Erläuterungen schließt er mit der für uns wichtigsten Redewendung ab: »Polepole, Mzungu«, immer langsam, weißer Mann, übersetzt er und lacht.

Gern hätten wir gemeinsam mit Hashim und Akil am nächsten Tag die Teeplantagen und das Dorf erkundet, aber der Regen will nicht nachlassen. Tukuyu wird nicht zu unrecht der feuchteste Ort Tansanias genannt. Und so zieht es uns hinunter ins Tal nach Iringa, wo wir unsere Vorräte auf dem Markt auffüllen wollen.

Wir sind kaum losgefahren, da machen wir Bekanntschaft mit der hiesigen Polizei. Nach unseren Erlebnissen in Simbabwe und den Schilderungen anderer Reisenden machen wir uns auf das Schlimmste gefasst. Nervös teste ich meine frisch gelernten Brocken Kisuaheli: »Shikamoo, Mzee« – Meinen Respekt, sehr geehrter Herr, und weiter noch etwas holprig, »Habari za leo« – wie ist Ihr Tag?

Der Polizist mustert mich erstaunt. Dann bricht sein verschattetes Gesicht auf zu einem strahlend-sonnigen Lächeln, das von einem Ohr zum anderen reicht: »Maharaba, Mama« – ich nehme Ihren Respekt dankend an, meine Dame. Sie sprechen Kisuaheli? Wie schön. Woher kommen Sie? Wer fährt mit Ihnen? Wo wollen Sie hin? Nach Iringa, eine schöne Stadt. Wie gefällt es Ihnen in unserem Land? Karibu sana, fühlen Sie sich bitte herzlich willkommen.« Wir plaudern solange es meine Sprachkenntnisse zulassen und wechseln dann ins Englische. Hakuna matata – kein Problem.

Die Polizeikontrollen in Tansania sind meist an gefährlichen Kurven, an Ortseingängen und -ausgängen positioniert. Wir erleben sie niemals als bösartig, korrupt oder unfair. Wir lernen, dass nach der Unabhängigkeit und nach dem Bau der Hauptstraße die Menschen aus den Dörfern zwangsumgesiedelt wurden. Von den Chinesen. Sie wollten die Menschen besser ausbilden und versorgen können, indem sie entlang der geteerten Lebensader Schulen und Krankenhäuser bauten. Heute leben 75 Prozent der Menschen an Hauptstraßen. Damit erklären sich auch die strengen Verkehrsregeln. In den ersten Jahren starben viele Tausend Kinder im Straßenverkehr. Die Polizeikontrollen erfüllen also eine wichtige Aufgabe. So lernen wir dabei die Sprache besser, tauschen uns aus, erfahren Interessantes über die Umgebung und kommen beschwingt in Iringa an.

In Ostafrika gibt es selten Supermärkte. Alles, was man braucht, findet man auf dem Markt. So auch in Iringa. Die ganze Stadt ist ein riesiger Markt. In der Mitte befindet sich eine große Halle, in der die Händler von ihren hohen Aufbauten herab frisches Gemüse und Obst anbieten. In den vielen kleinen Sträßchen, die vom Zentrum wegführen, reiht sich Stand an Stand. Ein Verkäufer bietet Putzmittel, der andere Eimer und Kisten, der nächste Ersatzteile für Autos. Eine Seitenstraße weiter scheint die Damenabteilung zu sein: Hüte, Wickelröcke, Schuhe, in der nächsten glauben wir, in einem Baumarkt zu stehen.

Nachdem wir uns mit frischem Gemüse und Obst eingedeckt haben, versuche ich herauszufinden, wo man in Tansania eine Mobilfunkkarte bekommt. Eine junge Zeitschriftenverkäuferin schickt mich zu Tigo. Offenbar gucke ich so ahnungslos, dass sie gleich alles stehen und liegen lässt und uns persönlich zum Mobilfunkladen bringt. »Karibu sana – das mache ich wirklich sehr gern.« Die Höflichkeit und Gastfreundschaft der Menschen in Tansania sind bislang einzigartig.

Supermärkte sind in Ostafrika selten. Alles, was man zum Leben braucht, gibt es auf dem Markt.

Der Vormittag vergeht wie im Flug. Wir bummeln durch die Gassen, erstehen eine türkisblaue Blechkiste, die wir auf unseren neuen Dachgepäckträger schrauben wollen. Im *Hasty Tasty Too*, einem kleinen niedlichen Restaurant, kehren wir zum Mittagessen ein. Wir bestellen Chicken Chapati, Wraps gefüllt mit Hühnchencurry und Gemüse, dazu gibt es Masala-Fritten. Als Vorspeise probiere ich noch ein hausgemachtes Samosa. Die Suaheli-Küche ist durchdrungen von verschiedensten kulinarischen Einflüssen: indische Gewürze, arabische Gerichte, verfeinert mit exotischen Früchten, ein einmaliges Geschmackserlebnis.

Gestärkt brechen wir auf nach Isimila, einer Ausgrabungsstätte, in der Fossilien und Werkzeuge aus der Steinzeit gefunden wurden. Über die Geschichte gibt ein kleines Museum Auskunft, die Ausgrabungsstätten selbst liegen in einem alten ausgetrockneten Flussbett. Das Wasser hinterließ hier fotogene Felsformationen, durch die uns ein Guide führt.

Wir schließen uns einem jungen tansanischen Paar an. Hosea ist BWL-Student aus Moshi und Martha, seine Freundin, wohnt in Iringa. Er ist vom Stamme der Massai, was man ihm in seinen gebügelten Chinos und seinem blauen Hemd nicht auf den ersten Blick ansieht. Er fragt, ob wir in Deutschland auch so etwas wie Stämme haben. Wir versuchen, den beiden den Unterschied zwischen Bayern und Preußen zu erklären und lachen über die vielen Gemeinsamkeiten.

In den Straßen von Stone Town auf Sansibar.

Die beiden blicken zuversichtlich in ihre Zukunft. Der erste Präsident Julius Nyerere hat die Stämme vereint, indem er Kisuaheli als gemeinsame Sprache eingeführt hat. Seitdem leben die verschiedenen Gruppen friedlich miteinander. Und auch der neue Präsident John Magufuli soll entgegen europäischer Medienberichte seinen Job gut machen, indem er Korruption unerbittlich bekämpft, auf Bildung setzt und die Wirtschaft ankurbelt.

Über die ostafrikanische Savanne des Mikumi-Nationalparks fahren wir weiter in die Metropole Dar Es Salaam, die ehemalige Sklavenhauptstadt Bagamoyo bis hoch hinauf in die Usambara-Berge. Wo die Veilchen wohnen und wir in den letzten verbliebenen Fetzen des uralten Bergregenwaldes wandern wollen. Früher – vor dem europäischen Heißhunger auf Rohstoffe und dem unaufhaltsamen Wachstum industrieller Landwirtschaft – spannte sich der Regenwald wie ein breiter grüner Gürtel um die Hüfte Afrikas. Heute sind nur noch wenige Flecken als Nationalpark geschützt, um die wenigen verbleibenden Exemplare der endemischen Flora und Fauna zu schützen. Wie das Usambara-Veilchen, die ulkigen Stummelaffen, Chamäleons oder seltene Schmetterlinge.

Der Raubbau an der Natur begleitet uns über viele Kilometer, seit wir bei Segara auf die B1 gebogen sind. Endlose Felder mit Sisal-Pflanzen rauschen an uns vorbei. Aus den Agavengewächsen werden Fasern für die Herstellung von Tauen, Säcken und Teppichen gewonnen. Zur Kolonialzeit ein begehrter Rohstoff

179

und noch heute ist Tansania zweitgrößter Exporteur. Die steigende Nachfrage nach Biokraftstoffen kurbelt die Produktion nun wieder an. Nicht nur aus Getreide, auch aus Agaven kann man Ethanol gewinnen, das als Bio-Benzinersatz dem aus Erdöl gewonnenen Kraftstoff zugesetzt wird.

Wir biegen bei Mombo auf die Bergstraße nach Lushoto ab, die sich in panoramareichen Schleifen durch immer dichteren Wald windet. Aufgrund des kühleren Klimas siedelten sich hier in der Kolonialzeit viele deutsche Beamte an. Die Siedlung bekam damals den Namen Wilhelmstal. So fühlt man sich am Stadtrand des heutigen Lushoto immer noch in ein Berliner Villenviertel aus dem 19. Jahrhundert versetzt.

Als wir auf der *Irente Biodiversity Reserve Farm* ankommen, beginnt es zu tröpfeln. Wir erkunden die Gegend auf eigene Faust: ein kurzer Streifzug ins Dickicht. Wir werden begleitet von den Gesängen so vieler verschiedener Vögel, dass mein Ohr sie nicht mehr auseinanderhalten kann. Auf einem einsamen Ast überraschend gut getarnt, verdreht ein giftgrünes Chamäleon die Augen nach uns.

Auf einem Spaziergang durch die Dörfer zum Irente-Aussichtspunkt treffen wir auf eine Gruppe junger Mädchen. Sie winken uns heran und schenken uns selbstgepflückte Blumen. Aus jeder Hofeinfahrt heraus schallt ein lautes »Jambo, jambo!« aus Kinderkehlen. Die Mütter lachen und winken. Ein Junge, nicht älter als fünf, mit Messer und Feuerzeug bewaffnet, schnappt sich entschlossen Birgits Hand. Er setzt eine grimmige Miene auf und hat sich eindeutig zu ihrem Beschützer erklärt. Ich plaudere mit seinen Freunden über die Schule, ihre Familien und unsere Reise.

Wieder allein balancieren wir über kahle Felsen zum Abbruch der westlichen Usambara-Berge. Wir stehen hoch oben auf dem Aussichtspunkt. Das Gebirge fällt an dieser Stelle abrupt ab und unser Blick schweift bis in die fernen Ebenen der Massai. Einen Kilometer geht es steil in die Tiefe, was das Panorama mit den schroffen, vernebelten Bergspitzen um uns herum noch eindrucksvoller macht. Auf mich wirkt es, als wolle sich der undurchdringliche alte Wald mit dieser letzten unüberwindbaren Barriere gegen die Menschen verteidigen.

Bevor wir weiter zu den schneebedeckten Gipfeln des Kilimandscharo und in die Serengeti fahren, gönnen wir uns eine faule Strandwoche auf Sansibar. Die Kontraste auf der berühmten Gewürzinsel könnten nicht schärfer sein. Türkisblaues Meer und blendend weißer Sandstrand heben sich gegen die verrottenden Prunkbauten von Stone Town ab. Duftende Gewürzplantagen gegen den Geruch des Mülls in den Seitenstraßen. Exklusive Luxusunterkünfte mit Privatstrand gegen die Armut der Inselbewohner.

Am Strand von Matemwe beobachte ich eine alte Frau, die Palmwedel turmhoch auf ihren Kopf gestapelt zu den schroffen Felsen am Ende der Bucht schleppt. Sie wird sie dort ausschlagen und zum Trocknen auf dem heißen Sand ausbreiten. Vielleicht sollen sie später Dach oder Seitenwand oder Fußboden für ihre Hütte werden. Oder sie wird sie zu Körben flechten und versuchen, diese an Touristen zu verkaufen.

Strandurlaub in Matemwe auf Sansibar.

Aus dem Augenwinkel beobachte ich eine schmale weiße Urlauberin, in funktionale Fitnesskleidung gepresst, die ihre Yogamatte lustlos am Strand ausbreitet. Die Andeutung des *Sonnengrußes*, ein schneller *herabschauender Hund* und sie lässt sich faul neben ihrem Gatten in den Sand plumpsen, der nach fünf Liegestützen ebenfalls genug körperliche Ertüchtigung geleistet hat.

Luxus trifft einen in Afrika unerwartet und nicht immer in der Form, die man vermutet. Im italienisch geführten Makondo Camp in Malawi versprachen Korbstühle, mediterranes Flair und Pizza ein Heimatgefühl. Doch die Besitzer waren unfreundlich, die Dusche nicht warm zu bekommen und die Toilette rückblickend eben doch in einem italienischem Zustand. Genauso auf Sansibar, ebenfalls fest in italienischer Hand. Wir waren urlaubsreif und auf der Suche nach einer Oase der Vertrautheit: familiäres Gästehaus, italienisches Menü – wir sehnten uns nach ein bisschen Dolce Vita unter Palmen. Doch irgendwas stimmt nicht. Mit uns. Wir genießen es nicht, wir vermissen die herzliche Gastfreundschaft und das interessierte suahelische Begrüßungsritual. Die anderen Hotelgäste grüßen nicht, alle schweigen sich an, huschen wortlos aneinander vorbei. Man bespäht sich nur misstrauisch. Jeder will für sich bleiben. Beim Abendessen sitzen schon alle ungeduldig, als wir noch den Sonnenuntergang auf der Terrasse genießen und den hübschen Dhau-Segelschiffen hinterher blicken. Und denken: Polepole, Mzungu.

Mit den flachen Dhau-Segelschiffen fahren die Fischer in Tansania aufs Meer hinaus.

Birgit

»Die Gnus überqueren den Fluss«, sagt Stefanie aufgeregt und liest mir eine Nachricht von unseren brasilianischen Freunden Vanessa und Linho vor. Die beiden sind gerade in der Serengeti und beobachten am Marafluss ein einzigartiges Naturschauspiel: die große Gnuwanderung.

In der Serengeti in Tansania und der angrenzenden kenianischen Masai Mara durchqueren etwa eine Million Gnus das Naturschutzgebiet auf der Suche nach Wasser. In einem riesigen Kreis folgen sie dem Regen: Von Januar bis Mai halten sie sich im südlichen Teil der Serengeti auf, beginnen im Juni den Weg nach Norden, um zwischen Juli und August den Marafluss nach Kenia zu überqueren. Eine heikle Stelle ihrer Wanderung, denn nicht alle Tiere kommen heil am anderen Ufer an. Die Böschungen sind steil, das Gedränge groß und im Fluss lauern Krokodile.

Im Herbst wendet sich die Herde allmählich wieder Richtung Süden und der Kreislauf beginnt von neuem. Es ist die letzte derart große Tierwanderung auf unserer Erde. Eigentlich war es immer unser heimlicher Traum, die Herden bei der Flussüberquerung zu beobachten. Trotzdem haben wir den Besuch nicht wirklich geplant. Wir wollten nicht gehetzt und mit Termindruck reisen, zumal schwer zu sagen ist, wann genau das *Crossing* beginnt. Doch nun ist es soweit.

Wir wiederum stehen am Kilimandscharo. Unser Reiseführer hat versprochen, dass man dieses einzigartige Bergmassiv, das mit dem Kibo den höchsten Gipfel Afrikas besitzt, schon von weitem sehen kann. Doch seit zwei Tagen liegen die Berge unter einer dicken Wolkendecke und wir erfahren, dass man großes Glück haben muss, das Wahrzeichen Tansanias überhaupt zu Gesicht zu bekommen. An dieser Stelle beschließen wir endgültig, unseren Reiseführer den Flammen zu übergeben. So ist er wenigstens als Grillanzünder zu gebrauchen.

Unsere Chance auf die Migration ist zum Greifen nah. Was tun? Stefanie hat Vanessa und Linho vom Herdtracker erzählt, einem Twitterkanal, auf dem man die Gnuwanderung verfolgen kann: Das Leitgnu zwitschert, wo sich die Herde gerade aufhält. Die beiden hatten zuvor noch nie von der großen Wanderung gehört. Und nun ist ihnen gelungen, wovon wir schon seit Jahren träumen. Wie lange die Herden wohl den Fluss überqueren? Wenn wir richtig Gas geben, brauchen wir zwei Tage bis zur Serengeti. Dann müssen wir noch quer durch den Park Richtung kenianische Grenze. Wenn wir ankommen und die Tiere sind fort – was für eine Enttäuschung. Aber wer nicht wagt, der nicht gewinnt. Wir sind uns schnell einig: Wir werden es versuchen und morgen ganz früh aufbrechen.

Am Manyara-See vorbei geht es zum Eingang der *Ngorongoro Conservation Area*. Denn auf unserem Weg zur Serengeti liegt noch ein weiterer Höhepunkt: der Ngorongoro-Krater. Dieser ehemalige Vulkanberg ist gewissermaßen in sich selbst zusammengefallen und hat dadurch einen 17 mal 21 Kilometer großen Krater hinterlassen. Darin existiert ein einzigartiges Ökosystem, denn die Tiere können den Krater nicht verlassen, zu steil sind

Der Ngorongokrater war einmal ein Vulkan. In seinem Inneren tummeln sich heute Elefanten, Zebras, Antilopen und zahlreiche Raubtiere.

die Wände. Auf dichtem Raum tummeln sich Elefanten, Nashörner, Zebras, Antilopen und zahlreiche Raubtiere.

Elise wirkt etwas verloren zwischen all den khakifarbenen Safarifahrzeugen am Eingang zur *Conservation Area*. Kein einziger Selbstfahrer weit und breit. Die Formalitäten sind schnell erledigt und für 180 US-Dollar dürfen wir am Krater vorbei Richtung Serengeti fahren.

Die Fahrt in den Krater selbst ist uns mit 300 Dollar für sechs Stunden zu teuer. In Serpentinen schlängeln wir uns Stück für Stück hinauf Richtung Kraterrand. Mit jedem Höhenmeter nimmt der Nebel zu, die Sichtweite ab. Wir erreichen den berühmten Aussichtspunkt. Und sehen absolut gar nichts! Vom Parkplatz aus kann man nicht mal die fünf Meter bis zur Brüstung erkennen.

Frustriert fahren wir ein Stückchen weiter, hoffen auf eine andere Plattform mit besserer Sicht. Doch egal wo wir halten, die Wolkendecke ist komplett geschlossen. Wir entscheiden uns, zurück zum Hauptaussichtspunkt zu fahren und zu warten, bis der Nebel sich auflöst.

Wir parken, gönnen uns ein zweites Frühstück und absurderweise stehen wir in einem der besten WLAN-Hotspots überhaupt auf dieser Reise. Entsprechend schnell vergeht die Zeit und wir sind hoffnungsvoll, als wir bemerken, dass die Wolken allmählich etwas durchlässiger werden. Nach knapp zwei Stunden, gegen kurz nach zehn, kommt richtig Bewegung in die Sache. Wir steigen aus und gehen vor zur Brüstung. Die Wolken weichen auseinander und geben endlich den Blick in den Krater frei.

Es ist, als würde man die Erde am ersten Tag ihrer Erschaffung erblicken. Geradezu paradiesisch erscheint diese Welt von oben.

Elefanten durchstreifen die saftigen Wiesen des Kraters, Antilopen springen quer und eine Zebraherde kommt dazu. Noch stört kein Safarifahrzeug die Idylle und man kann sich für einen Moment der Illusion von Unberührtheit hingeben. Das Warten hat sich gelohnt.

Wir saugen diesen Anblick auf, bis wir uns satt gesehen haben. Der Krater war ursprünglich Massai-Land, doch die Deutschen, die Anfang des 20. Jahrhunderts Tansania in Deutsch-Ostafrika kolonialisiert hatten, siedelten die Massai in ein Reservat am Kilimandscharo um. Erst in den 50er Jahren wurde ein Schutzgebiet rund um den Krater eingerichtet, in dem die Massai wieder Landwirtschaft betreiben dürfen.

Auf dem Weg Richtung Serengeti kommen wir an zahlreichen Massai-Dörfern vorbei. Überall stehen Safarifahrzeuge, die den Massai einen Besuch abstatten. Die einst so stolzen Krieger stehen zerlumpt am Straßenrand. Der Eindruck ist deutlich: Obwohl die Touristen Hunderte von Dollars für einen Kraterbesuch bezahlen, sind die Massai am Verhungern. Viel scheinen sie vom Luxustourismus nicht abzubekommen.

Die Piste zur Serengeti wird immer schlechter. Der rote Sand ist zu riesigen Wellblechreihen aufgetürmt, über die Elise munter hopst. Wir spüren jeden Schlag im Rücken. In den Kurven haben wir wenig Grip und kommen schnell ins Schleudern. Die Guides der kleinen und großen Reisegruppen beeindruckt das wenig. Sie rasen in selbstmörderischem Tempo an uns vorbei. Die nach hinten rausschießenden Steinchen donnern in unsere Windschutzscheibe. Noch nicht mal am Parkeingang angekommen, haben wir schon drei Steinschläge zu vermelden.

Auf dem Weg in die Serengeti.

Wie so oft haben wir die Reisezeit deutlich unterschätzt. Für die knapp 100 Kilometer vom Krater bis zur Serengeti brauchen wir drei Stunden und kommen erst am Nachmittag zum Gate. Hier herrscht Hochbetrieb. Als einzige Selbstfahrer weit und breit sind wir eine willkommene Abwechslung für die Ranger, so scheint es. Jeder hat noch einen Tipp für uns. Wir brauchen zwei Tage bis zum Marafluss. Unterwegs können wir etappenweise unser 24-Stunden-Permit verlängern. Allerdings macht man uns wenig Hoffnung. Die Gnus seien bereits fort, sagt man. Wir schlucken unsere Enttäuschung runter und versuchen es trotzdem.

Ehrfürchtig durchfahren wir das Tor in die Serengeti. Allein beim Klang des Namens laufen die Grzimek-Filme vor unserem geistigen Auge ab. Die Realität übertrifft die Fantasie bei Weitem. Endlose Savanne breitet sich vor uns aus, dazwischen stehen vereinzelt Akazienbäume. Kaum im Park sehen wir die ersten Löwen, kurz darauf Hyänen. Antilopen und Zebras sowieso. Schon auf den ersten Eindruck hat man das Gefühl, hier sind zehnmal so viele Tiere wie in allen Parks Botswanas zusammengenommen. Dort haben wir in fünf Wochen keinen einzigen Löwen gesehen. Fasziniert lassen wir unseren Blick schweifen, als eine Metallstange auf die Motorhaube knallt. Stefanie bremst abrupt. Was war das?

Es sieht aus wie ein Teil vom Dachgepäckträger. Ich beuge mich aus dem Fenster. Und tatsächlich halte ich ein malawisches Vierkantrohr in der Hand. Ich klettere aus dem Auto und sehe mir die Bescherung an. Unser wunderschöner Dachgepäckträger hängt auf halb acht. Einzelne Rohre sind an den Schweißnähten gebrochen. Das Gerüttel auf diesen unsäglichen Pisten

war offensichtlich zu viel für die malawische Handarbeit. Auf der rechten Seite, wo unser Reserverad festgezurrt ist, ist der Gepäckträger durch das Gewicht gebrochen und liegt auf dem Dach auf. Trotzdem können wir an dieser Stelle nicht viel tun. Es beginnt zu dämmern und wir müssen ins Camp.

Uns wurde *Nguchiru* empfohlen. Das sei am schönsten. Als wir dort ankommen, sind schon einige geführte Safaris da und haben ihre kleinen braunen Pilzzelte über den Platz verteilt. Wir schauen uns als erstes die Bescherung mit dem Gepäckträger an. Unserem bis dahin jungfräulichen Reservereifen wurde von einer gebrochenen Metallstange die Seitenwand angeschlitzt. Der Gepäckträger selbst ist leider nicht zu retten und wird von uns in der Serengeti zur letzten Ruhe gebettet. Eigentlich wollen wir ihm mit einer kalten Cola letztes Geleit geben. Doch irgendwas stimmt mit dem Kühlschrank nicht. Am Stromkabel scheint ein Wackelkontakt zu sein. Denn nur in einer bestimmten Position springt der Kühlschrank an. Bewegt sich das Kabel, geht der Kühlschrank sofort aus. Wir tauschen die Sicherung. Zu mehr haben wir heute keine Energie. Die Geräusche der nächtlichen Serengeti heben zum Abendkonzert an. Antilopen blöken, Zebras bellen, Elefanten trompeten und Löwen brüllen. Wir klettern erschöpft ins Klappdach.

Am nächsten Tag geht es Richtung Norden quer durch den Park. Träge tummeln sich Löwen am Wasserloch und laben sich am frisch erlegten Zebra. Die Serengeti scheint in ihrer Ausdehnung endlos zu sein. Und wo wir hinschauen, sehen wir Tiere. Riesige Herden verschiedener Antilopen, Gazellen, Giraffen, Zebras. Löwen, Hyänen und Schakale. Das entschädigt für die grauenvoll zermürbende Piste. Allmählich verändert sich die Landschaft. Die Savannen werden zunehmend von Akazienbäumen durchzogen. Die Vegetation wird dichter und grüner. Man kann leicht nachvollziehen, dass die Tiere dieser Richtung folgen.

Nicht weit vom *Kleins Gate* in der Zentralserengeti sehen wir sie endlich: die ersten Gnus. Zunächst nur eine Handvoll. Doch selbst das ist schon mehr als sonst. In allen Parks bisher haben wir meist nur ein oder zwei vereinzelte Gnus gesehen, die sich im Windschatten anderer Herden aus Zebras oder Springböcken versteckten. Wir haben das »Quotengnu« genannt. Doch hinter der nächsten Kurve öffnet sich der Blick. Und wir sehen Hunderte Gnus. Ach, was sage ich. Tausende. Das muss es sein: Das

Ende der großen Migration. Eine so große Herde zu entdecken, macht uns dankbar. Wir verweilen mit ihnen. Und genießen das muntere Grunzen und Blöken.

Erst gegen halb vier erreichen wir das Gate, wo wir unser Permit verlängern müssen. Der zuständige Ranger macht gerade Pause und wir sollen uns einen Moment gedulden. Das nutzen wir, um uns ebenfalls zu stärken. Es gibt Knäckebrot mit Scheiblettenkäse. Unsere Vorräte laufen auf Notration. Man winkt uns. Der Ranger ist bereit. Schwungvoll schlage ich die Autotür zu. Und noch im Fallen bleibt mein Blick auf den Beifahrersitz hängen. Völlig unbehelligt, ja geradezu gelangweilt liegt dort: Der Autoschlüssel. Die Tür fällt ins Schloss.

Wir haben keine Zentralverriegelung. Absichtlich. Denn je weniger Elektronik, desto weniger kann kaputt gehen. Deshalb kann man noch ganz altmodisch ein Knöpfchen runterdrücken und die Tür ist zu. Fest verschlossen. Und wir stehen mitten im Nirgendwo. Egal in welche Richtung wir fahren würden, die nächste Autowerkstatt ist mindestens zwei Tage entfernt.

Um so deutlicher steht mir dieser Moment als Wendepunkt der Reise vor Augen. Denn ausnahmsweise verfalle ich nicht in Panik, sondern weiß zum ersten Mal mit absoluter Gewissheit: auch dieses Problem ist lösbar. So vieles haben wir schon geschafft. Also werden wir nicht vor einer verschlossenen Tür halt machen.

Meine ewigen Zweifel haben endlich einer inneren Gelassenheit Platz gemacht. Trotzdem stehen wir zunächst ratlos um Elise herum. Das zieht Aufmerksamkeit auf sich. Der Ranger und umstehende Guides kommen dazu. Wir schildern die Situation. Alle überlegen, was zu tun ist. Vielleicht können wir das Hubdach lockern. Dann müsste man die Ratschengurte durchschneiden, mit denen das Dach verzurrt ist und könnte es hochklappen. Als Zugang zum Innenraum. Doch egal wie fest wir rütteln: Da bewegt sich gar nichts.

Fahrer- und Beifahrertür sind fest verschlossen. Zwar kenne ich aus Filmen, dass man einfach mit einem Draht das Knöpfchen wieder hochzieht. Doch wüsste ich nicht, wo ich da ansetzen müsste. Bleiben also noch die Seitenfenster. Der erste Guide macht sich an der Verriegelung zu schaffen. Klopft darauf herum. Ein anderer hantiert mit einem Messer am nächsten Fenster.

Stefanie und ich überlegen nach einer Lösung. Ich sehe einen dritten Guide mutig bei dem Versuch, die Scheibe einzuschlagen. Gar keine gute Idee, bin ich mir doch ziemlich sicher, dass wir so schnell keinen Ersatz irgendwo auf afrikanischem Boden bekommen. Ich schreite ein.

Am vernünftigsten scheint der Versuch, die kleine Klickverriegelung am Seitenfenster zu knacken. Jeder darf mal ran. Wir schieben, ziehen, drücken, schneiden und zerren. Doch nichts bewegt sich. Bis ein beherzter Guide seitlich mit dem Hammer darauf klopft. Zack! Der Pin bricht ab. Gerade voll in Fahrt klopft er die nächsten zwei Verschlüsse auch noch ab – bevor wir ihn bremsen können. Das Auto ist jedenfalls offen. Wir arbeiten uns zur Fahrertür vor und können einsteigen. Nun sind wir mit allen Guides und Rangern per Du. Man kennt uns.

Durch diesen Schlüsselmoment sind wir erst am späten Nachmittag in Lobo Camp. Der Stellplatz liegt am Fuße eines Hügels, sodass man im Rücken geschützt ist. Nach vorne eröffnet sich ein herrlicher Blick in die weite Savanne. Gerade als wir ankommen, zieht eine riesige Büffelherde vorbei. Wir stellen unsere Stühle raus und genießen den Anblick.

Hier in der Serengeti sind wir recht pragmatisch geworden, konzentriert aufs Wesentliche. Der Reservereifen wohnt im Moment im Auto auf unserem Sofa, da der Dachgepäckträger nicht mehr existiert. Unser Kühlschrank funktioniert leider nur noch bei laufendem Motor. Sobald wir stehen, wird das Bier warm. Dafür sind die Duschen in der Serengeti kalt. Unsere Vorräte

gehen zur Neige. Wir essen überwiegend Trockenfutter und Nudeln. Doch das alles macht uns nichts, denn wir haben ein Ziel: die *Great Migration*.

Am nächsten Tag geht es weiter Richtung Norden. Wir arbeiten uns Stück für Stück vorwärts, bis unsere Fahrt an einem Fluss zu einem vorläufigen Ende kommt. Er führt viel Wasser und die Furt ist deutlich zu tief. Auf der anderen Flussseite sind auch keinerlei Spuren zu sehen, die darauf hindeuten würden, dass hier unlängst jemand den Fluss überquert hat. Wir versuchen also, eine andere Passage zu finden und arbeiten uns den Fluss entlang. In der Ferne sehen wir ein Rangerhäuschen und beschließen, dort nach der Durchfahrt zu fragen. Man kann uns sofort weiterhelfen und ein Ranger bittet uns, seinen Kollegen mit nach Kogatende zu nehmen. Klar, kein Problem.

Ich rutsche auf die kleine Kiste zwischen Fahrer- und Beifahrersitz und mache Platz. Der Ranger wirft sein Maschinengewehr in den Fußraum. Und riecht nach Alkohol. Schnell finden wir eine passierbare Stelle und überqueren den Fluss. Wir versuchen, ein Gespräch anzufangen. Aber so richtig will er nicht. So hoppeln wir schweigend über die Piste und bei jeder kleinen Unebenheit stößt mein Kopf gegen das Autodach.

Die Strecke zieht sich wie Kaugummi und wir haben wenig Interesse, das durch ausführliche Tierbeobachtungen zu verlängern. Außerdem wird der Ranger immer ungeduldiger. Beginnt mit seinem Fuß zu wippen und wiederholt stoisch: »Drive faster« – Fahrt schneller. Stefanie gibt Gas, denn allmählich wird der Kerl ungemütlich. Wir nähern uns Kogatende und der Weg wird unübersichtlich. Die Straße verzweigt sich immer wieder und es ist schwer für uns rauszufinden, wo wir lang müssen. Der Ranger hat endgültig keine Lust mehr und deutet mal links mal rechts und brüllt: »Faster!« Stefanie behält die Nerven und rast über die Pisten. Wir wollen den Kerl einfach nur noch loswerden. Endlich taucht in der Ferne der Flugplatz auf. Geschafft! Kommentarlos setzen wir diesen ungemütlichen Zeitgenossen vor die Tür.

Wir dürfen die Nacht direkt am Fluss campieren und machen uns sofort auf die Suche nach Gnus. Aufgeregt kringeln wir den Marafluss entlang. Kein einziges Safariauto kreuzt unseren Weg. Aber leider auch kein einziges Gnu. Es beginnt zu regnen und die kleinen Pisten verwandeln sich in eine wilde Rutschpartie. *Black Cotton Soil* nennt man dieses schwarze Geschmier.

So viele Tiere wie in der Serengeti haben wir sonst noch nirgendwo gesehen.

Kommt es mit Wasser in Berührung, ist es ähnlich glatt wie Blitzeis. Die Reifen finden keinen Halt mehr.

Wir fahren zurück zur kleinen Brücke bei Kogatende und wollen unser Glück auf der anderen Seite des Flusses versuchen. Nach einer halben Ewigkeit entdecken wir eine Herde von Safarifahrzeugen. Immerhin ein Anfang. Wir stellen uns dazu und kommen mit einem Guide ins Gespräch. Hier habe eben eine Herde Gnus den Fluss passiert, doch wir seien leider zu spät. Er erklärt uns, dass es am Fluss nur bestimmte Stellen gibt, wo die Tiere durch das Wasser können, *Crossingpoints* genannt. Treibt sich eine Herde in der Nähe so eines Punktes herum, bringen sich dort die ganzen Guides in Stellung. Man parkt mit dem Auto hinter einem Busch, um die Tiere nicht zu stören. Erst wenn das Crossing beginnt, fährt man vor, um gut zu sehen.

Voller Elan starten wir in den nächsten Tag. Und tatsächlich stoßen wir rasch auf eine riesige Gnuherde. Tausende Tiere schieben sich allmählich in Richtung Marafluss. Wir folgen ihnen unauffällig. Die Luft ist erfüllt vom Blöken der Gnus. Gemeinsam erreichen wir die Flusskante. Wir sind tatsächlich das einzige Auto auf dieser Seite des Flusses. Gegenüber stehen reihenweise Safari-Fahrzeuge hinter den Büschen. Wir sind also richtig und suchen uns einen Platz, wo wir die Tiere nicht stören, aber trotzdem gut sehen können.

Stefanie macht den Motor aus. Die Luft ist zum Schneiden dick. Die Herde schiebt sich Richtung Uferkante. Dreht wieder ab. Einzelne Tiere wagen sich noch weiter vor. Riskieren einen Blick in den Abgrund und gesellen sich zurück zur Herde. Die

Gnus scheinen zu ahnen, dass nicht alle das andere Ufer erreichen werden. Krokodile lauern. Der Hang ist steil. Einige werden sich Beine brechen oder sind zu erschöpft, der großen Migration weiter zu folgen. Wieder andere werden im Eifer des Gefechts totgetrampelt.

Die Luft vibriert vor Angst und Spannung. Ich meine irgendwo gelesen zu haben, dass die Überquerung oft durch einen Zufall beginnt. Die Tiere treiben sich so lange an der Kante herum, bis eines im Gedränge hinunterfällt. Daraufhin denkt die Herde: »Los geht's.« Und die Überquerung beginnt. Ich finde nachvollziehbar, dass es schwer ist, sich bei all den drohenden Gefahren zu überwinden. Doch die Tiere haben keine andere Wahl. Überqueren sie den Fluss nicht, werden sie verdursten.

Ich erinnere mich, wie ich etwa mit zwölf Jahren versucht habe, vom Zehnmeterbrett zu springen. Ähnlich wie die Gnus bin ich immer wieder vor zur Kante. Habe mal einen Blick riskiert, mich aber nicht getraut. Also wieder zurück. Nochmal vor. Und hin und her. Es hat bestimmt zwei Stunden gedauert, bis ich mich überwunden habe. Mal sehen, wie lange diese Herde braucht. Die Spannung ist ansteckend. Jedes Mal, wenn sich die Herde zur Kante schiebt, sind wir zum Sprung bereit. Doch nichts passiert. Wieder warten. Ich beiße in einen Cracker. Der »Knacks« hallt durch die ganze Serengeti. Stefanie sieht mich vorwurfsvoll an.

The Great Migration: Die Gnus überqueren den Marafluss.

Die Herde trabt erneut zum Ufer. Diesmal liegt mehr Schwung in der Sache. Und plötzlich geht alles ganz schnell. Ehe ich mich's versehe, rutschen die ersten Tiere in den Fluss. Von hinten schieben andere nach. Nun gibt es kein Halten mehr. Die ersten Gnus schwimmen durch das Wasser. Wie eine riesige Masse stürmen sie vorwärts. Die Leittiere erreichen die andere Seite. Dort haben sich zahlreiche Autos in Stellung gebracht.

Wir stehen auf unserer Seite allein und haben das Gefühl, dieses Crossing gehöre nur uns. Einzelne Tiere bleiben zurück, können sich nicht mehr aufrichten. Sie werden es nicht schaffen. Doch immer noch besteht der Druck von hinten. Die letzten Gnus kommen zum Crossingpoint und folgen dem Ruf der Natur. Bis auf einige wenige Tiere erreicht »unsere« Herde den Beginn der Masai Mara. Die Krokodile scheinen noch von gestern satt. Die Spannung fällt abrupt ab. Alles ist still. Geschafft! Ich blicke zu Stefanie und sehe, wie ihr Tränen über die Wangen laufen. Ich drücke wortlos ihre Hand.

Ruanda

Im Land der tausend Hügel.

Wer nach Ruanda reist, kommt nicht umhin, sich mit der Geschichte des Genozids 1994 von Hutu an Tutsi zu beschäftigen. Das ist natürlich kein leichtes Thema für eine Urlaubsreise. Trotzdem ist es hochspannend, wie sich das kleine, dicht bevölkerte Land nach diesem Massaker neu organisiert und versucht, Lösungen zu finden. Auch mit der fragwürdigen Haltung der übrigen Welt, die teilnahmslos zugesehen hat, sollte man sich auseinandersetzen. Im Genozid Memorial in der modernen, aufstrebenden Hauptstadt Kigali wird die Geschichte aufgearbeitet. Die Vulkanlandschaft im Norden des Landes ist einzigartig und als Höhepunkt warten die berühmten Berggorillas. Schimpansen gibt es im Nyungwe-Regenwald und Safarifeeling im kleinen Akagera-Nationalpark.

Unsere persönlichen Höhepunkte:

1 Genozid Memorial in Kigali

Hier kann man sich intensiv mit der Geschichte Ruandas auseinandersetzen. Über 250.000 Opfer des Genozids wurden hier zur letzten Ruhe gebettet. Der Ort soll Begegnung und Versöhnung ermöglichen, deshalb ist der Eintritt für alle kostenlos.

2 Kirchen als Erinnerungszentren

Die Kirche von Nyamata liegt 30 Kilometer südlich von Kigali. Die von Ntarama auf dem Weg dorthin. In beiden sind Gedenkstätten eingerichtet. Hunderte von Menschen suchten in den Kirchen Zuflucht vor der meuchelnden Hutu-Miliz. Vergeblich.

GUT ZU WISSEN

Leider hat Ruanda den Preis für einen Besuch bei den berühmten Berggorillas auf 1.500 Dollar pro Person angehoben. Günstiger ist das *Permit* in Uganda mit 700 Dollar pro Person. Wer etwas mehr Risiko in Kauf nimmt, kann die Menschenaffen in der Demokratischen Republik Kongo für 400 Dollar besuchen. Leider gibt es dort im Virunga-Nationalpark immer wieder gewaltsame Konflikte zwischen Wilderern und Rangern, weshalb der Park zeitweise für Besucher geschlossen ist.

3 Urugo Women's Opportunity Center

Bei Kayonza 70 Kilometer westlich von Kigali wurde ein Ort geschaffen, an dem Frauen ausgebildet werden und für sich Geschäftsideen entwickeln können. Es gibt ein »Roadside Café« und ein Restaurant, im Ladengeschäft selbstgefertigte Waren wie Tongefäße oder Schmuck. Man kann in Safari-Zelten oder auf dem kleinen Campingplatz übernachten.

Weitere aktuelle Infos zum Reisen in Ruanda findest du auf unserem Blog www.giraffe13.de.

18

Stefanie

Ruanda sei das Land der 1000 Hügel und Millionen Lächeln. Verspricht zumindest das Fremdenverkehrsamt. Es ist auch das Land der wenigen noch wildlebenden Berggorillas. Und das Land, in dem vor 25 Jahren fast eine Million Tutsi und gemäßigte Hutu innerhalb von nur 100 Tagen brutal ermordet wurden. Die Welt schaute zu. Und tat nichts. Jede Geschichte über Ruanda handelt unweigerlich auch von den Ereignissen des Jahres 1994: dem größten Genozid der Menschheit seit dem Zweiten Weltkrieg. Unsere auch.

Ich erinnere mich gut an die Bilder damals in der Tagesschau. Millionen Menschen, Frauen und Kinder waren auf der Flucht vor dem Massenmord. Die Welt entrüstete sich und merkte zu spät, dass es nicht die Opfer, sondern die Täter waren, die aus Angst vor Vergeltung in den Kongo flohen. Ich war 16 Jahre alt und verstand weder, wer Hutu und Tutsi waren, noch warum sie einander umbrachten.

Der Rest der Welt auch nicht. François Mitterrand, der damalige französische Präsident, soll den widerlichen Satz geäußert haben, dass ein Genozid in Afrika nicht so schlimm wie anderswo sei. Dass es ausgerechnet die Kolonialmächte waren, die den Begriff der Hutu und Tutsi erst wertend aufluden und den ethnischen Konflikt entfachten, um ihre geopolitischen Interessen zu wahren, verschwieg er. Deutsche, Belgier, Franzosen trugen allesamt dazu bei, diese furchtbaren Verbrechen zu ermöglichen. In diesem Konflikt gibt es keine Unschuldigen.

1973 übernahm der Hutu Juvenal Habyarimana nach einem Putsch die Macht in Ruanda. Eine schwächelnde Wirtschaft setzte seine Regierung unter Druck. Verantwortlich machte man die wohlhabende Tutsi-Minderheit. Eine Propaganda-Maschine aus der Staatsmiliz Interahamwe und dem Sender *Radio-Télévision Libre des Mille Collines* hetzte Hutu gegen Tutsi auf. Als bis heute Unbekannte im April 1994 das Flugzeug mit Habyarimana und dem burundischen Präsidenten Ntaryamira abschossen, rief die Interahamwe zum Völkermord auf.

Ich habe mich intensiv mit der Geschichte des Völkermordes in Ruanda und seiner Aufarbeitung beschäftigt. Ich interessiere mich für Ereignisse, die die Weltöffentlichkeit zu verschweigen sucht. Die belgische Besetzung des Kongo, das Ende der Apartheid in Südafrika, die internationale Unfähigkeit oder der Unwille, das Morden in Ruanda zu verhindern. Nun bin ich gespannt, wie es sich anfühlt, durch dieses Land zu reisen und die Orte zu besuchen, über die ich so viel gelesen habe.

Das erste, was uns schon kurz hinter der Grenze auffällt: wie sauber und aufgeräumt Ruanda ist. Das zweite sind die vielen Fahrzeuge amerikanischer und europäischer Hilfsorganisationen. Während die Ruander sich bemühen, ihre Vergangenheit aufzuräumen und eine gemeinsame Zukunft aufzubauen, kompensieren die Entwicklungshelfer ihr schlechtes Gewissen mit Geld, guten Ratschlägen und sinnlosen Hilfsprojekten.

»Wie nachhaltig kann unsere Entwicklungszusammenarbeit sein, wenn in den meisten Projekten nur ein Ruander beteiligt ist?«, fragt Jan ernüchternd. Er arbeitet bei der GIZ, der Gesellschaft für internationale Zusammenarbeit, und lebt seit über zwei Jahren in Kigali, der Hauptstadt von Ruanda. Sein Kollege Benjamin ist gerade mit Frau, drei Kindern und ihrem Golden Retriever von Deutschland hierher gezogen. Wir lernten die beiden kennen, weil Benjamin unsere blaue Elise auf einem Parkplatz sah. Benjamin, selbst Landy-Fahrer und Ex-Overlander, klemmte uns seine Telefonnummer und die Einladung auf einen Kaffee hinter den Scheibenwischer.

Besuch im Museum in Kigali. Ruanda versucht den Genozid an den Tutsi aufzuarbeiten, um den Weg in eine friedliche Zukunft zu ermöglichen.

Wir verbringen fast eine Woche in Kigali. Wir wollen das Genozid-Museum und die umliegenden Gedenkstätten besuchen und quartieren uns mitten im Zentrum in einem chinesischen Hotel ein. Von hier aus können wir die Stadt zu Fuß erkunden. Alles ist auch hier bemerkenswert sauber und sicher, selbst nach Einbruch der Dunkelheit können wir unbesorgt durch die Straßen bummeln. Man witzelt: »Kigali ist die einzige Stadt Afrikas, in der eine weiße Frau selbst in der Nacht nackt und mit einem dicken Bündel Geldscheinen in der Hand sorgenfrei durch die Straßen laufen kann.« Die Hauptstadt wirkt mondän, voller Expats und Entwicklungshelfer, mit hippen Cafés, coolen Rooftop-Bars und Burgerläden.

Unsere Reise in die ruandische Vergangenheit beginnen wir im Genozid-Museum. Die Anlage und das Museum beeindrucken uns. Mit Feingefühl, Respekt und moderner Multimediatechnik wurde hier ein Ort der Trauer, der Begegnung und der Versöhnung geschaffen. Auf dem Gelände befindet sich ein Teil der Massengräber, umsäumt von Gärten ruht dieser stille Platz über den Dächern Kigalis. Der Eintritt ist kostenlos. Jeder soll Gelegenheit haben, seiner Angehörigen zu gedenken, das Grauen aufzuarbeiten oder sich mit der Geschichte auseinanderzusetzen.

Im Museum verbringen wir fast einen ganzen Tag damit, Bilder- und Informationstafeln zu studieren, Ausstellungsstücke zu betrachten und Film- und Tonaufnahmen anzusehen. Alles

Mit Macheten und Nagelbrettern wurde brutal gemordet.

ist minutiös dokumentiert. Erinnern gegen das Vergessen. Als Deutsche, aufgewachsen mit der Verarbeitung des Holocaust, bin ich solche Bilder gewohnt. Aber irgendetwas ist anders. Das Grauen ist viel dichter, näher, beklemmender. Hier wird man nicht mit unscharfen Schwarzweißfotografien konfrontiert, sondern mit Filmaufnahmen in Farbe und mit Ton: Dieser Massenmord ist live dokumentiert.

Der Aufarbeitung des Genozid, dem »wie kann ein Land solche Schrecken verarbeiten«, sind mehrere Räume gewidmet. Die Begriffe Hutu und Tutsi wurden aus dem Sprachgebrauch entfernt. Alle sollen Ruander sein. Die Drahtzieher des Massenmordes wurden vor dem Internationalen Strafgerichtshof angeklagt und verurteilt. Die vielen Mitläufer mussten sich vor dörflichen Gacaca-Gerichten ihren Opfern und ihrer Verantwortung stellen. Gacaca ist eine Grassorte, die in Ruanda wächst, und der Name für das traditionelle Rechtssystem. Die ländlichen Gerichte werden vom Dorfältesten geleitet. Früher versammelte man sich zur Rechtsprechung auf einer Wiese, daher der Name.

Von der internationalen Gemeinschaft kam viel Kritik für diese Methode. Mit guten Ratschlägen sind wir immer schnell dabei. Ruanda aber ist es mit seinen 12.000 Gacaca-Gerichten gelungen, in 15 Jahren über 200.000 Verhandlungen abzuschließen. Das staatliche Rechtssystem hätte diese Aufgabe niemals bewältigen können. Die gesamte Gemeinde war an den jeweiligen Prozessen beteiligt. Mit dem Ziel, nicht nur zu bestrafen, sondern zu versöhnen, einen Weg in die Zukunft zu finden.

Gemeinsam packt Ruanda an und räumt auf. Bis heute, immer am letzten Samstag des Monats. Alle Ruander müssen sich beteiligen. Auch Paul Kagame, der ehemalige Rebellenführer und heutige Präsident des Landes. Entweder wird geputzt, repariert oder gepflanzt. Jeder soll etwas für die Gemeinschaft tun, das Miteinander stärken. Heute ist Ruanda Vorbild in Sachen Umweltschutz und Gleichstellung der Frauen. Nachdem sich die Männer gegenseitig umgebracht hatten, blieben die Frauen auf sich alleingestellt zurück. Oft noch verhaftet in traditionellen Familienstrukturen, ohne Schulbildung und ohne Job. 25 Jahre später machen Frauen über 60 Prozent der Regierung aus, es gibt eine gute Schulbildung für Mädchen. In Urogo besuchen wir das *Women's Opportunity Center*, einen Frauenförderverein. Hier werden geschäftstätige Frauen gezielt unterstützt und bekommen weitere Qualifikationen.

Was dieses kleine Land in den vergangenen 20 Jahren auf die Beine gestellt hat, imponiert uns. Im Vergleich hinken wir Deutschen mit der Wiedervereinigung oder auch die Südafrikaner mit dem Ende der Rassentrennung aber deutlich hinterher.

Unsere Bekannten von der GIZ streuen erste Zweifel über das harmonische Miteinander in uns. »Wenn man die Menschen genauer beobachtet, wirken sie apathisch, beinahe wie Zombies«, beschreibt Benjamin.

Nach drei intensiven Tagen in Gedenkstätten und an ehemaligen Schauplätzen lassen wir uns von den grausamen Bildern der Vergangenheit anstecken. Ich studiere jeden Menschen, der uns auf der Straße entgegenkommt, und versuche sein Alter zu schätzen. Jeder über 25 Jahre hat es miterlebt, denke ich. Wir sehen Menschen, denen ein Unterarm oder ein Fuß fehlt. Ich frage mich, welche Qualen, welches Trauma derjenige wohl durchlitten haben muss.

Ein paar Tage später stehen wir am Kivusee im Grenzgebiet zum Kongo. Ich kenne diesen Ort nur aus den Nachrichten, seit Jahrzehnten bleibt diese Gegend Schauplatz von bewaffneten Konflikten. Wir finden ein kleines Hotel, das uns auf seinem Parkplatz hinterm Haus campieren lässt. Umständlich rangieren wir unseren Wagen die Uferböschung hinunter und richten uns neben dem kleinen Hotelrestaurant ein. In der Nacht ist es totenstill. Kein Lebewesen gibt auch nur einen Laut von sich. Kein Vogelgezwitscher, kein Grillengezirpe, kein Gepiepse der

Fledermäuse. Nicht mal das Wasser plätschert. Als würde jedes Lebewesen diesen Ort meiden. Unweigerlich tauchen vor meinem inneren Auge Bilder aus dem Genozidmuseum auf. Aufgedunsene Leichen, die am Ufer treiben. Ich fühle mich beklommen und ängstlich.

Am nächsten Tag fahren wir weiter nach Norden, nach Ruhengeri. Vielleicht haben wir Glück und erhaschen einen Blick auf die Vulkane. Auf den geteerten Straßen sind Tag und Nacht immer viele Menschen unterwegs. Sie schieben bergauf, bergab ihre proviantbeladenen Fahrräder. Von uns nimmt keiner Notiz. Während in anderen Ländern die Menschen winken, scheinen wir hier in der Masse der UN-Autos unterzugehen.

Wir beziehen Lager auf einem der wenigen Campingplätze in Ruanda. Und begegnen vor allem ehrenamtlichen Helfern, Volunteers, wie überall in dem kleinen Land. Mit ihrer Arbeit wollen sie Projekte im Dorf unterstützen. Meistens zahlen die jungen Weltverbesserer sogar richtig viel Geld dafür. Nicht nur in Ruanda ist daraus eine lukrative Industrie geworden. Die amerikanischen Jugendlichen bringen den Kindern des Dorfes bei, wie man sich die Zähne putzt. Ihren Gesichtern nach zu urteilen, scheinen sie nur aus Höflichkeit den Helfern gegenüber so zu tun, als wüssten sie nicht längst, wie das geht.

Abends berichten uns die Helfer auch noch stolz, dass sie an der Bar einen Kurs im Cocktailmixen abhalten. Ich bin mir sicher, dass die jungen Amerikaner das Gefühl haben, damit die Welt zu verändern. Und die Ruander lassen es über sich ergehen. Wie so vieles, was der Westen gegen sein schlechtes Gewissen glaubt, tun zu müssen. Am Ende, wenn es hart auf hart kommt, sind sie die ersten, die abhauen. Wie damals vor 25 Jahren, als alle Weißen ausgeflogen wurden. Dann überlassen wir das kleine Land im Herzen von Afrika wieder seinem Schicksal. Wir können es ja dann später mit einem Cocktailkurs wieder gutmachen. An manchen Tagen schäme ich mich besonders für uns Mzungus.

Uganda

Der Geheimtipp für Abenteurer.

In Uganda hat uns der Reisekoller erwischt, deshalb haben wir nur einen kleinen Teil des Landes bereist. Unser begrenzter Eindruck wird dem aufstrebenden Reiseland sicherlich nicht gerecht. Das Angebot ist vielfältig, aber touristisch noch nicht so überlaufen wie in den Nachbarländern. Du kannst im Regenwald Schimpansen suchen, am Victoriasee entspannen, den weißen Nil in Jinja bewundern oder die lebhafte Hauptstadt Kampala besuchen. Safaris sind im Queen-Elizabeth-Nationalpark oder hoch im Norden im Murchinson-Falls-Nationalpark möglich. Das absolute Highlight ist aber sicherlich die Vulkanregion an der Grenze zu Ruanda und Kongo. Hier wohnen im Parc National des Virungas die berühmten letzten Berggorillas der Erde. Die Begegnung muss einmalig sein, ist aber leider mit zur Zeit 700 Dollar pro Person nicht günstig. Deshalb haben wir schweren Herzens darauf verzichtet.

Unsere persönlichen Höhepunkte:

1 **Jinja am Nil**

Ein Zufluss des weißen Nils wird aus dem Victoriasee gespeist. In Jinja, dem viertgrößten Ort Ugandas, kann man den sagenumwobenen Fluss in seiner ganzen Schönheit bewundern. Am besten geht das vom Campingplatz »The Haven« aus.

2 **Kampala**

Die Hauptstadt Ugandas hat uns mit ihrem chaotischen Charme sofort begeistert. Nachts unterwegs im Taxi erschließt sich einem eine neue Welt. Die tagsüber verschlossenen Essensstände haben geöffnet, die Märkte sind doppelt so voll wie tagsüber. Einen Fußmarsch im Dunkeln empfehlen wir nur mit ortskundiger Begleitung.

Weitere aktuelle Infos zum Reisen in Uganda findest du auf unserem Blog www.giraffe13.de.

GUT ZU WISSEN

Uganda ist nicht das beste Reiseland für Overlander, die im eigenen Auto mit ausländischem Kennzeichen unterwegs sind. Denn dafür zahlt man in allen ugandischen Nationalparks 150 Dollar zusätzlich zum Permit. Als Urlaub im ugandischen Mietwagen wiederum hat das Land zahlreiche Attraktionen zu bieten.

3 **Kraterseen bei Fort Portal**

Erloschene, wassergefüllte Vulkankrater zerklüften die Landschaft und laden zum Wandern ein. Knapp 20 Kilometer von Fort Portal entfernt kann man auf »Kluges Guestfarm« übernachten und die Gegend erkunden. Wen auf langen Reisen das Heimweh plagt, der tröstet sich hier mit Rindsrouladen und Schnitzel.

19 Regen, Reisekoller, Rindsrouladen

Birgit

Regen trommelt aufs Autodach. Wir verpacken uns wasserfest: Regenjacke, Wanderschuhe und Regenschirm. Nur so kommen wir halbwegs trocken von unserem Stellplatz zum Restaurant. Der Boden rund um Elise ist aufgeweicht. Überall steht Wasser in tiefen Pfützen. Ein Spießrutenlauf. Zum ersten Mal auf dieser Reise erwischt es uns: sintflutartiger Dauerregen. Wir sind in Uganda. Und man ist sich nicht sicher, ob die große Regenzeit dieses Jahr zu spät dran ist oder die kleine Regenzeit zu früh. Es regnet zwar nicht wie bei uns tagelang ohne Unterbrechung. Trotzdem können sich die Wolkenbrüche mehrere Stunden hinziehen. Dann sind sie so heftig, dass man in wenigen Sekunden bis auf die Knochen nass ist.

Wir stehen auf *Kluges Guestfarm* in Fort Portal und haben uns, so gut es bei diesen Regengüssen möglich ist, eingerichtet. Auf dem Campingplatz sind wir allein und haben eine überdachte Terrasse in Beschlag genommen. Hier stehen Campingkocher, Küchenkiste, Stühle und Esstisch. Die Hängematte baumelt an zwei Stützpfeilern. Unser Reisekonzept ist sehr von gutem Wetter abhängig. Die Terrasse schafft Platz, sodass wir zumindest kochen können. Weht ein kalter nasser Wind, kuscheln wir uns auf unsere kleine Sitzbank hinten im Landy. Wir schauen Serien auf Netflix. Alle paar Stunden wandern wir hoch zum Restaurant, trinken eine Tasse Kaffee und versuchen, im fürchterlich langsamen Internet die nächsten Folgen herunterzuladen. Im Dauerregen wird das Innenleben von Elise immer klammer. Die heiße Dusche am Campingplatz ist der Höhepunkt des Tages.

Bei unserer Ankunft vor vier Tagen hat der deutsche Besitzer Stefan Kluge, der seit zwanzig Jahren hier lebt und mit einer Uganderin verheiratet ist, uns auf das herzlichste begrüßt. Er saß gerade mit zwei deutschen Ärztinnen beim Nachmittags-Gin und stellte uns ohne viele Worte zwei Stühle und zwei Gläser hin. »Noch bis vor einem Jahr durfte ich überhaupt nichts trinken«, erzählte Stefan. »Meine Leber war nach einer schweren Malariainfektion ordentlich angeschlagen. Könnt ihr euch wahrscheinlich nicht vorstellen, aber da habe ich fast zwanzig Kilo weniger gewogen«, lachte er und klopfte sich auf seinen runden Bauch. Die Leber hat sich offensichtlich erholt. Und so ließ er sich die nächste Buddel Gin bringen. Afrikanischer Fatalismus. Interessiert lauschte er unseren Reisegeschichten. Er fand, dass wir ein bisschen Urlaub verdient hätten. Und da der Stellplatz an jenem Abend von einer Reisegruppe besetzt war und er das viel zu ungemütlich fand, quartierte er uns kurzerhand für die erste Nacht in eines seiner luxuriösen Chalets ein.

Am nächsten Tag ziehen wir um auf den Campingplatz. Wir fühlen uns wohl hier und die Tage ziehen ins Land. Immer wieder überlegen wir, was wir wohl in Uganda unternehmen wollen. Doch irgendwie will keine rechte Entdeckerlust aufkommen. Abgesehen von einem Besuch bei den berühmten Berggorillas. Im Grenzgebiet der Virunga-Vulkane zwischen Uganda, Ruanda und Kongo leben die letzten 1000 Berggorillas der Welt. Die Gorillas wurden gewildert, um die Hände als Trophäen und Glücksbringer zu verkaufen. Noch immer sind sie bedroht, da in der Vulkanregion Erdöl entdeckt wurde. Die Amerikanerin Dian Fossey hatte sich in den 1960ern um den Schutz der Tiere bemüht. Vielleicht auf etwas radikale Weise wies sie die Wilderer in ihre Schranken und schüchterte die Einheimischen ein. Letztendlich wurde ihr das zum Verhängnis. 1985 wurde sie im Schlaf von einem Unbekannten mit einer Machete getötet.

Die Gorillas sind an Menschen gewöhnt und man darf etwa eine Stunde mit den Tieren verbringen. Allerdings kostet der Parkeintritt 600 Dollar pro Person. In Ruanda wurden die Preise gerade auf unfassbare 1500 Dollar pro Person angehoben. In unserer Reisekasse ist nach der Serengeti Ebbe. Nach reiflicher Überlegung verzichten wir auf dieses Erlebnis. »Wir könnten doch stattdessen eine Wanderung durch den Regenwald machen und Schimpansen suchen«, schlägt Stefanie vor. Schimpansen sind schwerer zu entdecken als ihre großen Verwandten. Die Chance liegt nur bei 30 Prozent. Und da wir uns bisher auf dieser Reise meistens über Affen, die uns auf Campingplätzen plagten, geärgert haben, entscheiden wir uns auch gegen diese Exkursion.

Was gäbe es sonst noch zu erleben in Uganda? Wir könnten wandern in den Mondbergen, gar nicht weit von Fort Portal. Die Mehrtagestouren klingen anstrengend und wir trauen sie uns nach so langer Zeit im Auto ohne Kondition nicht zu. Bleiben noch die Nationalparks Queen-Elizabeth, Kidepo-Valley und Murchinson-Falls. Aber da unsere Elise mit ausländischen Kennzeichen fährt, müssten wir 150 Dollar zusätzlich zum Parkeintritt bezahlen. Eine Menge Geld für Parks, die nach 20 Jahren Bürgerkrieg immer noch ziemlich leergewildert sind.

Erst seit knapp zehn Jahren ist in Uganda ein bisschen Ruhe eingekehrt. Uganda war zur Kolonialzeit britisches Protektorat und ist seit 1962 unabhängig. Die ersten Regierungschefs Milton Obote und Idi Amin waren beide berüchtigt für ihre brutalen Herrschersysteme, in denen Kritiker und Oppositionelle umgebracht wurden. 1986 kam es zur gewaltsamen Übernahme des Präsidentenamtes durch Yoweri Museveni, was im Norden des Landes zum Bürgerkrieg führte. Die brutale *Lord's Resistance Army* um Joseph Kony lehnte sich gegen die Regierung von Museveni auf. Die Soldaten zogen sich nach einem Friedensabkommen 2006 wohl in den Kongo und Südsudan zurück und die Lage scheint weitgehend stabil.

Auf dem Weg vom Bunyoni-See im Süden nach Fort Portal begegneten wir auffällig vielen Militärkonvois. Immer wieder überholten uns Fahrzeuge, auf denen Soldaten schussbereit am Maschinengewehr saßen. Bei unserem einzigen Ausflug zu den Kraterseen ist die Stimmung verhalten. Die Landschaft aber ist beeindruckend. Durch Vulkanaktivität vor etwa 10.000 Jahren ist die Region rund um Fort Portal zerklüftet und einzelne Krater

Einbäume am Bunyoni-See.

Schmeckt wie bei Muttern.

haben sich mit Wasser gefüllt. Diese Badeseen sind bis zu 400 Meter tief und die Umgebung lädt zum Wandern ein.

Wenn es trocken ist. Jetzt sind die Pisten vom Regen ausgewaschen, das Wasser steht hoch und man braucht fahrerisches Können. Heute darf ich mit Elise im Gelände spielen. Als wir über Land kommen, winkt niemand, die gewohnten Mzungu-Rufe bleiben aus. Erst später werden wir erfahren, dass es hier im Grenzgebiet zum Kongo immer wieder schwere Auseinandersetzungen gibt. Zum einen zwischen Uganda und Kongo, die sich um die Ölvorkommen am Albertsee streiten und zum anderen Konflikte zwischen ugandischer Regierung mit dem Königreich Rwenzururu, das die Unabhängigkeit anstrebt.

Museveni ist auch weiterhin amtierender Präsident Ugandas, herrscht weitgehend autoritär, aber lange nicht so brutal wie seine Vorgänger. Er mag *Gays* nicht besonders. Die Gesetze in Uganda sind streng. Sehr streng. Am liebsten würde die Regierung die Todesstrafe wieder einführen. Sie tut es nur nicht, weil sämtliche Hilfsorganisationen sonst ihre Zahlungen einstellen. Die Stimmung im Land ist aufgeheizt. Im Oktober 2010 outete ein Zeitungsartikel 50 schwule Männer und rief zu ihrer Ermordung auf.

Bis Uganda hatten Stefanie und ich keinerlei Schwierigkeiten, obwohl zwei weiße Frauen allein in einem Landy auffallen. Im südlichen Afrika weniger. Richtung Ostafrika immer mehr. In Sambia und Malawi waren die Menschen eher zurückhaltend. Ab

Die Versorgerbatterie lädt und Birgit träumt von Marillenknödeln.

Tansania wurde man neugierig. Das ausgedehnte Begrüßungsritual bot Raum für Fragen: »Wo sind eure Ehemänner? Und wo die Kinder?« Wir lösten das charmant und ließen Mann und Kind mal im letzten Ort, mal in Deutschland zurück.

Außerdem kam uns der Zufall zur Hilfe: Denn wo wir auch hinkamen, stets hielt man uns für Schwestern. Wir korrigierten diesen Irrtum nicht. Ich schien automatisch die Ältere zu sein. Meine anfänglichen Einwände blieben ungehört. So ließ ich es irgendwann bleiben. Nur als ich Stefanies Mutter sein sollte, erhob ich vehement Einspruch.

Hier in Uganda fühlen wir uns unwohl. Wir drehen uns im Kreis und kommen mit unserer Reiseplanung nicht weiter. Im Camp werden abends Rindsrouladen und Königsberger Klopse serviert. Es duftet nach Zuhause. Mit jedem Bissen wächst mein Heimweh. Ich glaube, wir haben einen Reisekoller.

Seit wir die Serengeti verlassen haben, ist die Luft raus. Alles verblasst neben diesem Erlebnis. Wir waren erschöpft und dann kam alles zusammen: die Versorgerbatterie ist tot und der Kühlschrank kaputt. Auf Reisen fährt man nicht nur von einem schönen Ort zum nächsten, sondern ist immer wieder mit Problemlösung beschäftigt. Auch wenn man gerade nicht mehr kann. Unsere leere Batterie versuchten wir stundenlang mit einem kleinen Ladegerät wiederzubeleben. Die einzige Steckdose dafür fanden wir hinter den Komposttoiletten. Der Kühlschrank ging trotzdem nicht. Da erst entdeckten wir die durchgebrannte

Streifensicherung zwischen Versorger- und Starterbatterie. Einen Ersatz hatten wir natürlich nicht dabei. Und in Kigali war weit und breit keine Sicherung zu bekommen.

Die Stimmung in Ruanda war bedrückend und zu guter Letzt bekam Stefanie Fieber, fühlte sich klapprig und hatte keinen rechten Appetit. Da war sie wieder. Die Angst vor Malaria. Wir waren am Tiefpunkt. Afrika hatte uns kleingekriegt. Selbst Stefanie. Sie guckte mich mit ihren glasigen Augen an und sagte: »Ich will nur noch lebend runter von diesem Kontinent.« Ich wachte über sie, sprach ihr Mut zu. Gut, dass Ruanda keinen Zugang zum Meer hat, sonst hätten wir Elise wahrscheinlich gleich am nächsten Tag in einen Container gesteckt. Aber wir mussten weiter. Mindestens bis zum Hafen Mombasa in Kenia. Wir fühlten uns eingesperrt. Und ziemlich verloren.

Am nächsten Morgen hatte Stefanie deutliche Erkältungszeichen. Ich auch. Also keine Malaria. Auch sonst wurde alles ein bisschen heller. Benjamin, unsere Bekanntschaft aus Kigali, hatte gute Nachrichten: Seine Frau war mit den Kindern aus Deutschland angekommen. Und was hatte sie im Gepäck? Drei Streifensicherungen. Das muss Hetty, eine Reisebekanntschaft vom Victoriasee, gemeint haben mit dem Satz: »The road provides« – Die Straße sorgt für dich. Irgendwie trifft man immer genau die Leute, die einem im Moment weiterhelfen können. Wir fassten neuen Mut. Und reisten weiter nach Uganda.

Insgesamt zehn Tage verstecken wir uns auf dem Campingplatz bei Kluges in Fort Portal. Eines Nachmittags klopft Stefan an unsere Landy-Tür: »Ich habe euch so lange nicht gesehen, dass ich meine Angestellten gefragt habe, ob ihr noch lebt. Die Antworten waren nicht eindeutig, da wollte ich selbst nachsehen.« Nun ist er beruhigt. »Kommt doch ins Restaurant später, heute macht meine Frau ugandisches Buffet.« Langsam kommen wir wieder zu Kräften und schöpfen neue Energie.

Wir haben unseren Rückzug genutzt und uns zum ersten Mal Gedanken über die Zeit nach unserer Reise gemacht. Für uns ist klar, zurück in unser altes Leben wollen wir nicht. Nach so viel Freiheit wieder eine Festanstellung? Auf keinen Fall.

Stefanie will sich als Journalistin selbständig machen. Aus der Ferne aktiviere ich alte berufliche Kontakte, um meinen Einstieg als niedergelassene Ärztin vorzubereiten. Eine Kollegin bietet mir per E-Mail eine Kooperation an. Mein Traum von einer eigenen Praxis rückt in greifbare Nähe. Die Vorstellung lockt mich sehr. Und erhöht die Sehnsucht nach zu Hause.

Über Kampala, die quirlige Hauptstadt Ugandas, arbeiten wir uns nach Osten vor. Jinja am Nil ist der letzte Halt vor der kenianischen Grenze. Kaum steigen wir aus dem Auto, kommt ein belgisches Ehepaar auf uns zu, hat unser ausländisches Nummernschild entdeckt. Der Mann erzählt freudestrahlend: »Wir sind auch vor ein paar Jahren Transafrika gefahren. Damals hat unser Afrikafieber begonnen. Und uns nie wieder losgelassen. Deshalb sind wir nach Uganda ausgewandert und unterrichten als Lehrer in Kampala.« Er grinst mich verschwörerisch an und erklärt mir: »Africa gets under your skin – Afrika geht einem unter die Haut«. Doch ich, ich verstehe es einfach nicht. Nun sind wir schon neun Monate hier und bei mir ist immer noch nichts unter der Haut. Ganz im Gegenteil. Im Moment geht mir Afrika ziemlich auf die Nerven. Ich kann den roten Pistensand und die endlosen Bananenplantagen nicht mehr sehen. Wir ziehen weiter in Erwägung, von Kenia aus nach Hause zu verschiffen. Und ich träume von Marillenknödeln in Südtirol.

Normale Härte: Stadtverkehr in Kampala.

Kenia

Entlang des großen Grabenbruchs.

Mbale

da

Kenia

Eldoret

1

2

Nakuru

Hell's Gate
National Park

3

Masai Mara
National Reserve

NAIROBI

Serengeti
National Park

Amboseli
National Park

Tsavo East
National Park

Maswa Game
Reserve

Kilimanjaro

Arusha

Moshi

4

Tsavo West
National Park

MOMBASA

Tansania

Usambara
Mountains

5

Lushoto

Tanga

Dodoma

Sansibar

Kizigo Game
Reserve

ngwa Game
Reserve

Ruaha
National Park

Mikumi
National Park

Morogoro

Daressalam

*Weitere aktuelle Infos zum Reisen in Kenia
findest du auf unserem Blog www.giraffe13.de.*

Wegen der Präsidentschaftswahlen 2017 waren wir leider nur drei Wochen in Kenia. Trotzdem hat dieses Land unser Herz im Sturm erobert. Ihm eilt ein schlechter Ruf voraus: Kriminalität, Korruption und Stammeskonflikte. Doch wir haben ein ganz anderes Kenia kennengelernt. Die Menschen sind freundlich, hilfsbereit und offen. Die Infrastruktur ist gut, aber manchmal etwas teuer.

Der Große Afrikanische Grabenbruch hat eine magische Landschaft aus Bergen und Seen entstehen lassen. Hier kann man im Dschungel wandern, durch Nationalparks radeln und Seevögel vom Boot aus beobachten. In der Masai Mara und den Private Game Reserves in Laikipia geht es auf exklusive, hochpreisige Pirschfahrt. Für Selbstfahrer besser geeignet sind der Tsavo-Nationalpark und der Amboseli. Zum Entspannen locken die paradiesischen Strände am Indischen Ozean.

Unsere persönlichen Höhepunkte:

① Kerio-Tal
Diese Bergregion ist etwas für Geländefahrer, Wanderer und Vogelliebhaber. Die Panoramastraße C 51 verbindet quirlige Bergdörfer und schöne Wandergebiete. In Iten trainieren die kenianischen Marathonläufer.

② Baringosee
Er ist ein Paradies für Vogelliebhaber. Nicht ohne Grund wird hier der Weltrekord im Vogelbestimmen gehalten: 342 Arten in 24 Stunden. Im Robert's Camp steht man direkt am See und mit etwas Glück grasen Nilpferde nachts vor dem Auto.

③ Naivasha-See
Rund um den See ist viel geboten: Man kann Radfahren im Hells-Gate-Nationalpark oder Spazierengehen auf Crescent Island. Für Langzeitreisende ist die Buffalo Mall in Naivasha ein kleines Paradies. Im Supermarkt gibt es alles, was das Herz begehrt.

GUT ZU WISSEN

Die Vielfalt an Speisen und Lebensmitteln ist so groß wie in keinem anderen Land auf unsere Route. Der Einfluss der Suaheli-Kultur verleiht der Küche eine exotische Note. Es gibt riesige Supermärkte – sogar mit Käsetheke. Und hervorragenden Cappuccino mit Zimtschnecke. Wer lange unterwegs ist, weiß das zu schätzen.

④ Tsavo-West-Nationalpark
Er ist ein landschaftlich außergewöhnlicher Park: schwarze Lava, Vulkankegel und mit etwas Glück ein Blick auf den Kilimandscharo. Bei Mzima Springs steht ein Glastank im See, aus dem man Nilpferde unter Wasser beobachten kann. Der Park ist günstiger als die berühmte Masai Mara und weniger besucht.

⑤ Diani Beach
An den Traumstränden der kenianischen Küste von Diani Beach im Süden bis nach Lamu im Norden findet jeder einen Lieblingsort – ob rustikaler Campingplatz oder Luxuslodge.

20

Nilpferd-Yoga

Stefanie

Gebannt starren wir auf den Fernseher, der über der Bar im *The Haven* hängt. Wir sind immer noch in Jinja, Uganda. Hinter uns strömt, unbeeindruckt von weltlichen Streitereien, der Nil. Es ist der 1. September 2017, und wir erwarten mit Spannung die Entscheidung des kenianischen Obersten Gerichtshofes zu den Präsidentschaftswahlen. Wenn in Kenia gewählt wird, steht das ganze Land gleichzeitig Kopf und still. Keine zehn Jahre ist es her, da endete die Wahl im Bürgerkrieg. Seitdem verlässt jeder, der es sich leisten kann, lieber das Land. Mehrfach hat man uns abgeraten, während der Wahlen nach Kenia zu reisen.

Bevor die Europäer auf Landkarten Grenzlinien zogen, war Afrika in Stammesgebiete eingeteilt. In Kenia leben heute etwa 40 verschiedene ethnische Gruppen. Zu den größten gehören die Kikuyu und die Luo. Die Kikuyu haben ein Sprichwort: »Wenn zwei Elefanten sich streiten, leidet das Gras.« Treffender kann man kenianische Wahlen nicht beschreiben. Raila Odinga, ein Luo und Führer der Oppositionspartei, tritt nun schon zum vierten Mal an. Zum zweiten Mal gegen den amtierenden Präsidenten Uhuru Kenyatta, einen Kikuyo.

Bisher musste er sich immer knapp geschlagen geben. Die Wahlergebnisse erkannte er nie an und versuchte, sie gerichtlich anzufechten. 2007 entfachten sich an seinem Unmut schwere Unruhen, Hunderte starben. Zehn Jahre später, Odinga zieht wieder vor Gericht. Wir hängen an den Lippen des Nachrichtensprechers: »Der Gerichtshof hat sein Urteil gesprochen. Die Wahl wird aufgrund gravierender Unstimmigkeiten annulliert. Neuwahlen sind in vier Wochen angesetzt.«

Durch die Bar geht ein Raunen. Nicht nur Touristen, auch Einheimische und Auswanderer haben sich versammelt. Damit hat keiner gerechnet. Kenia schreibt Geschichte. Es ist das erste afrikanische Land, das eine manipulierte Wahl wiederholt. Und wir? Wir sind etwas ratlos. Nun müssen wir genau das tun, was wir eigentlich vermeiden wollten: Während eines Wahlkampfes, der sich nun weiter zuspitzt, nach Kenia einreisen.

Ich spüre, dass Birgits Heimweh immer stärker wird. Ich dagegen habe meinen Reisekoller abgeschüttelt. Auch wenn ich zwischendurch mal introvertiert und strapaziert bin, fehlt mir nichts. Ich könnte ewig so weiterfahren. Jeden Tag neue Landschaften, neue Menschen, neue Abenteuer. Ob ich mich je mit einem Ende unserer Reise abfinden kann?

Egal ob wir von Mombasa nach Hause verschiffen oder unsere Reise weitergeht, nach Kenia müssen wir in jedem Fall. Und bis zu den nächsten Wahlen haben wir immerhin ein paar Wochen. Das ist unser Fenster. Am Wochenende bleibt es ruhig. So überqueren wir am Montag die Grenze von Malaba und sind in Kenia.

An Tag Vier sind wir komplett verliebt. Auch Birgit. Die Leute sind noch gastfreundlicher und netter als die Tansanier, wenn das überhaupt geht. Die Hürde, mit Kenianern in Kontakt zu kommen, ist niedrig. Hier spricht wirklich jeder perfektes Englisch. Über mein holperiges Suaheli freuen sich trotzdem alle.

Was haben uns andere Reisende und die Medien doch für Angst gemacht. Die Menschen seien unfreundlich, gefangen in ihren Stammeskämpfen, bestechlich, kriminell. Vor der Polizeiwillkür sei niemand sicher, besonders auf Touristen hätte man es abgesehen. Die Polizeikontrollen seien noch schlimmer als in Tansania. Um Nairobi, auch Nairobbery genannt, und Autobahnen sollen wir einen großen Bogen machen.

Kenia ist für uns das beste Beispiel einer Lektion, die wir auf unserer Reise durch Afrika immer wieder lernen: »Fahr hin und mach dir dein eigenes Bild.« Berichte in den Medien sind oft mit wenig aktueller Ortskenntnis verfasst und bedienen Klischees, die wir hören wollen. Mit »wir« meine ich uns Europäer. Einige wenige Reisende, die uns mit ihren vielen Problemen einzuschüchtern – oder vielleicht besser: zu beeindrucken – versuchen, lassen bei genauerer Betrachtung harmlose Situationen völlig unnötig eskalieren.

Lavalandschaft im Tsavo-West-Nationalpark.

Mit dem Fahrrad durch den Hell's-Gate-Nationalpark.

Uns hat man bizarrerweise in Kenia überhaupt nur dreimal angehalten. Wir haben nett geplaudert, ein paar Routentipps und einmal sogar einen Heiratsantrag erhalten. Birgit, als ältere Schwester, verhandelte für meinen Geschmack etwas zu routiniert über die Mitgift. Sie trieb meinen Bräutigam in spe auf zehn Kühe hoch. Die übrigen Polizisten auf unserer Strecke salutierten, wenn wir an ihnen vorbeifuhren. Ohne zu halten, rollten wir winkend und lächelnd an allen vorbei. Wir vermuten, es lag an unserem blauen Land Rover. Vielleicht hielt man uns für Polizeikollegen auf Patrouille?

Unsere Route führt uns einmal quer durch Kenia. Über die Truckerstadt Eldoret im Westen, hoch in die Berge des Kerio-Tals, wo die kenianischen Marathonläufer trainieren. Weiter zum Baringosee, durch das Hinterland des afrikanischen Grabenbruchs, hinunter zum Naivashasee. In Nairobi bekommt unsere blaue Elise neue Stoßdämpfer. Frisch gefedert versuchen wir erneut, einen Blick auf den größten Berg Afrikas, den Kilimandscharo, zu erhaschen. Der Massai, der uns Unterkunft gibt, beschwört tröstend, die Bergspitze habe sich in der letzten Woche jeden Tag gezeigt, nur heute leider nicht. Es ist ihm sichtlich unangenehm. Wir durchqueren die Lavalandschaft des Tsavo-Nationalparks und erreichen schließlich den indischen Ozean, südlich von Mombasa.

Aber ich greife vor.

Die Präsidentschaftswahlen sind leider nicht das einzige Problem, mit dem Kenia im Jahr 2017 kämpft. Eine große Dürre hat das Weideland der Rinderzüchter im Norden des Landes vernichtet. Sie treiben ihre hungrigen und durstigen Rinder deshalb auf fremde Farmen. Es kommt zu Übergriffen und Unruhen. Farmer und Rinderzüchter werden getötet. Die Strecken nördlich des Kerio-Tals Richtung Laikipia zum Mount Kenia sollen wir unter keinen Umständen fahren. Die Gegend markiert uns ein Polizist, mit dem wir unsere Reisepläne bei einer Verkehrskontrolle besprechen, auf unserer Landkarte: »Zur Zeit nehmen Sie diese Straße besser nicht. Und bitte meiden Sie auch dieses Gebiet hier. Ansonsten, wie gefällt Ihnen unser Land? Karibu sana – Sie sind herzlich willkommen.«

Die Warnungen sind begründet: In Laikipia gibt es nicht nur Farmen, sondern auch viele Naturschutzgebiete. Der berühmte Nashornbulle Sudan, das letzte männliche Nördliche Breitmaulnashorn seiner Art, lebt hier. Im Jahr 2018 wird er an Altersschwäche sterben. Wir schreiben die Besitzer eines kleinen Reservates an, das berühmt ist für sein Rudel afrikanischer Wildhunde. Ich bin nun bald seit einem Jahr auf der Suche nach diesen geschickten Jägern. Nur noch knapp 6000 Tiere in ganz Afrika soll es geben. Antwort bekommen wir keine. Wochen später erfahren wir, dass der Besitzer von Rinderhirten erschossen wurde.

Und was wird nun aus unserem Plan, auf dem Landweg über Äthiopien, Sudan, Ägypten nach Hause zu fahren? Auf dem Weg

Yoga am Baringosee.

nach Norden scheint nichts als Ärger auf uns zu warten. Unsere brasilianischen Freunde Vanessa und Linho hängen seit einer Woche an der äthiopischen Grenze im Niemandsland fest. Man verweigert ihnen die Einreise, obwohl sie alle nötigen Papiere haben. Eine spontane Laune der Grenzbeamten, die in vier Wochen wieder verflogen sein wird. Wir aber müssen uns jetzt entscheiden: Schiffen wir vom Hafen Mombasa nach Hause oder wagen wir den Vorstoß nach Norden?

Zutrauen würden wir es uns. Äthiopien und Sudan sollen sagenhaft schöne Reiseländer sein. Wir erwarten auch keine gefährlichen Situationen oder ernsthaften Probleme. Aber einfach wird es nicht: kaum Infrastruktur, keine gemeinsame Sprache, regionale Krisenherde. Falls doch etwas schieflaufen sollte – mit unseren Papieren oder einem Grenzübergang – hängen wir fest. Nach zwei Tagen Grübelei haben wir uns noch immer nicht entschieden.

Birgit geht erst einmal zum Yoga. Eigentlich mag sie Yoga nicht. Aber sie ist mit Ray und Toni, zwei reizenden älteren Kanadiern, am Baringosee verabredet. Während die drei am Ufer ihre Übungen machen, reihe ich mich in das erstaunte Publikum aus Adlern und Nilpferden ein. Birgit wirkt richtig gelöst, entspannt, ganz im Einklang mit sich und dem See und der Natur und Afrika, während sie sich so beugt und streckt. Die trägen Nilpferde grunzen neidisch angesichts so viel Beweglichkeit.

Lebensfreude und Energie strahlen Birgit aus jeder Pore, als sie zurück zu unserem Lager hüpft. Plötzlich höre ich sie sagen: »Warum fahren wir nicht einfach wieder zurück in den Süden?« Ich blicke sie irritiert an. »Ja, soll ich dir was sagen? Ich will noch nicht heim. Ich will noch ganz viel Busch und ganz viel Afrika!« Seitdem wir in Kenia sind, beobachte ich eine Veränderung an Birgit. Ihre Reisemüdigkeit ist wie weggeblasen und einer neuen Entdeckerlust gewichen.

Nachmittags breiten wir alle Landkarten auf unserem Campingtisch aus und überlegen, auf welcher Route wir zurück nach Kapstadt fahren wollen. Wir sind zwar langsam gereist und haben in fast jedem Land über einen Monat verbracht, aber die Liste an Orten, die wir noch erkunden wollen, wird eher länger als kürzer. Wir malen uns einen Kalender mit den restlichen Reisetagen und planen grob die Grenzübergänge.

Alle Zeichen sprechen für Umdrehen. Wir würden Kenia vor dem nächsten Wahlgang verlassen. Unser Tansaniavisum ist noch zehn Tage gültig. Das reicht, um gemütlich durchzufahren. Unser Carnet de Passage, das Reisedokument für unsere blaue Elise, läuft im November ab. Der südafrikanische Automobilclub hat eine Verlängerung bereits genehmigt. In Nossob, unserem Lieblingscamp im Kgalagadi-Transfrontier-Park in Südafrika, sind noch Plätze frei. Das ist der letzte Wink des Schicksals, den wir brauchen. Wir reservieren noch am selben Abend und hüpfen vorfreudig um unsere blaue Elise herum: Unsere Reise geht weiter.

21 _Afrika unter der Haut_

Birgit

Ein Geräusch lässt mich aus dem Schlaf hochschrecken. Ein Geräusch, das ich zunächst nicht zuordnen kann. Schlaftrunken schaue ich aus dem Hubdach und blicke suchend über das Campinggelände am Baringosee. Im Mondlicht entdecke ich eine Gruppe Nilpferde, die um unser Auto herum grast. Kaum vorstellbar, dass diese riesigen Säugetiere sich ausschließlich von Gras ernähren. Entsprechend große Mengen müssen sie jede Nacht vertilgen. Mit jedem Happs reißen sie einen halben Meter Gras aus dem Boden. Das Grunzen und Schmatzen der Familie erfüllt die Nacht.

Ich wecke Stefanie und gemeinsam genießen wir andächtig das Schauspiel. Nilpferde sind verletzlich und sehr gefährlich, wenn sie sich aus dem schützenden Wasser entfernen. Doch offensichtlich fühlen sie sich von Elise nicht bedroht und ziehen gemächliche Kreise um unseren Stellplatz. Die Angst, die ich zu Beginn der Reise noch in mir trug, umgeben von so viel Wildheit, wich einer Dankbarkeit, all diese herrlichen Dinge erleben zu dürfen. Das kosten wir aus und beobachten die Herde, bis sie sich satt und zufrieden in den Schutz des Sees zurückzieht.

Am Baringosee kann man auch Eisvögel beobachten.

Etwas übermüdet, aber genüsslich trinke ich meinen Frühstückskaffee. Mein Blick schweift über den See. Vor mir räkeln sich träge unsere Nilpferde im Wasser, versuchen ihre wuchtigen Körper möglichst vollständig mit dem kühlen Nass zu bedecken. Die Sonne steigt höher. Die Temperaturen auch. In den Bäumen sitzt ein Eisvogel und späht hinunter in den See auf der Suche nach seinem Frühstück. Blitzschnell stürzt sich der Kleine in die Tiefe und taucht mit einem Fisch im Schnabel wieder auf. In der Ferne hört man die keckernden Rufe zweier Schreiseeadler.

Das Ufer des Baringosees.

Sie haben ihr Nest nicht weit von uns. Emsig fliegen sie hin und her. Die Luft ist erfüllt vom Zirpen der Grillen und es riecht nach unzähligen Blüten, deren Namen ich nicht kenne.

Das ist er. Der Moment. In dem auch mir Afrika unter die Haut geht. Ich habe es verstanden. Nach fast zehn Monaten. Und werde es nie wieder vergessen. So oft habe ich nur das Elend und die Not auf diesem Kontinent gesehen. Doch nun ist es, als hätte sich ein Schleier von meinen Augen gehoben. Und ich kann erkennen, was Afrika auch ist: nämlich voller Leben. So dicht, so bunt, so prall. So ganz anders als das geordnete München. Das, was mir so lange fremd war, kann ich endlich schätzen und genießen. Und wie beeindruckend sind die Menschen, die hier leben. Wie viel kann man von ihnen lernen. Mit wieviel Mut, Kreativität und Zusammenhalt meistern sie ihren Alltag auch unter schwierigsten Bedingungen. Und trotzdem findet man soviel Lebensfreude.

Früher schien mir das Leben oft sehr zerbrechlich. Doch hier begreife ich, wie viel der Mensch aushält. Wie stark sein Überlebenswille ist. Welch erstaunliche Fähigkeit der Mensch besitzt, immer weiterzumachen. Aus allem etwas zu machen. Ich will das nicht romantisieren. Ein einzelnes Leben zählt meist nicht viel in Afrika. Elend, Gewalt, Hunger, Krankheit und große Not gehören oft zum Alltag. Doch die andere Seite aus Lebensmut, Frohsinn, Tapferkeit und Kreativität scheint darum um so heller. Und nun sehe ich endlich auch, was Stefanie mir so lange versucht hat zu vermitteln.

Tiwi Beach – unser liebster Stellplatz bei Diani.

Auf dem Weg zum Abwaschen komme ich mit einem Guide ins Gespräch. »Mambo«, sagt er. »Poa«, erwidere ich. Nach der Begrüßung frage ich: Wie geht es dir? – »Habari gani?« – »Mzuri sana«, antwortet er: sehr gut. Später wechseln wir ins Englische. Trotzdem hält er mich zunächst für eine Kenianerin. Vor allem, wie er mir erklärt, weil ich noch zwei abgeknabberte Maiskolben in der Hand halte. Diesen Snack gibt es hier an jeder Ecke zu kaufen und er ist uns an langen Fahrtagen eine liebgewonnene Stärkung geworden. Und ich? Ich fühle mich weniger fremd, falle weniger auf. Nicht nur Elise hat mittlerweile eine afrikanische Patina.

Endlich bin ich angekommen. Und nun will ich nicht nach Hause. Stefanie scheint zunächst verwirrt, als ich ihr meine Überlegungen unterbreite. Am Ende beschließen wir gemeinsam, von Kenia zurück nach Kapstadt zu fahren.

Wir genießen das Leben und verbringen entspannte Tage an den Traumstränden von Diani Beach. Hier kann man direkt am Strand campieren und das Rauschen des Indischen Ozeans begleitet einen sanft in den Schlaf. Nur noch ein weiteres Auto steht hier. Reg ist Südafrikaner, lebt aber seit vielen Jahren in Kenia, tatsächlich die meiste Zeit in seinem Landy hier in Diani. Er ist Musiker. Unter anderem, denn zurzeit hat er eine Schweizerin zu Besuch, der er das Land zeigt. Als Reiseleiter.

Fangfrischer kann unser Abendessen nicht sein.

Gemeinsam ziehen wir am Abend durch den Ort und essen Nyama choma in einer kleinen Bar. Das Grillfleisch gibt es in Ostafrika überall am Straßenrand zu kaufen. Meistens Ziege oder Lamm, gelegentlich sind auch Ratten im Angebot. Doch hier in dem gemütlichen Lokal schmecken Rind und Huhn ganz hervorragend. Um uns herum wird geredet und gelacht. Es ist Samstag, die Menschen sind ausgelassen. Wir auch.

Diese Stimmung trägt uns durch die letzten zwei Monate der Reise. Schwierigkeiten begegnen uns nur noch peripher und wir lassen uns kaum aus der Ruhe bringen. Mit staunenden Augen und offenen Herzen genießen wir, was dieser wunderbare Kontinent zu bieten hat. Ein Höhepunkt folgt dem nächsten. Afrika verabschiedet uns mit einem Feuerwerk.

Tansania

Nur die Strände im Norden Tansanias übertreffen die kenianischen noch an Schönheit und Postkartenidylle. Dagegen verblasst das Urlaubsparadies Sansibar. Auf Kisuaheli verhandeln wir wie alte Marktweiber und kaufen fangfrischen Fisch zum guten Preis, plaudern mit den Frauen, die die Fischernetze vom Vortag säubern und auf ihre Männer warten, die mit den letzten Sonnenstrahlen in ihren Dhau-Booten zurückkehren.

Nur ein paar Tage bleiben uns, bevor unser Tansaniavisum abläuft. Trotzdem wählen wir für die Durchquerung von Nord nach Süd kleine Pisten durchs Hinterland. Viel schneller ist die Reisegeschwindigkeit auf den Hauptstraßen ohnehin nicht. Wir fahren vorbei an kleinen und großen Dörfern, die unberührt scheinen vom Rummel des Northern Circuit mit seinen touristischen Attraktionen. Die uns liebgewonnenen Mzungu-Rufe geben uns Geleit.

Sambia

Bei der vierten Fahrt durch Sambia erobert dieses Land unser Herz. Der Weg durch das Luangwatal gehört zu den Höhepunkten unserer gesamten Reise. Hier finden wir eines der letzten unberührten Naturparadiese der Welt. Vom Nordluangwa-Nationalpark aus überqueren wir den jetzt im Oktober nahezu ausgetrockneten Fluss und folgen drei Tage seinem Verlauf. Noch haben die Chinesen die Piste nicht geteert und nur wenige Reisende verirren sich hierher.

Unterwegs wechseln sich kleine Dörfer mit wilder Natur ab. Wir passieren Rundhütten, dann wieder kreuzt ein einsamer Elefant unseren Weg. Kinder kommen angelaufen und winken. Wenig später werden wir von einer munteren Zebrafamilie umringt. Wie ein Gemälde von Monet wirkt der große Schwarm Klunkerkraniche, der an einem der verbliebenen Wasserlöcher Rast macht.

Die kahlen Bäume lassen ihre letzten Blätter fallen. Der Sand der trockenen Pisten schwebt in der Luft und bricht die Sonnenstrahlen. Alles ist in rot-goldenes Licht getaucht. Plötzlich galoppiert eine Herde Einhörner über die Straße. Die Fabelwesen brechen aus dem Dickicht, stauben vorüber und verschwinden lautlos zwischen den Bäumen. Wir reiben uns die Augen. Und begreifen: Pferdeantilopen. Eine wahre Seltenheit. Erst einmal, in Namibia, haben wir diese magischen Antilopen entdeckt.

Im Luambe-Nationalpark sind die Tiere scheu. Autos kommen hier nur selten vorbei. Egal wie behutsam wir uns nähern, wir scheuchen selbst die stoischen Büffel und Elefanten auf. Wenn sich große Herden in Bewegung setzen und über die Savanne stürmen, vibriert der Boden. Das spüren wir sogar in Elise.

Die Nächte verbringen wir in kleinen Community Camps, die von Dorfgemeinschaften betrieben werden. Nur für uns leuchtet eine Lichterkette, die an eine Autobatterie angeschlossen ist. Und am Brunnen dürfen wir unsere Trinkwasservorräte auffüllen.

Den Abschluss bildet der Südluangwa-Nationalpark. Sechs Tage verbringen wir hier auf ausgedehnten Pirschfahrten. Vor Sonnenaufgang stehen wir am Parkeingang und verfolgen eine Woche lang ein Hyänenrudel. Diese Tiere sind als gemein und hinterhältig verschrien. Zu Unrecht. Die Familien haben ein hochkomplexes Sozialsystem und die Tiere sind ausgezeichnete Jäger. Sie zählen mittlerweile zu unseren Lieblingen, und Stefa-

Wildhunde sind vom Aussterben bedroht. Auf der Rückfahrt durch Sambia entdecken wir eine Gruppe und begleiten sie über mehrere Stunden.

nie kann ihren Ruf so gut imitieren, dass die ganze Gruppe den Kopf hebt.

Am letzten Tag wählen wir für unser traditionelles Busch-frühstück aus kaltem Kaffee und Erdnussbutterbrot einen Platz, an dem gestern ein Leopard seine Beute auf einen Baum geschleppt hat. Wir wollen sehen, was von dem kleinen Impala noch übrig ist. Eine Hyäne gesellt sich dazu. Stefanie krallt ihre Hand in meinen Arm. Verwirrt blicke ich sie an. Kein Wort kommt über ihre Lippen. Sie deutet hektisch ins wackelnde Gebüsch. Noch eine Hyäne, denke ich. Da erkenne ich sie: Wildhunde! Sechs Stück. Wir folgen ihnen ohne Probleme, weil sie dicht an der Straße bleiben. Offensichtlich haben sie schon gejagt und suchen sich ein schattiges Plätzchen. Unter einer Baumgruppe neben dem Weg lassen sie sich nieder. Drei Stunden haben wir mit diesen grazilen Tieren. Jede Sekunde kosten wir aus. Ein Jahr haben wir gebraucht, diese vom Aussterben bedrohten Räuber in freier Wildbahn zu entdecken.

Klunkerkraniche machen Rast an einem Wasserloch.

Botswana

Für unseren Weg durch Botswana wählen wir die Querverbindung zwischen Chobe-Nationalpark und Okavangodelta über das legendäre Camp Savuti mitten durch den botswanischen Busch. Wir folgen den tiefsandigen Pisten mitten ins Nirgendwo und übernachten in Linyanti. Von unserem Stellplatz aus sehen wir direkt in die saftig-grüne Sumpflandschaft. Wir platzieren unsere Stühle im spärlichen Schatten, den ein kahler Bleiholzbaum spendet, und beobachten Antilopen, Nilpferde und Krokodile.

Einen kurzen Moment nur sind wir unaufmerksam. Da steht er auch schon vor uns. Ein riesiger Elefantenbulle. Langsam. Ganz langsam ziehen wir uns in den Schutz von Elise zurück. Wir wagen kaum, zu atmen. Doch der Bulle zeigt sich von uns unbeeindruckt, bewegt sich gemächlich über unseren Platz und verschwindet auf der anderen Seite lautlos im Busch. Wann werden wir wohl lernen, dass Elefanten weit weniger Geräusche machen, als man bei ihrer stattlichen Größe annehmen würde?

Südafrika

In Südafrika heißt es allmählich Abschied nehmen. Wir beenden unsere Reise dort, wo wir sie begonnen haben. Die Region der Kalahari gehört auch nach einem Jahr weiterhin zu unseren persönlichen Favoriten. Darum wollen wir noch die letzte Ecke im Kgalagadi-Transfrontier-Park erkunden. Über Botswana gibt es einen Zugang, der sich KD12 Areal nennt und deutlich weniger bekannt ist als Mabuasehube. Am späten Nachmittag erreichen wir das Gate. Ein Ranger steht etwas verloren an seinem kleinen Posten. Dem Gästebuch ist zu entnehmen, dass hier nur alle paar Tage ein Auto vorbeikommt. Eine gute Stunde fahren wir weiter über die sandige Piste durch die karge Landschaft bis zu unserem Stellplatz. Hohe Sträucher säumen die Strecke und erschweren die Pirsch. Nach einer großen Runde durch den Park können wir sicher sagen, wir sind heute die einzigen Besucher. Tiere sehen wir kaum. Nur ein einsames Steinböckchen leistet uns Gesellschaft.

Abends entfachen wir ein schützendes Lagerfeuer. Der Geruch von brennendem Holz, das Knistern, die fliegenden Funken, mein Blick versunken in die Flammen. Das schafft mittlerweile ein Gefühl von Geborgenheit. Am Horizont ziehen dunkle Wolken auf. In der Ferne erhellen Blitze die Dunkelheit. Donner grummelt leise. Es ist Buschfeuersaison. Doch die Distanz nimmt die Bedrohung. Wir genießen dieses Naturkino und rutschen tiefer in unsere Stühle. Wir wissen, afrikanischen Urgewalten kann man nichts entgegensetzen. Trotzdem sind meine Ängste und Sorgen einem tiefen Vertrauen gewichen. Vertrauen darauf, dass passiert, was passieren soll.

Wir sind im Einklang. Stefanie. Und Afrika. Und ich.

Zurück nach München

22 *Bahnhof und Abfahrt*

Stefanie

Wir sitzen mit Cheryl und ihrer Tochter Ella in ihrem kleinen Häuschen hinter dem Campingplatz beim Abendessen. Ella hat in Tasmanien studiert und gearbeitet und ist nun nach elf Jahren zurückgekehrt nach Südafrika. Cheryl und Mike haben sich kurz nach Silvester getrennt. St. John, der schrullige Landyfahrer, hätte gern seinen Platz eingenommen. Er blieb noch bis zum Winter, bevor er sich geschlagen gab. Shannon ist mittlerweile Koch im Weingut *De Krans*.

Unser Überraschungsbesuch in Calitzdorp ist geglückt: Alle freuen sich unbändig, uns wiederzusehen. Bereits auf der Straße winken alte Bekannte, als sie unser Auto erkennen. Wieder kommen wir von diesem kleinen Ort nicht los und bleiben über eine Woche in der *Station*.

»Ich wünschte, ich würde einen Teilhaber finden. Allein ist mir der Campingplatz doch langsam zu viel«, erzählt Cheryl. In meinen Ohren läuten ihre Worte wie Kirchenglocken. Birgit scheint dieselbe Idee zu haben, denn als ich zu ihr hinüberschaue, blitzen ihre Augen verschwörerisch. »Was würde denn der halbe Bahnhof kosten«, höre ich sie fragen. Das Land und die Gebäude wurden auf drei Millionen Rand geschätzt.

Ich zücke mein Handy und stelle überrascht fest: Eine Beteiligung würde uns 90.000 Euro kosten. Für ein riesiges Grundstück, mit Bahnhof, Lokschuppen und Campingplatz. Verglichen mit Münchner Immobilienpreisen wäre es fast eine Dummheit, keinen Bahnhof zu kaufen. Aus Monopoly im Kopf wird Ernst und wir diskutieren beim gemeinsamen Abendessen unsere mögliche Partnerschaft. Auch als wir schon längst wieder in München sind, lässt uns der Traum von Calitzdorp nicht los.

Meine Gefühle fahren Achterbahn: weiterreisen, heimkommen oder einen stillgelegten Bahnhof kaufen und nach Calitzdorp ziehen. Ich wünschte, ich könnte die Zeit anhalten. Die letzten Tage, bevor wir unsere blaue Elise wieder in einen Container nach Hamburg stecken, rinnen mir wie Sand durch die Finger. Der Abschied fällt Birgit und mir schwerer als erwartet, ist aber nicht aufzuhalten. Ehe wir merken, wie uns geschieht, stehen wir in unserer Münchner Küche, umringt von Freunden. Den ersten Abend wollten wir auf keinen Fall allein auf der Couch sitzen. Ich beobachte mich selbst und finde die ganze Szene surreal. Hier sind wir also wieder.

Das Schwierigste an unserem Jahr Auszeit war der erste Schritt. Was wie ein abgedroschener Spruch klingt, ist wahr. Steht er einem noch bevor, fühlt sich dieser Schritt groß und unüberwindbar an. Als wir im März 2016 unseren Flug nach Kapstadt gebucht hatten, lief alles wie von selbst. Wir waren nicht mehr aufzuhalten. Unsere blaue Elise war ausgerüstet. Die Stellen waren gekündigt. Noch etwas lästiger Papierkram und wir waren frei. Ohne Verpflichtung, ohne Termine, ohne Zeitdruck. Wenn ich heute die Augen schließe und mich auf die kleine Dachterrasse in Kapstadt zurück träume, spüre ich dieses unbändige Gefühl von Freiheit durch jede Faser meines Körpers pulsieren.

»An unserem ersten Morgen in Kapstadt weckte mich Vogelgezwitscher. Nicht das vertraute städtische Taubengurren. Mindestens zehn verschiedene exotische Gesänge meinte ich unterscheiden zu können. Sonnenaufgang in Afrika ist eine Ouvertüre mit vollständiger Orchesterbesetzung. Der enge Brustkorb weitete sich. So tief und frei hatte ich seit Jahren nicht geatmet.« So beschrieb ich damals mein Gefühl von Freiheit und noch heute höre ich diese Vogelstimmen in meiner Erinnerung. Rieche den scharfen Duft, den der Röstkaffee in der Wohnung verströmte. Spüre die wärmenden Strahlen der Sonne auf meiner Haut.

351 Tage lang sind wir durch zehn Länder des südlichen und östlichen Afrika gefahren. Die Erlebnisse auf dieser Reise haben uns für immer verändert: die vielen Kulturen und Lebensweisen, die unbezähmbare Natur, die Begegnungen mit wunderbaren Menschen, die Freunde wurden. Alle schenkten uns unermesslich viel Offenheit, Neugier, Hilfsbereitschaft und Freundschaft.

Paradoxerweise gab es trotzdem Momente, in denen wir uns unfrei gefühlt haben. Zum Beispiel, wenn wir in Ländern unterwegs waren, in denen die Liebe zwischen Frauen mit dem Tode bestraft werden kann, die komplizierten Einreisebestimmungen unsere Pläne durchkreuzten oder uns der Landweg Richtung Europa versperrt war. Im Nachhinein alles nur Kleinigkeiten. Wir haben so viel mehr gelernt und in unseren Herzen mitgenommen.

Haben wir etwas vermisst, außer Familie und Freunde? Eigentlich nur Wasserdruck und Brezen. Vieles, was wir glaubten zu vermissen, hatte sich nach dem Jahr erübrigt. Etwa abends im Dunkeln durch die Stadt von einem Restaurant nach Hause laufen. Zu überteuerten Preisen in überfüllten Lokalen zu essen, macht uns heute keinen Spaß mehr. Oder Vollkornbrot: Das backe ich mittlerweile selbst besser über dem Lagerfeuer.

Afrika vermisse ich jeden Tag. Nach unserer Rückkehr ging es uns schlecht. Vor allem mir. In der ersten Woche betäubten wir den Schmerz mit Butterbrezen, Marillenknödeln und innigen Wiedersehen mit Familie und Freunden. Die Brezen wurden trocken, wir buken sie auf, verarbeiteten sie zu Knödeln. Mit dem letzten Knödel sank die Stimmung.

In Afrika sprudelten die Ideen. Selbstständigkeit, neue Abenteuer, ein Buch. Mit jedem Tag in München wurde es nebliger in meinem Kopf.

Es ist Dezember 2017. Euphorisch, mit schwungvollem Schritt gehe ich zum Arbeitsamt, mit Businessplan und Motivation. Eine halbe Stunde später schlurfe ich geknickt in den Schneeregen hinaus. Die deutsche Bürokratie schafft es, mir in drei Sätzen jegliche Lebensenergie zu rauben. Ich suche Trost auf dem Alten Südlichen Friedhof. Dem einzigen Ort, an dem ich zum ersten Mal nach zwei Wochen Vogelgezwitscher höre und Tiere beobachten kann. Zwei Eichhörnchen, die sich die Bäume rauf und runter jagen. Das Knirschen der Kiesel unter meinen Schuhen beruhigt mich.

Als wir im Februar 2018 nach zahlreichen Verspätungen unsere Elise in Hamburg abholen, kommen wir endgültig im kalten Deutschland an. Wir haben die erste große Panne unserer Reise. Niemand hilft uns. Der Spediteur nicht, der diesen Schaden verursacht hat. Die erste Werkstatt nicht. Und auch die nächsten vier nicht. »Nein«, ist immer das erste, was wir hören. »Nein, keine Chance. Wir haben frühestens in drei Wochen den nächsten Termin«, damit ist das Gespräch zu Ende. Willkommen in Deutschland.

Ich muss an Afrika denken. Auch hier hatten alle Werkstätten volle Auftragsbücher. Aber zwei Frauen, die Hilfe brauchten, schickte niemand weg. Im Gegenteil. Ob in Namibia, Malawi oder Ruanda. Alles ließ man stehen und liegen, um zu helfen. Danke, Afrika.

Ich fühle mich wie tot in dieser leblosen Betonwüste. Im Winter nach Deutschland zurückzukehren, war keine gute Idee. Bis April ist es grau. Überall. Grauer Himmel, graue Häuser, graue Straßen, graue Menschen. Kein Sonnenstrahl kämpft sich durch die erbarmungslos dichte Wolkendecke.

Die Menschen sind uns fremd. Alles eilt und hetzt, regt sich über Dinge auf, die wir nicht mehr verstehen. Fragen stellen die wenigsten. Wir fühlen uns unverstanden und können kaum mit jemandem reden.

Es kostet uns Überwindung, die wenigen Umzugskisten, die wir untergestellt hatten, auszupacken. Für mich fühlt sich auspacken an wie aufgeben. Als würde ich das Erlebte zurückspulen zum Anfang. Nur ohne die Vorfreude. Ich wollte auf keinen Fall zurückkehren in mein altes Leben, und nun stehe ich hier inmitten eines irrwitzig großen Haufens Socken. Vor der Reise hatten wir radikal ausgemistet. Dachten wir. Ein kurzer Blick in die Kartons: Birgit und ich zucken mit den Schultern. So viel Plunder, sinnloser Konsum. Wir kriegen keine Luft. Entrümpeln weiter.

Wir haben das Gefühl, nicht mehr dazuzugehören. Andere Realitäten und Lebenswelten, die so gar nicht zu dieser hochindustrialisierten Scheinwelt passen, haben uns verändert. Irgendwie sind wir herausgeplumpst. Und eigentlich wollen wir hier auch gar nicht mehr dazugehören. Ich fürchte, dass mich dieses System aus Angst und Konsum ein zweites Mal nicht aus seinen Klauen lässt.

In Sambia träumte ich davon, mein Geld wieder mit Schreiben zu verdienen. Doch die Honorare für freie Autoren sind im Keller. In Afrika würde es zum Reisen noch reichen, aber unsere Münchner Wohnung bezahlt es nicht. Geld verdient man heute mit Unternehmensberatung. Anfangs litt ich sehr unter Kulturschock: vom Busch ins Büro. Monatelang kämpft man in einer Gladiatorenarena um den Auftrag des Kunden, der dann oft den Rat nicht mehr hören will. Diese Welt ist mir fremd geworden. Als ich das erste Mal wieder einen Blazer für einen Kundentermin anziehe, bekomme ich kaum Luft. Innerlich wehrt sich alles in mir.

Ich habe das Gefühl, in einer Scheinwelt zu leben. Wie in Platons Höhlengleichnis fürchte ich mich vor den Schatten. Und es braucht all meinen Mut, wieder vor die Höhle zu treten.

An dem Tag genau, als wir ein Jahr wieder zurück in München sind, dürfen wir unseren Reisevortrag auf den *Lesbenkulturtagen 2018* präsentieren. Wir hätten nie gedacht, dass wir in das Vortragsgeschäft einsteigen. Uns zieht es nicht auf die Bühne. Uns sprach aber die Idee an, vor einer weiblichen Zielgruppe zu reden.

In unseren kühnsten Träumen hätten wir uns den Andrang nicht ausmalen können: Die Frauen stehen Schlange, die Hälfte muss wegen Platzmangels draußen bleiben. Auch die Zusatzveranstaltung ist bis auf den letzten Platz besetzt. Die Rückmeldungen, das Interesse, die Begeisterung, die uns entgegenschlagen, wecken mich aus meiner Depression. Dieses Jahr war kein Traum. Es hat einen Unterschied gemacht. Unsere Erzählungen inspirieren andere Menschen, neugierig und mutig die Welt zu entdecken.

Ich kann mich jetzt über unsere Erlebnisse freuen und nicht mehr nur wehmütig zurückblicken und Vergangenem nachtrauern. Auch wenn aus unserem Umzug nach Calitzdorp erst einmal doch nichts wird. Meine Energie und meine Kraft kehren zurück und ich stürze mich wieder in den Fluss des Lebens. Ich finde meine persönliche Balance aus Beratung und Schreiberei, baue mir mein Unternehmen nach meinen Werten und Vorstellungen auf. Und es trägt Früchte, auf die ich stolz bin. Ich kann endlich dankbar sein für die wundervollen Tage, die ich frei durch Afrika fahren durfte. Das hat ein Jahr gedauert. Angekommen bin ich noch immer nicht, aber es geht weiter – auch ohne Bahnhof.

23 *Hakuna Matata*

Birgit

Zurück in München zu sein, war schwer – vor allem für Stefanie. Sie schien mir oft unglücklich, wenngleich sie sich bemühte, mich ihren Schmerz nicht allzu deutlich spüren zu lassen. Doch auch meine Euphorie klang rasch ab. Ich war beschäftigt mit dem Aufbau meiner Praxis. Dazu konnte ich die Räume einer bereits bestehenden Privatpraxis nutzen. Die Zusammenarbeit mit einer befreundeten Kollegin dort erleichterte mir den Einstieg. Doch Patienten blieben aus. Das war er nun, mein großer Traum.

Erst rückblickend verstehe ich meine große Ambivalenz. Es ist nicht einfach, nach so einem aufregenden Jahr zurück in den Alltag zu finden. Die Freiheit hat uns beiden gut geschmeckt. Mich erneut mit der Verantwortung, die Arztsein nun mal bedeutet, zu beschweren, stieß auf großen inneren Widerstand. Trotz Freude über die eigene Praxis. Das müssen die Patienten gemerkt haben. Je weniger wir die Reise hinter uns lassen konnten, desto blockierter waren wir für den Weg nach vorn.

Es erschien mir wichtig, meine Selbstständigkeit auf mehreren Säulen aufzubauen. Da die Praxis zunächst nur einen kleinen Teil meiner Aufmerksamkeit benötigte, konnte ich andere Ideen umsetzen: Ich betreue junge Geflüchtete, schreibe Fach-

texte und veranstalte für Unternehmen Seminare zum Thema Stressmanagement und Burn-out-Prophylaxe. Die Abwechslung gefällt mir. Mein eigener Chef zu sein sowieso. Doch vor Afrika hätte ich mir nicht zugetraut, selbständig zu sein.

Ich merke jeden Tag, wie verändert wir durch unsere Reise sind und wie viel wir von Afrika lernen durften: Alles, was man zum Leben braucht, passt in einen Land Rover Defender. Die Ausrichtung der westlichen Gesellschaft auf Konsum wirkt auf uns beide weiterhin befremdlich. Obwohl wir schon vor der Reise ordentlich ausgemistet hatten, reduzieren wir uns weiter. Es gab unterwegs tatsächlich nichts, was wir ernsthaft vermisst hätten. An materiellen Dingen jedenfalls. Erst durch den Abstand begriff ich, dass wir versuchen, unser Unglück durch Konsum auszugleichen. Wie oft habe ich mir nach einem harten Tag in der Klinik erst einmal etwas gegönnt. Ein Buch, eine CD oder ein schönes Abendessen.

Das ist der Motor unserer Gesellschaft. Unzufriedenheit wird mit Kaufen kompensiert. Doch es füllt die Leere nicht. Deshalb hält sich dieses System aus sich selbst heraus aufrecht. Der Gang ins nächste Einkaufszentrum wird durch inneren Reichtum überflüssig.

Nichts ist planbar. Jeder Tag ist für eine Überraschung gut. Für mich war das eine harte Schule, denn ich musste mein Kontrollbedürfnis Stück für Stück aufgeben. Immer wenn ich mir ausgemalt hatte, wie der Tag werden könnte, kam alles ganz anders. Ob das nun hieß, dass wir statt der geplanten fünf Stunden für eine Etappe tatsächlich acht benötigten. Oder der Campingplatz nicht mehr existierte. Oder ein Unwetter aufzog, gerade als wir kochen wollten. Irgendwas war immer. Erst allmählich gab ich meinen Widerstand auf. Und nahm den Tag so, wie er kam. Das ist Achtsamkeit. Nichts ist planbar. Darum hilft es nicht, sich Gedanken zu machen. Die Sorgen hinter sich zu lassen und dem Leben Raum zu geben, erleben wir als große Befreiung.

Jedes Problem ist lösbar. Jeden Tag standen wir vor neuen Herausforderungen. Ob das nun der Versuch war, in Malawi einen Dachgepäckträger zu bauen, ein eingesperrter Autoschlüssel in der Serengeti oder eine kaputte Streifensicherung in Ruanda. Wir konnten diese Probleme nicht wie hier an den nächstbesten »Fachmann« abgeben, sondern mussten selbst eine Lösung finden. Und das taten wir. Immer! Dadurch lernten wir, dass wir alles lösen können.

Vertraue deinen Fähigkeiten. Mit jeder Aufgabe, die wir bewältigt hatten, wuchs unser Glaube daran, dass wir gemeinsam alles schaffen. Mit etwas Geduld und manchmal auch mit ein wenig Glück. Und dieses Wissen wiederum hilft, dem Abenteuer neugierig zu begegnen.

Das Leben sorgt für dich. So haben wir uns mehr auf den Fluss des Lebens eingelassen. Unser Vertrauen ins Universum wuchs. Wir haben immer an der richtigen Stelle die richtigen Menschen getroffen. Ob das nun unsere malawisch-brasilianisch-deutsche Ingenieurskunst war, die Guides, die uns in der Serengeti unter die Arme griffen, oder Benjamin, der uns unaufgefordert Streifensicherungen organisierte. Dadurch sehe ich das Leben deutlich positiver und begreife, dass mein früherer Pessimismus immer wieder zur sich selbst erfüllenden Prophezeiung wurde.

Der Tod ist allgegenwärtig. Das macht das Leben kostbar. Wenn ich mich in die afrikanische Wildnis stelle, nehme ich in Kauf, dass ein Löwe mich findet oder ein Elefant den Landy umwirft. Fegt dann noch ein Unwetter über die Savanne, liegt es nicht mehr in meiner Hand, ob ich am nächsten Morgen aufwache. Früher habe ich nicht verstanden, warum ich mich dem ausliefern soll. Doch nun macht es mir nichts mehr aus. Ich weiß, dass mir keiner garantieren kann, ob ich morgen noch am Leben bin. Das ist natürlich auch in München so. Hier können wir das nur besser ignorieren. Wir sichern uns ab aus Angst vor dem Tod, versichern uns gegen alles Unberechenbare. Und verpassen dabei das Leben.

Ich möchte keine unserer besonderen Begegnungen, einzigartigen Erlebnisse und tiefgreifenden Tierbeobachtungen auf diesem wunderbaren Kontinent missen. Jeden Tag wurde mir aufs Neue bewusst, wie dankbar ich für mein Leben bin. Viel tiefer ist nun der Wunsch, jeden Augenblick auszukosten. Wir gestalten unser Leben so, dass es zu gleichen Teilen noch hundert Jahre dauern darf, aber auch morgen zu Ende sein kann.

Wir machen jetzt, was wir wollen. Das Schwierige war nur herauszufinden, was wir wollen. Wir haben versucht, wieder in München Fuß zu fassen. Reisen mit Elise durch Europa unternommen. Unverhofft riss Spanien uns aus unserer Lethargie. Außer Barcelona kannten wir beide wenig, weshalb wir 2018 in vier Wochen das gesamte Land durchquerten. Bis zur Südspitze nach Tarifa, wo man vom Strand aus bis nach Afrika sehen kann.

Wir haben uns verliebt in Spanien. Weil es uns erinnert. Erinnert an Afrika. Die Landschaft in Kastilien-Leon und der Extremadura ließ unsere Herzen höher hüpfen. Die Menschen wirken lebensfroh und sehr präsent im Augenblick. Immer wieder fahren wir nach Spanien und entfernen uns weiter von Selbstoptimierung, Leistungsorientierung und Konsum.

Dinge, die einst wichtig schienen, sind es nun nicht mehr. Ich liebe die Arbeit mit Menschen. Aber ich muss mich nicht mehr ausschließlich darüber definieren. Es ist ein großes Glück, wenn man mit etwas, das einem Freude bereitet, Geld verdient. Aber das Leben bewusst leben und ganz in sich aufsaugen ist mindestens genauso wichtig.

Und ich begreife noch etwas anderes: Spanien ist herrlich. Aber Spanien ist nicht Afrika. Ich bin noch nicht fertig mit Afrika. Nun sitzt es unter meiner Haut und zieht und zerrt und lässt mich nicht zur Ruhe kommen. Vorsichtig frage ich bei Stefanie nach, ob sie nicht auch zurückwolle. Doch ihre Antwort ist verhalten. Ihre Luftsprünge bleiben aus. Aber das kenne ich. Um sich eine Enttäuschung zu ersparen, hüpft sie erst, wenn sie im Flieger sitzt. Wieder ist Elise das Versprechen. Sie reist im Container voraus. Diesmal nach Kenia.

Denn ich lasse nicht locker. Meine Arbeit als Seminarleiterin beflügelt mich zusätzlich. Mich mit Menschen auszutauschen über die Fragen, »Wo stehst du gerade?«, »Wo willst du hin in deinem Leben?« und »Wie kann das gehen?«, begeistert mich. Mit Stefanie reift die Idee, diese Inhalte in einen Reisekontext zu setzen. Im Kleinen nach Spanien. Im Großen nach Afrika. »Seelensafari« ist geboren. Wir sind dabei, unser eigenes Unternehmen zu gründen, um andere Frauen zu motivieren, ihre Träume zu leben.

Hakuna Matata!

Kein Problem.

Dass kein Traum zu groß ist, lernten wir in Afrika.

Ein dickes Dankeschön an Euch alle!

Wir wissen, es war nicht selbstverständlich, dass wir uns unseren großen Traum erfüllen und mit unserer blauen Elise ein Jahr durch Afrika reisen durften. Auch wenn wir hart dafür gearbeitet haben, hatten wir neben der richtigen Portion Glück auch eine Menge Unterstützung.

Zunächst einmal danken wir unseren Eltern!

Ohne meine Mutter, Gudrun Heyduck, wäre ich nicht der Mensch, der ich heute bin. Sie hat mir beigebracht neugierig, mutig und mit fröhlichem Herzen die Welt zu entdecken. Dafür bin ich ihr unendlich dankbar.

Ich möchte meinen Eltern, Frauke und Karsten Völkel, dafür danken, dass sie mir Raum und Zeit gegeben haben, meinen Weg zu finden. Sie unterstützen meine verrückten Ideen und stehen immer hinter mir.

Danke auch an alle, die unsere Spendenaktion für *Ärzte ohne Grenzen* unterstützt haben.

Schon während unserer Reise wollten wir unser Glück teilen und haben eine Spendenaktion organisiert. Jeden Monat verlosten wir eines unserer Fotos. Also nochmal ein ganz großes Dankeschön an alle, die so eifrig gespendet oder im Hintergrund mitgeholfen haben. Am Ende konnten wir fast 4000 Euro für *Ärzte ohne Grenzen* sammeln.

Noch ein Dankeschön an alle, die diesem Buch auf den Weg geholfen haben.

Da ist zunächst einmal Nastasja. Sie hat uns überredet, uns mit unserem Reisevortrag auf die Bühne zu trauen und damit viele Steine ins Rollen gebracht.

So kam auch der Kontakt zum *Naturzeit Verlag* und zu Stefanie zustande, die an dieses Buch geglaubt und es ermöglicht hat.

Und natürlich danken wir allen Freundinnen und Freunden, die uns bei unserer Rückkehr am ersten Abend in München in Empfang genommen und mit uns gefeiert haben!

Reisen in Afrika

Fast vier Jahre haben wir uns auf unseren großen Traum vorbereitet: Unsere Elise zum Reisemobil ausgebaut, Offroad-Fahren gelernt und einen Schrauberkurs absolviert, damit wir uns bei kleinen Pannen selbst helfen können. Wenn dich unsere Erlebnisse neugierig auf Afrika gemacht haben und du auch eines der Länder besuchen möchtest, haben wir dir hier ein paar Tipps zusammengestellt – für einen Urlaub oder die lange Auszeit.

Auto: Egal ob mit dem eigenen Reisemobil oder einem Mietwagen – die Länder des südlichen und östlichen Afrika lassen sich sehr gut als Individualtourist erkunden. Im südlichen Afrika gibt es etliche Mietwagenfirmen, die Geländewagen mit Campingausrüstung vermieten. Wer Nationalparks und Landschaften ohne Kompromisse erkunden will, sollte auf Allrad nicht verzichten. Nur wenige Nationalparks in Südafrika und Namibia sind ohne Allrad zu befahren. In Tansania wiederum darf man oft mit dem Mietwagen nicht in die Serengeti.

Busch: Für uns gibt es nichts Schöneres, als auf eigene Faust auf Pirschfahrt zu gehen und die Nacht im Busch zu verbringen. In den meisten Nationalparks gibt es Stellen, an denen man campen darf. Umzäunt sind die Plätze nur in Südafrika und Namibia. In den übrigen Ländern steht man frei unter wilden Tieren. Das ist zuerst etwas gewöhnungsbedürftig, aber dann ein tolles Gefühl.

Carnet de Passage: Dieses Dokument benötigt nur, wer mit dem eigenen, in Europa zugelassenen Auto reist. Das Carnet ist ein Zolldokument für das eigene Auto, das man unkompliziert beim ADAC beantragen kann. Je nach Wagenwert muss man eine

entsprechende Kaution hinterlegen. Es ist wie ein Reisepass für dein Auto, das bei jedem Grenzübergang einen Ausfuhr- und einen Einfuhrstempel bekommt.

Drohne: Nichts ist verlockender, als in den weiten, einsamen Landschaften Filmaufnahmen aus der Luft zu machen. Aber Vorsicht: In einigen Ländern ist die Einfuhr verboten. Meistens findet man dazu Informationen auf den Internetseiten des Auswärtigen Amtes. In Nationalparks dürfen Drohnen generell nicht verwendet werden, weil man dadurch die Tiere stört.

Einreise: Mit einem deutschen Reisepass bekommst du in der Regel im südlichen und östlichen Afrika alle Visa direkt an der Grenze. Für Ruanda, Uganda und Kenia gibt es ein Ostafrika-Visum, dass du im Internet zu günstigen Konditionen bekommst. Für Äthiopien, Sudan, Ägypten und vielen Ländern Westafrikas muss man die Visa vorab bei den jeweiligen Botschaften beantragen. In der Regel erhält man ein Visum für mindestens 30 und höchstens 90 Tage ab Datum der Antragstellung.

Frauen: Als alleinreisende Frauen haben wir uns zu keiner Zeit unsicher oder bedroht gefühlt. Ganz im Gegenteil. Wo wir auch hinkamen, wurden wir stets mit viel Respekt behandelt. Und bei zwei Frauen in Not ist die Hilfsbereitschaft der Menschen enorm. Einzig beim Wildcampen waren wir eher zurückhaltend, zumal es in den Ländern unserer Route überall großartige und günstige Campingplätze gibt.

Geld: Die Landeswährung musst du nicht mitbringen, denn Bargeld bekommt man meist problemlos. Geldautomaten (ATMs) finden sich beinahe überall. In Großstädten sowieso. Hier sollte man nur beim Abheben aufpassen, ob zwielichtige Gestalten in der Nähe sind. Auch in vielen kleinen Orten gibt es Geldautomaten, die leider manchmal »außer Betrieb« sind. Wer auf Nummer sicher gehen will, kann zusätzlich ein paar Dollar mit sich führen. Diese Währung wird eigentlich überall akzeptiert. In den meisten Nationalparks kann man aber mittlerweile nur noch mit Kreditkarte bezahlen.

Grenzüberübergang: Es ist gut, für die Grenzübergänge in Afrika ein bisschen Zeit mitzubringen, wobei wir eigentlich nur die nach Sambia als wirklich anstrengend empfunden haben. Etwas komplizierter wird es, wenn man ein Auto dabei hat – egal ob Mietwagen oder mit europäischem Kennzeichen. Die Zollabwicklung nimmt einige Zeit in Anspruch. Außerdem muss man für das Auto oft Straßensteuer oder Abgassteuer bezahlen und eine Haftpflichtversicherung abschließen. Vor allem in Sambia warten zahlreiche Schlepper, die einem gegen meist reichlich überzogene Gebühren »helfen« wollen. Mit Geduld geht es aber prima ohne.

Homosexualität: Die Gesetzeslage in afrikanischen Ländern ist unterschiedlich. In einigen Ländern wie Südafrika, Botswana, Namibia, Mosambik, Ruanda und Angola ist Homosexualität nicht mehr strafbar. Leider gibt es aber vielen Ländern immer noch strenge Haftstrafen bei homosexuellen Handlungen. In Uganda drohen 20 Jahre Gefängnis, in Kenia 14 Jahre (für Männer), in Tansania 14 Jahre und im Urlaubsparadies Sansibar 25 Jahre. Die Gesetze kommen vor allem bei Männern zur Anwendung. Dass Touristen inhaftiert wurden, haben wir noch nie gehört. Informiere dich trotzdem unbedingt vor der Reise über die Situation in deinem Urlaubsziel.

Impfungen: Die Liste ist lang, je nach Reiseziel und eigenem Sicherheitsbedürfnis. Zu den in Deutschland von der STIKO empfohlenen Impfungen kann sich das Spektrum für eine Reise erheblich erweitern: Hepatitis A und B, Meningokokken, Tollwut, FSME, sowie Durchfallerkrankungen wie Cholera und Typhus. Manche Länder bestehen außerdem auf eine Gelbfieber-Impfung, zumindest wenn man aus einem Land wie Sambia, in dem es Gelbfiebererkrankungen gibt, einreist. Dafür gibt es spezielle Impfstellen. Am besten lässt du dich mindestens drei Monate vor Beginn Deiner Reise von einem Tropenmediziner beraten.

Internet: Das mobile Internet im südlichen und östlichen Afrika ist viel besser als bei uns zu Hause in Deutschland. Für weniger als zehn Euro im Monat gibt im kleinsten Dorf eine Prepaid-Karte mit fünf Gigabyte Datenvolumen. Kostenloses WLAN gibt es in den meisten Unterkünften. Nur in abgelegenen Gegenden ist es über Satellit etwas langsamer.

Krankenversicherung: Je nach Reisedauer gibt es verschiedene Optionen. Für den Urlaub nutzen wir den ADAC-Auslandskrankenschutz. Der gilt für jeden Auslandsaufenthalt bis zum 45. Tag. Für längere Reisen gibt es nur wenige Anbieter, die einen umfangreichen Versicherungsschutz anbieten. Du solltest eine Versicherung wählen, die nicht nur »medizinisch notwendige«, sondern auch »medizinisch sinnvolle« Behandlungen übernimmt.

Landkarten: Papierkarten in möglichst kleinem Maßstab haben wir immer dabei. Internet sei Dank navigieren wir meist mit »Google Maps«. Offline nutzen wir »Maps.me«, wobei die vorgeschlagene Route nicht immer die schnellste ist. Für das südliche Afrika ist »Tracks4Africa« sehr zu empfehlen, mit vielen aktuellen Infos zu Stellplätzen, Einkaufsmöglichkeiten, Grenzübergängen und Straßenzuständen. Diese Karten gibt es als Speicherkarte fürs Navi, als App oder auf Papier.

Lebensmittel: Supermärkte gibt es entlang der gesamten Route in jeder größeren Stadt. Außer in Tansania. Viel mehr Spaß macht es aber, auf den lokalen Märkten einzukaufen und zwischen den hoch aufgetürmten Gemüse- und Obstbergen herumzuschlendern. Gemüse wie Kartoffeln, Tomaten, Kürbis, Zwiebeln und Avocados gibt es häufig am Straßenrand. Hier haben die Bauernfrauen kleine Stände aufgestellt und verkaufen ihre Ernte.

Malaria: Diese Erkrankung wird von der Anophelesmücke übertragen und kommt leider in weiten Teilen Afrikas vor. Der beste Schutz ist, nicht gestochen zu werden. Die Mücken kommen mit Einbruch der Dämmerung. Dann ist es hilfreich, lange helle Kleidung zu tragen. Unbedeckte Hautstellen solltest du großzügig mit Mückenschutz einsprühen. Im südlichen Afrika gibt es das Produkt »Peaceful Sleep«. In Ostafrika kann man sich mit einer Mischung aus dem Putzmittel »Detol«, Wasser und Zitronensaft behelfen. Klassiker wie »AntiBrumm« oder »NoBite« schrecken die afrikanischen Moskitos leider nur selten ab. Ob man eine medikamentöse Prophylaxe zum Beispiel mit Atovaquon/Proguanil (Malarone) oder Doxycyclin einnimmt, muss jeder für sich selbst entscheiden. Wichtig ist, falls du Fieber bekommst, möglichst schnell einen Arzt aufzusuchen. Malaria ist vor allem dann gefährlich, wenn sie zu spät behandelt wird.

Nationalparks: Eine Safari in einem Nationalpark gehört zu jeder Afrikareise. Wir fahren am liebsten selbst. In allen Ländern gibt es die Permits (Eintrittskarten) direkt am Haupttor. Um die Tiere nicht zu stören, solltest du immer respektvoll Abstand halten und den Motor ausmachen. Überall werden aber auch geführte Touren angeboten.

Öffentliche Verkehrsmittel: Für das Reisen in Bussen braucht man vor allem viel Geduld, denn nur selten kommen die Busse pünktlich. Das Busnetz ist in den einzelnen Ländern unterschiedlich ausgebaut. In Malawi kommt man meist gut voran. In Namibia dagegen ist man ohne eigenes Auto aufgeschmissen. In den Großstädten gibt es zahlreiche Taxiunternehmen und es ist schwer zu erkennen, welches seriös ist. Immer wieder kommt es zu Raubüberfällen in falschen Taxis. Deshalb ist es wichtig, sich vor Ort zu informieren und Empfehlungen einzuholen. Die meisten Einheimischen nutzen den Fahrdienst Uber. Das klappt wunderbar.

Pannenhilfe: Erfreulicherweise hatten wir kaum Pannen unterwegs. Wenn trotzdem mal etwas war, haben wir in allen Ländern die Erfahrung gemacht, dass die Menschen außergewöhnlich hilfsbereit sind. In den Werkstätten hat man uns meist kommentarlos vorgezogen.

Roadblocks: So werden die Straßensperren oder Verkehrskontrollen genannt. Freundlich bleiben, lächeln, plaudern und sich nicht hetzen lassen. Mit diesem Tipp sind wir immer gut gefahren. Falls es doch mal Knatsch gibt: immer auf ein Ticket bestehen.

Straßen: Ein Großteil des afrikanischen Straßennetzes besteht aus Schotterpisten. Sie sind wetterbeständiger als Asphalt, der unter den extremen Temperaturen schnell in Mitleidenschaft gezogen wird. Ein gutes Beispiel dafür sind die von Schlaglöchern durchzogenen Straßen in Sambia. Generell ist die Reisegeschwindigkeit deutlich langsamer als bei uns. Tagesetappen über 300 Kilometer am Tag sollte man vermeiden. Eine Besonderheit in vielen Dörfern sind die *Sleeping Policemen*. Durch diese Rüttelschwellen quer über der Straße ist man gezwungen, auf Schritttempo abzubremsen.

Toiletten: Im südlichen Afrika sind die Toiletten meist sehr gut gepflegt und sauber. Im östlichen Afrika kann es auch mal rustikaler zugehen. Hier sieht man manchmal Plumpsklos. Und gelegentlich ersetzt ein Eimer Wasser den Spülkasten.

Unterkünfte: Vom Community Camp bis zur Luxus-Lodge findet sich etwas für jeden Geschmack und Geldbeutel. Wildcampen ist in den meisten Ländern offiziell verboten. Wenn, dann sollte man vorher im Dorf oder auf Farmen um Erlaubnis fragen. Die Campingplätze sind nicht mit unseren europäischen zu vergleichen. Sie sind sehr weitläufig, sodass man seine Nachbarn selten sieht. Manche haben sogar an jedem Platz ein privates Waschhäuschen. Kurzum: Die Stellplätze sind oft ein Traum und kosten trotzdem wenig Geld.

Wir haben zur Stellplatzsuche vor allem »iOverlander.com« genutzt. Einzig die Campingplätze in botswanischen und südafrikanischen Nationalparks muss man online vorbuchen.

Verschiffung: Wer mit dem eigenen Auto durch Afrika reisen will und nicht über Marokko oder Ägypten kommt, muss sein Fahrzeug verschiffen. Das geht entweder im Container oder »RoRo«, kurz für »Roll-on and Roll-off«. Das ist die günstigere Variante, aber eigentlich nur für Reisemobile mit geschlossener Wohnkabine geeignet. Wir kennen keinen Reisenden, dem nicht bei der »RoRo«-Verschiffung etwas aus dem Auto gestohlen wurde. Klassische Zielhäfen sind Kapstadt und Port Elizabeth in Südafrika, Walvis Bay in Namibia, Daressalam in Tansania und Mombasa in Kenia.

Wasser: Nicht aus jedem Hahn fließt Trinkwasser. Deshalb sollte man das Wasser mit entsprechenden Filtern oder Tabletten aufbereiten oder direkt Trinkwasser im Supermarkt kaufen.

Zoll: Als Tourist wird man mit dem Zoll wenig zu tun haben. Einzig in Botswana gibt es ein paar Regelungen, was die Einfuhr von Holz, Fleisch und einigen anderen Lebensmitteln betrifft. Das ist keine Schikane, sondern die Folge einer EU-Verordnung, die sicherstellt, dass Botswana sein Rindfleisch nach Europa exportieren darf. Wer also eine Rundreise durch Namibia und Botswana plant, sollte sich rechtzeitig informieren. Sonst kann es passieren, dass der Einkauf beim nächsten Veterinary Checkpoint wieder abgeben werden muss.

MIT KINDERN AUF
ABENTEUER-REISEN

Regina und Lars lieben es, in wilder Natur unterwegs zu sein. Abseits der Zivilisation, in Stille und Einsamkeit, jeden Tag ein Stückchen weiter ziehen, draußen übernachten, Neues sehen, Abenteuer erleben. Diese Art zu reisen, möchten sie auch als Eltern nicht aufgeben. Doch was sagen wohl die Kinder dazu?

Ehrlich und ohne Schönfärberei erzählt die Reisebuchautorin Regina Stockmann von durchwachten Nächten, kleinen und großen Katastrophen, Glücksmomenten, Aha-Erlebnissen, Sorgen und Ängsten, Entdeckungen und großen Abenteuern. In »Alles bleibt anders« geht es um Familienreisen im selbst ausgebauten Campingbus, mehrtägige Trekkingtouren in Norwegen und im Val Grande, eine Kanufahrt auf der Loire und erste Fernreisen nach Marokko und Südafrika.

Ein Erlebnisbericht mit vielen tollen Fotos, der outdoorbegeisterten Eltern Spaß und Mut macht, Ideen liefert und Erfahrungen teilt und natürlich zum Reise-Träumen und Reise-Planen anregt.

Regina Stockmann
Alles bleibt anders
Mit Kindern auf
Abenteuer-Reisen

Ein Erlebnisbericht

264 Seiten, € 15,90
ISBN 978-3-944378-12-1

KLEINE OUTDOOR-FAMILIEN-ABENTEUER ZUM NACHMACHEN.

264 Seiten, Mai 2019
ISBN 978-3-944378-19-0
€ 17,90

312 Seiten, Mai 2019
ISBN 978-3-944378-21-3
€ 18,90

360 Seiten, Mai 2019
ISBN 978-3-944378-20-6
€ 19,90

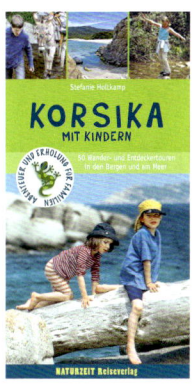

276 Seiten, Mai 2018
ISBN 978-3-944378-17-6
€ 17,90

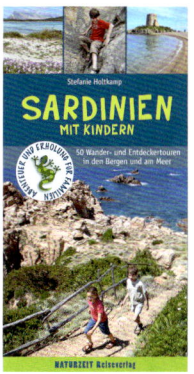

360 Seiten, Mai 2018
ISBN 978-3-944378-18-3
€ 19,90

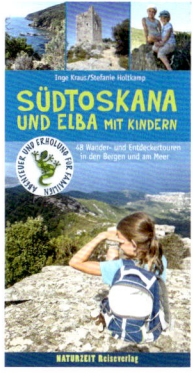

264 Seiten, Mai 2018
ISBN 978-3-944378-15-2
€ 17,90

Weitere Titel der Reihe »Abenteuer
und Erholung für Familien« und
eine Leseprobe zu jedem Buch unter
www.naturzeit-verlag.de

VOM
MIKROABENTEUER
ZUR MEHRTÄGIGEN
TREKKINGTOUR

> Grundlagenwissen für mehrtägige Trekkingtouren zu Fuß, mit dem Fahrrad oder dem Kanu.

> Infos und Tipps zur Planung und Durchführung von Outdoortouren mit Kindern.

> 25 detailliert beschriebene Tourenvorschläge mit kurzen, familientauglichen Etappen – in Deutschland und in interessanten Outdoor-Regionen in Nord-Italien, Österreich, Slowenien, Frankreich, Dänemark und Norwegen.

Stockmann / Holtkamp / Kraus

Trekkingträume für Familien

1. Auflage Mai 2020
ISBN 978-3-944378-25-1
€ 19,90

Unsere »Trekkingträume« eignen sich sowohl für Outdoor-Anfänger als auch für erfahrene Outdoor-Fans, die vor der Herausforderung stehen, ihr liebstes Hobby mit ihren Kindern zu teilen.

NATURZEIT AKTIV:
UNSERE TOURENFÜHRER FÜR WANDERUNGEN, FAHRRAD- UND KANUTOUREN.

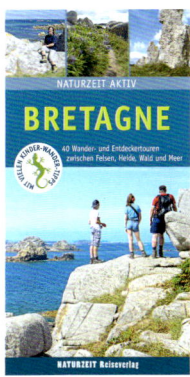

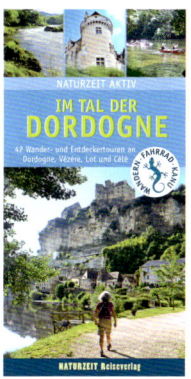

240 Seiten, Mai 2020
ISBN 978-3-944378-26-8
€ 16,90

240 Seiten, Mai 2018
ISBN 978-3-944378-16-9
€ 16,90

228 Seiten, Mai 2019
ISBN 978-3-944378-22-0
€ 16,90

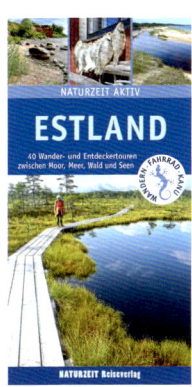

226 Seiten, Mai 2020
ISBN 978-3-944378-27-5
€ 16,90

192 Seiten, Mai 2016
ISBN 978-3-944378-07-7
€ 14,90

> Abwechslungsreiche Routen durch die Natur zu Fuß, mit dem Fahrrad oder dem Kanu.

> Die schönsten Badeplätze.

> Alle wichtigen Sehenswürdigkeiten.

> Campingführer und Übernachtungstipps

WEITERE INFORMATIONEN UND EINE LESEPROBE ZU JEDEM BUCH UNTER WWW.NATURZEIT-VERLAG.DE

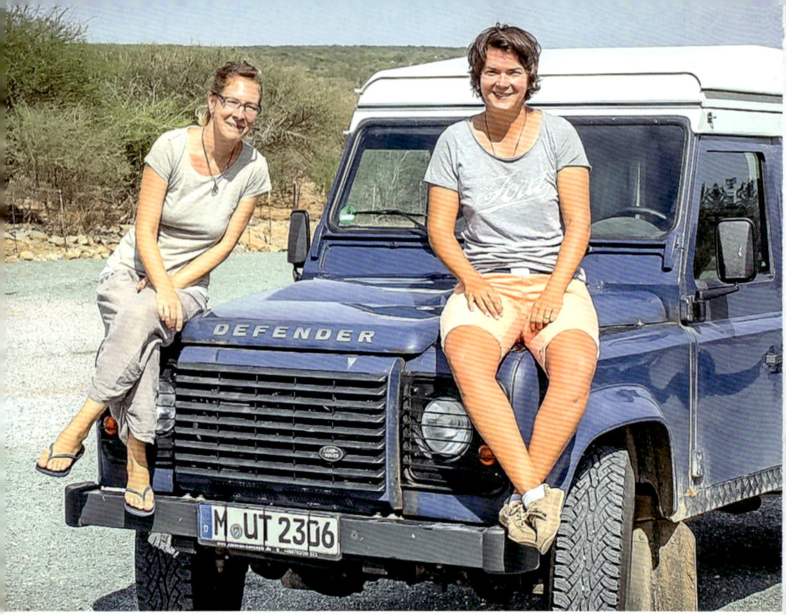

Besuch uns auf giraffe13.de!

> Viele **praktische Tipps für deine Afrikareise**: Autofahren in Afrika, das Prozedere an Grenzübergängen, Packlisten, Reisemedizin, Reisefotografie und ein Safari-Ratgeber für Selbstfahrer.

> **Elises Weg zum Campervan:** Mit Tipps und vielen Fotos zum Umbau unseres Land Rovers zum Campingfahrzeug.

> Weitere **Reisegeschichten aus Afrika**, aber auch von unseren **Reisen in Europa**. Zum Beispiel nach Frankreich, Italien, Spanien, Slowenien und Albanien.

Neben den ganz praktischen Tipps findet ihr auf unserem Blog aber auch unsere **Gedanken über das Reisen**. Über unsere Reisephilosophie und darüber, was das Reisen in unserem Leben verändert hat. Vor Afrika – und vor allem auch nach dieser Afrikareise.